**DuMont Reise-Taschenbücher**

# Norwegens Fjordland

In der vorderen Umschlagklappe: Südliches Fjordland (Vestland)

In der hinteren Umschlagklappe: Nördliches Fjordland (Vestland)

# Norwegens Fjordland

Claudia Banck

DuMont Buchverlag Köln

*Umschlagvorderseite:* Blick über den Geirangerfjord
*Umschlaginnenklappe vorne:* In der Innenstadt von Bergen
*Umschlaginnenklappe hinten:* Ziehharmonikaspieler bei einem Fest in Bergen
*Abbildung S. 2/3:* Bei Kjøsnes am Jølstravatnet
*Umschlagrückseite oben:* Auf der Fähre
*Umschlagrückseite unten:* Fähre auf dem Sognefjord bei Vangsnes

*Über die Autorin:* Claudia Banck, geboren 1960, studierte Skandinavistik, Geschichte und Germanistik und arbeitet heute als freie Übersetzerin, Lektorin und Volkshochschuldozentin für Norwegisch in Schleswig-Holstein. Bei DuMont erschien von ihr das Reisetaschenbuch Lofoten und Vesterålen.

Fremde Kulturen kennenlernen und gastfreundlichen Menschen begegnen – wie sehr genießen wir das auf Reisen. Zu Hause bei uns jedoch wird mancher Ausländer von einer kleinen Minderheit beschimpft, bedroht und sogar mißhandelt. Alle, die in fremden Ländern Gastrecht genossen haben, tragen hier besondere Verantwortung. Deshalb: Lassen Sie es nicht zu, daß Ausländer diffamiert und angegriffen werden. Lassen Sie uns gemeinsam für die Würde des Menschen einstehen.

Verlagsleitung und Mitarbeiter des DuMont Buchverlages

Die Deutsche Bibliothek – CIP-Einheitsaufnahme

**Banck, Claudia:**
Norwegens Fjordland / [Claudia Banck]. – Köln : DuMont, 1994
(DuMont-Reise-Taschenbücher ; 2082)
ISBN 3-7701-3137-1
NE: HST; GT


Satz und Druck: Rasch, Bramsche
Buchbinderische Verarbeitung: Bramscher Buchbinder Betriebe

Printed in Germany ISBN 3-7701-3137-1

# Inhalt

## Land und Leute

### Natur, Bevölkerung, Wirtschaft



### Geschichte, Kunst und Kultur

# Unterwegs im Fjordland

## Rogaland – Wo die Fjorde beginnen



## Hordaland – Im Herzen des Fjordlands

## Møre og Romsdal – Der Norden des Fjordlands

## Tips und Adressen



**Bitte schreiben Sie uns, wenn sich etwas geändert hat!**

Alle in diesem Buch enthaltenen Angaben wurden von der Autorin nach bestem Wissen erstellt und von ihr und dem Verlag mit größtmöglicher Sorgfalt überprüft. Gleichwohl sind – wie wir im Sinne des Produkthaftungsrechts betonen müssen – inhaltliche Fehler nicht vollständig auszuschließen. Daher erfolgen die Angaben ohne jegliche Verpflichtung oder Garantie des Verlages oder der Autorin. Beide übernehmen keinerlei Verantwortung und Haftung für etwaige inhaltliche Unstimmigkeiten. Wir bitten dafür um Verständnis und werden Korrekturhinweise gerne aufgreifen: DuMont Buchverlag, Postfach 10 10 45, 50450 Köln.

# Land und Leute

Heute Nacht ist das Gras grün geworden.
Ein Vogel versucht zu singen,
der Nebel erhebt sich,
und die Sonne kommt durch das
    Schneegebirge.
Von längst vergangenen Morgen
schlägt die Freude weich auf ihr Kupferschild.

Olav H. Hauge

# Natur, Bevölkerung, Wirtschaft

Gletscher und Fjorde

Ungezähmte Rentiere

Der nördlichste Obstanbau der Welt

Landflucht in die Ölmetropolen

Felder bei Hauge am Hafslovatn

## Lage und Landschaft

Vestlandet ist die Bezeichnung für einen der fünf norwegischen Landesteile, zu dem die Provinzen Rogaland, Hordaland, Sogn og Fjordane und Møre og Romsdal gehören. Die Fremdenverkehrsämter fassen diese vier Provinzen seit einigen Jahren unter dem Namen Fjordnorwegen zusammen. Eine Bezeichnung, die sich zunächst nur zögerlich durchgesetzt hat, weil es überall in Norwegen Fjorde gibt – wenngleich nirgendwo so spektakuläre wie hier. Vestlandet verweist daher auch mit Stolz auf die berühmteste und schönste Fjordlandschaft der Welt.

Zwischen Stavanger im Süden und Kristiansund im Norden, zwischen der Atlantikküste im Westen und den zum Teil vergletscherten Gebirgsrücken der Langfjellene, die das Fjordland im Osten gegen das »kontinentale« Norwegen abgrenzen, repräsentieren die bis zu 200 km ins Land schneidenden Fjorde den Inbegriff typisch norwegischer Landschaft. Die Süd-Nord-Ausdehnung Fjordnorwegens beträgt etwa 500 km, die allerdings über 850 Straßenkilometer ausmachen, während die West-Ost-Achse wenig mehr als 100–150 km mißt. Die geographische Breite des knapp 59 000 km² umfassenden Vestlandet liegt zwischen Schottland im Süden und Island im Norden, auf den gleichen Breitengraden wie Süd- und Mittelgrönland, wo ohne den wärmenden Einfluß des Golfstroms ungleich unwirtlichere Lebensbedingungen vorherrschen.

Aus der äußerst verwirrenden, während der Eiszeiten gestalteten Küstentopographie lassen sich neben vielen kleineren fünf große Fjordsysteme unterscheiden. In den breiten, mit unzähligen Inseln durchsetzten **Boknafjord** im Südwesten münden im weiten Umland von Stavanger zahlreiche Fjordarme, u. a. der schluchtartige Lysefjord mit dem berühmten Felsmassiv Preikestolen (Die Kanzel). Der weiter nördlich gelegene **Hardangerfjord** (179 km lang), der sich bis an den Fuß der Hardangervidda, des größten Hochgebirgsplateaus Europas, verzweigt, fasziniert durch die Kontraste zwischen blühenden Fjordufern und den verschneiten Höhen der vergletscherten Halbin-

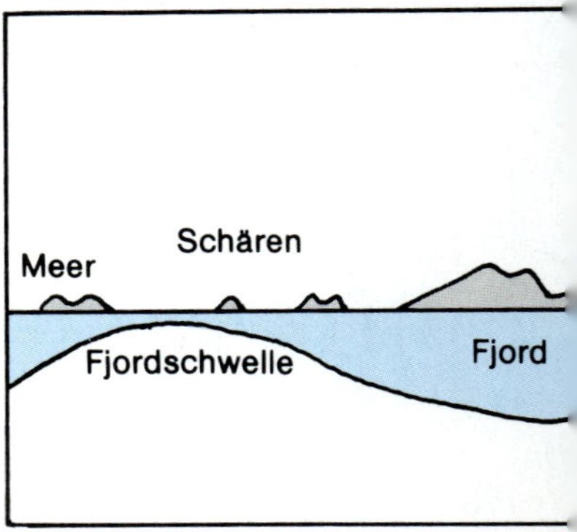


Fjordquerschnitt

sel Folgefonn. Superlative bietet der **Sognefjord**, der mit 204 km der längste und mit 1308 m auch der tiefste aller norwegischen Fjorde ist. Seine Arme erstrecken sich bis zum Gletschermassiv des Jostedalsbreen, an dessen nördliche Gletscherzungen auch die Ausläufer des 106 km langen **Nordfjords** heranreichen. Einer der berühmtesten Fjorde ist der schluchtartige Geirangerfjord, ein schmaler Seitenarm des weitverzweigten **Storfjords**, südlich von Ålesund. Weniger berühmt, doch sehr reizvoll präsentieren sich Molde- und Romsdalsfjord vor der grandiosen Kulisse der Sunnmøre-Alpen.

## Entstehung der Fjorde

Welche enormen Kräfte haben diese mehrere Kilometer breiten Meeresarme geformt, die sich wie Schluchten in die Gebirgswelt eingegraben haben und jahrhundertelang als Hauptverkehrsstraßen des Fjordlands dienten? Die Bezeichnung »Fjord« bedeutet übrigens ebenso wie Förde oder das englische *firth* nichts anderes als Fahrwasser. Fjorde haben sich überall dort, z. B. auch in Chile, Neuseeland und Alaska, gebildet, wo Gletscher vom Gebirge hinunterdrängten und in den Gezeitenbereich des Meeres gerieten. In Grönland ist das heute noch der Fall.

Die Eismasse, die Norwegen und seine Gebirgszüge während der Eiszeit bedeckte, drängte – den Gesetzen der Schwerkraft folgend – dorthin, wo Platz war. Die von den Bergen hinabführenden v-förmigen Flußtäler boten sich als Eisstraßen an und wurden durch die mitgeführten Kiese und Gerölle zu breiten Trogtälern ausgehobelt. Zu diesem Zeitpunkt lag die Erdoberfläche – durch das Gewicht des Eises niedergedrückt – an manchen Stel-

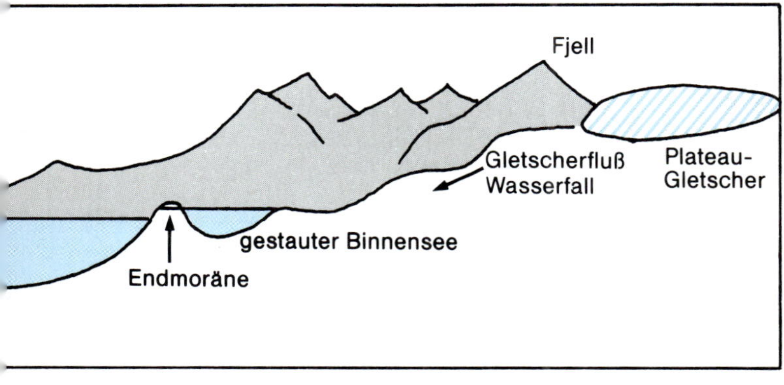

# Überreste der Eiszeiten?

## Eine kleine Gletscherkunde

Die Gletscher, die im Norwegischen mit *bre, jøkul* oder *fonn* bezeichnet werden, sind aller Wahrscheinlichkeit nach nicht, wie früher angenommen, Reste eiszeitlicher Gletschermassen. Nach dem Ende der vorerst letzten, großen Kälteperiode vor 10 000 Jahren folgte eine Wärmezeit, die vermutlich innerhalb von 2000 Jahren das letzte Inlandeis zum Schmelzen brachte. Vor etwa 6000 Jahren begann sich das Klima dann wieder zu verschlechtern, neue Gletscher bildeten sich langsam und erreichten erst nach mehreren tausend Jahren in etwa ihre heutige Ausbreitung.

Eisfelder entstehen dort, wo der Schnee ganzjährig liegen bleibt und durch Niederschlag in Form von Schnee immer neue Auflagen erhält, der sich durch den eigenen Druck zu Eis verwandelt. Nach vielen schneereichen Jahren wird der Druck des Eises so groß, daß es sich wie eine zähe plastische Masse der Schwerkraft folgend langsam nach unten bewegt. Die auf diese Weise vorrückenden Gletscherzungen führen Geröll- und Sandmassen mit, die sich bei Stillstand oder Rückgang in Moränen ablagern, die noch Jahrhunderte später Auskunft über die Bewegungen des Gletschers geben können; ein Paradebeispiel dafür findet man im Tal des Nigardsbreen (s. S. 156).

Während der sogenannten kleinen Eiszeit, etwa ab dem 17. Jh., wuchsen vor allem die in den niederschlagsträchtigen Zonen Westnorwegens liegenden Fjordgletscher drastisch an. Jahrhundertelang kultiviertes Land und Höfe wurden zerstört. Ab Mitte des 18. Jh. befanden sich die Gletscher wieder auf dem Rückzug. Als Reaktion auf die schneereichen 1960er Jahre wuchsen die Küstengletscher erneut, während die niederschlagsärmeren Inlandgletscher, beispielsweise in Jotunheimen, weiter zurückwichen. Auf Grund ihrer unterschiedlichen topographischen Gegebenheiten weisen die einzelnen Gletscherarme sehr individuelle Reaktionszeiten auf. Der Nigardsgletscher reagiert beispielsweise relativ langsam auf Klimaveränderungen, – etwa mit einer Verzögerung von 20–30 Jahren. Die Gletscherbewegungen der nächsten Jahre sind also ein Resultat der Klimaverhältnisse in den 1960/70er Jahren. Die Auswirkungen der schneereichen Winter am Ende der 1980er Jahre werden an der Gletscherfront erst nach 2010 zum Tragen kommen.

Gletscherzunge des Briksdalbreen mit Gletschersee

len im ungleich stärker vereisten Landesinneren einige hundert Meter tiefer als heute (die Erdoberfläche hob sich nur langsam, und der Prozeß ist heute noch nicht abgeschlossen – in einigen Teilen Norwegens steigt das Land noch bis zu 1 cm pro Jahr).

Als dann vor etwa 10 000 Jahren die letzte Eiszeit zu Ende ging und die gewaltigen Eismassen schmolzen, stieg der Meeresspiegel sehr viel schneller und höher an als das vom Eis befreite Land. Die überfluteten Trogtäler wurden zu Meeresarmen. Sie reichen dort am weitesten ins Land, wo die Gebirge ihres Hinterlandes am höchsten sind.

So vielgestaltig die Fjordlandschaften auch sein mögen, so ähneln sich doch die Fjorde in ihrem Aufbau. Da die Kraft der Eis- und Geröllmassen auf dem Weg vom Gebirge zum Meer abnahm, sind die Fjorde an der Küste sehr viel flacher als am Fuße der Berge. Im heutigen Mündungsbereich der Fjorde, dort, wo im Verlauf der Jahrtausende die Gesteins- und Geröllmassen in Form von unterseeischen Schwellen abgelagert wurden, beträgt die Wassertiefe manchmal nicht mehr als 150–200 m. Im mittleren Fjordbereich dagegen kann die Wassertiefe die Höhe der angrenzenden oft über 1000 m hohen Berge übertreffen, während sie im Fjordinneren durch vermehrte Sand- und Kiesablagerungen wieder abnimmt. Dort trennt eine über dem Wasserspiegel des Fjords liegende Moräne, die das ehemalige Ende des Gletschers markiert und häufig in der Ortsbezeichnung ›Eid‹ (eid = Landenge) ihren Ausdruck findet, einen Binnensee vom offenen Fjord.

Der nicht überflutete Teil des ehemaligen Gletschertales setzt sich weiter ins Gebirge fort, oftmals bis hin zu den Gletscherarmen, die von den Plateaugletschern hinunterdrängen.

Charakteristisch für die westnorwegische Fjordlandschaft ist, neben den Fjorden und der **Strandflate**, dem von Schären, Inseln und Buchten gegliederten flachen Küstenstreifen, das **Fjell** (fjell = Gebirge) mit einigen der höchsten Gipfel und größten Gletscher Norwegens. Etwa 70 % des Fjordlands liegen mehr als 300 m über dem Meeresspiegel.

Die südlichste Gebirgskette Westnorwegens ist die baumlose **Hardangervidda** (vidde = Weite, Hochebene), die zwischen 1100 und 1400 m hoch liegt und mit einer Fläche von 9000 km², von denen 1981 rund 3400 km² zum Nationalpark erklärt wurden, als größte Hochebene Europas gilt. Im Nordwesten der Hardangervidda dominiert der Gletscher **Hardangerjøkulen**, 1862 m hoch, die karge, bis in den Sommer schneebedeckte Gebirgslandschaft.

Am Westufer des nahen Sørfjords, einem Arm des Hardangerfjords, erhebt sich die ebenfalls gletscherbedeckte Halbinsel **Folge-**

Jotunheimen, »Heim der Riesen«

## Steckbrief Vestlandet/Fjordland

Fläche und Bevölkerung
Norwegen insgesamt ca. 323 880 km² (ohne Spitzbergen; Jan Mayen), 4,26 Mio. Einw.; 14 Einw./km²
Rogaland ca. 9140 km², 342 000 Einw.; 40 Einw./km²
Hordaland ca. 15 630 km², 414 000 Einw.; 28 Einw./km²
Sogn og Fjordane ca. 18 630 km², 107 000 Einw.; 6 Einw./km²
Møre og Romsdal ca. 15 100 km², 240 000 Einw.; 16 Einw./km²

Die größten Städte
Stavanger (ca. 100 000 Einw.), Haugesund (ca. 28 000 Einw.), Bergen (ca. 216 000 Einw.), Florø (Stadtgemeinde ca. 10 260 Einw.), Ålesund (36 120 Einw.), Kristiansund (ca. 17 120 Einw.), Molde (ca. 22 400 Einw.).

Längste Fjorde
Sognefjord (Solund – Skjolden) 204 km
Hardangerfjord (Bømlo – Odda) 179 km

Höchste Wasserfälle
Skykkjedalsfossen (Eidfjord): 300 m freier Fall
Vettisfossen (Årdal): 275 m freier Fall
Søre Mardalsfossen (Nesset): 250 m freier Fall
Feigefossen (Luster): 218 m freier Fall
Vøringfossen (Eidfjord): 145 m freier Fall

Größte Gletscher
Jostedalsbreen 486 km²
Folgefonn 212 km²
Hardangerjøkulen 78 km²

**fonn**. Die imponierendste Bergkette des Fjordlands zieht sich halbkreisförmig um die inneren Arme des Sognefjords herum und besteht aus **Breheimen**, der »Welt der Gletscher«, und **Jotunheimen**, dem »Heim der Riesen«, das mit seinen über 2200 m hohen Gipfeln zu den gewaltigsten Gebirgslandschaften Skandinaviens zählt. Zwischen dem Sognefjord im Süden und dem Nordfjord im Norden erstreckt sich der **Jostedalsbreen**, mit ca. 480 km² der größte Plateaugletscher

des europäischen Festlandes, dessen zahlreiche Gletscherzungen sich bis weit in die fruchtbaren Täler ziehen. Die wilden **Romsdalsalpen**, die direkt vom gleichnamigen Fjord steil aufsteigen, bilden mit der bis zu 1800 m hohen Bergkette Trolltindane und dem 1550 m hohen Romsdalshorn Norwegens Bergsteiger- und Kletterzentrum.

Obwohl Vestlandet sich in Nord-Süd-Richtung über fünf Breitengrade erstreckt, verblaßt der Nord-Süd-Gegensatz gegenüber den gravierenderen Ost-West-Unterschieden. Vom Meer im Westen bis zum Hochgebirge im Osten finden sich weit größere landschaftliche und klimatische Unterschiede als im Bereich der viermal so langen Süd-Nord-Ausdehnung. Daher ist es üblich, bei der Schilderung des Fjordlandes von einer äußeren, einer mittleren und einer inneren Zone auszugehen.

## Klima

Die gesamte norwegische Küste ist von ihrer Nähe zum Meer und dem wärmenden Golfstrom geprägt. Die Oberflächentemperatur des Meerwassers beträgt im Winter gleichbleibend 5 °C, und auch im Innern der Fjorde gefriert das Wasser nur selten. Die vorherrschenden südwestlichen Luftströme bringen zu allen Jahreszeiten mildes, regnerisches und oft stürmisches Wetter, während die kontinentalen Winde vom Inland kalte, windstille und klare Tage nach sich ziehen.

Das Gebiet zwischen Küste und Hochgebirge weist große klimatische Gegensätze auf. Während das innere Fjordland durch ein kontinentales Klima mit kalten Wintern und warmen, trockenen Sommern geprägt ist, bestimmen maritime Verhältnisse das Wetter an der Küste mit vergleichsweise wärmeren Wintern sowie kühleren und feuchteren Sommern. Die sommerliche Mitteltemperatur beträgt an der Küste 12–13 °C, im inneren Fjordland dagegen 15–16 °C. Auf Grund der abwechslungsreichen Topographie variiert die Niederschlagsmenge im Fjordland innerhalb kurzer Distanzen, da sich die feuchte Meeresluft vorwiegend als Steigungsregen im Luv des Hochgebirges niederschlägt. Die mittlere der drei Fjordzonen, in der die regenschwangeren Winde vom Meer erstmals auf höhere Berge treffen, ist am niederschlagsreichsten: 3 m Niederschlag im Jahr sind normal, aber es können auch 5–6 m vorkommen. Das innere Fjordland verzeichnet durchschnittlich weniger als 1 m Niederschlag. Hier gibt es viele Ortschaften, deren Felder in der Wachstumsperiode künstlich bewässert werden müssen. Von April bis Juni liegt die Sonnenwahr-

◁ Skiwanderung im Hochfjell bei extremen Bedingungen im Winter scheinlichkeit im Fjordland bei 30–40 %. Obwohl Westnorwegen nicht mit der Mitternachtssonne aufwarten kann, sind die Nächte von Mitte April bis Mitte August doch hell und licht.

## Flora

Viele Pflanzen, die im Fjordland wachsen, erreichen hier die nördlichste Grenze ihrer Verbreitung. Charakteristisch für sie ist, daß sie oftmals frostunempfindlich und/ oder feuchtigkeitsliebend sind. Direkt an der felsigen Küste verhindern Wind und Mangel an Erdboden den Wuchs größerer Pflanzen und einer geschlossenen Vegetationsdecke. Die Schären sind zum Meer hin kahl, an geschützteren Standorten mit schütterem Bewuchs aus Schönem Johanniskraut, Beinbrech und verschiedenen Farnarten überzogen. Dort, wo sich im Lauf der Jahre genügend Humus angesammelt hat, gedeihen Glokkenblume, Hornklee und der Schwedische Hartriegel. In Seengebieten findet man Fieberklee, Sumpfblutauge und Sonnentau.

Die Baumgrenze, die im äußersten Schärenbereich bei unter 100 m liegt, steigt auf dem Weg ins Landesinnere bis auf 800 m an. Am waldreichsten ist die niederschlagsreiche, mittlere Zone, in der die feuchtigkeitsliebende Fichte gedeiht, daneben findet man vor allem Birken und Kiefern. Den Nadelwäldern vorgelagert sind Laubwälder mit Birken und Erlen, Ulmen, Eschen oder Vogelbeerbäumen. An fruchtbaren, sonnigen Hängen blühen Meere von Eisenhut und Weidenröschen, wachsen verschwenderisch wilde Himbeeren.

Im Innern der windgeschützten Fjorde finden sich regelrechte Klimaoasen mit ca. 170 Wachstumstagen (etwa so viel wie in Norddeutschland), in denen neben dem Anbau von Apfel- und Kirschbäumen auch die Aufzucht von Aprikosen und Pfirsichen möglich ist.

Oberhalb der bewaldeten Fjordhänge breitet sich das waldlose Hochfjell aus. Buschartige Zwergbirken und Polarweiden, Flechten und Rentiermoos bestimmen die tundraartige Landschaft, in der sich auch diverse aus den Alpen bekannte Blumen ansiedeln. Schön sind verschiedene Steinbrechgewächse, der purpurrote Schnee- und der blaue Feldenzian sowie die stellenweise in Massen auftretenden Roten Nachtnelken und Alpen-Pechnelken. Ganz oben und bevorzugt in trockenen Lagen setzen der weißblühende Silberwurz, der zu den ersten Einwanderern nach der Eiszeit gehörte, und das rosablütige, polsterbildende Stengellose Leimkraut Akzente. Der weißblühende Gletscher-Hahnenfuß ist in Skandinavien (wie in den Alpen) die Blütenpflanze, die selbst in den höchsten Regionen wächst. In feuchteren Gebieten dominieren verschiedene Wollgrasarten und

## Meister der Anpassung

### Flechten

Die Gipfel und Bergkämme des Hochfjells sind vor allem mit Flechten bewachsen. Sie sind Symbiosen aus Pilzen und Algen, die sich extrem kalten und trockenen Lebensbedingungen anpassen können. Die Alge versorgt den Pilz mit organischen Nährstoffen (Kohlenhydraten), der Pilz wiederum dient der Alge als Wasser- und Mineralstoffspeicher. Es gibt eine Vielzahl verschiedener Flechtenarten: als Strauchflechten wachsen sie am Boden zwischen Zwergbirken, Weiden und Krähenbeeren, als Blatt- und Krustenflechten überziehen sie Stämme, Äste und Gestein. Manche Arten, wie z. B. die besonders häufige, gelbgrüne Rosetten bildende Landkartenflechte, tragen durch Zersetzung des Felsgesteins zur Humusbildung bei. Die Rentierflechte, eine polsterbildende Art der Becherflechte, dient den Rentieren im Winter als Nahrung. Flechten waren die ersten Pflanzen, die nach Rückzug des Eises vor 10 000 Jahren den nackten Fels besiedelten.

Wer das Alter einer gletschernahen Moräne bestimmen will, kann dies mit Hilfe bestimmter Flechtenarten leicht bewerkstelligen. Eine Landkartenflechte beginnt ihr Wachstum etwa 10 Jahre nach dem Zurückweichen des Eises. Zuerst sind es nur kleine Punkte, die im Verlauf eines Jahres etwa einen Zentimeter an Durchmesser zunehmen. Ein Flechtenteppich von 1 m Durchmesser bedeutet, daß die Flechte vor 100 Jahren ihr Wachstum aufgenommen hat.

In trockenen und kalten Witterungsperioden stellen die meisten Flechtenarten ihr Wachstum ein, nehmen es aber bei Temperaturanstieg, Regen oder Nebel rasch wieder auf. Bei Trockenheit können die Flechtenteppiche leicht vom Sturm ergriffen und verweht werden, besonders, wenn sie zuvor durch Rentiere, Wanderer oder durch Drosseln beschädigt wurden, die auf der Suche nach Regenwürmern hier herumstöberten. Nach den ersten Frösten im Herbst überziehen die Flechten das Fjell mit leuchtenden Rot- und Goldtönen.

Torfmoos. Hier gedeiht auch die Moltebeere, deren Frucht wie eine orangefarbene Brombeere aussieht; sie wurde wegen ihres hohen Vitamin-C-Gehaltes bereits in der Wikingerzeit geschätzt. An windgeschützten Bergkämmen wachsen Heidekrautgewächse wie Krähen-, Preisel- und Blaubeere, die die Winterkälte unter einer dicken

Schneedecke überdauern. Unter den Gräsern sind Schaf-Schwingel und Geschlängelte Schmiele besonders häufig; auf Schneeböden ist die Graszone vom zarten Alpen-Rispengras geprägt.

## Fauna

Die wildlebenden Säugetiere Norwegens gliedern sich in eine polare und eine mitteleuropäische Gruppe, wobei erstere hauptsächlich nördlich von Trondheim, aber auch im Hochfjell Südnorwegens zu finden ist. Der größte Vertreter dieser Gruppe ist das Rentier (s. S. 27). Auch Schneehase, der seltene Polarfuchs, der legendäre Lemming, der Hermelin und die fast ausgestorbenen Vielfraße bevorzugen das Hochgebirge. In größeren Waldgebieten ist das Rotwild zahlreich. Elche dringen nur selten einmal zur Fjordküste vor. Bären, Luchse und Wölfe, die einst im Fjordland heimisch waren, sind heute ausgerottet. Durch Schutzmaßnahmen hat sich der bedrohte Bestand der Biber, Ottern und Rotfüchse wieder etwas erholt.

Die Tierwelt im **Fjord** wird, je weiter man vom Fjordende in Richtung Meer gelangt, immer vielseitiger. Das Fjordende, wo sich das Süßwasser der Flüsse mit dem Salzwasser des Meeres vermischt, ist besiedlungsfeindlich. Nur wenige Arten ertragen die wechselnden Salzkonzentrationen, unter ihnen der Gemeine Seestern, die Strandkrabbe und Miesmuscheln. Am Fjordausgang findet man dagegen neben vielen Tangarten eine reiche Kleintierwelt von Schnecken, Würmern und Krebsen. Im Schärengürtel halten sich bevorzugt Seepokken, Napfschnecken und die Gemeine Strandschnecke auf.

Die Fische kommen mit den wechselnden Salzkonzentrationen im Fjord besser zurecht, manche von ihnen wandern regelmäßig zwischen Süß- und Salzwasser: Der Aal schwimmt zum Laichen ins Meer, die Lachse machen es umgekehrt (s. S. 35). In Fjorden, in denen aufgrund der unterseeischen Barrieren kein Austausch mit Meerwasser erfolgt, kommen auch Dorsche, Schellfische, Heringe und Sprotten vor, deren wirtschaftliche Bedeutung aber gering ist. Die großen Fänge werden im Meer erzielt, wo der Golfstrom für nährstoffreiches Wasser sorgt. Der Fischreichtum bildet die Lebensgrundlage für die Seevögel, die allerdings in den letzten Jahrzehnten durch Umweltverschmutzung und Überfischung stark dezimiert wurden. Der größte Vogelfelsen Westnorwegens befindet sich auf der Insel Runde, südwestlich von Ålesund (s. S. 199). In kleineren Kolonien entlang der Küste nisten hauptsächlich Dreizehenmöwen.

Die **Hardangervidda** und ihre nähere Umgebung ist die südlichste Verbreitungsgrenze für knapp 20 Vogelarten: typische Tundravö-

Schnee-Eule

gel wie Ohrenlerche und Schneeammer, das Odinshühnchen, der für seine Zutraulichkeit berühmte Mornellregenpfeiffer und die äußerst seltene, im Winter völlig weiße Schnee-Eule. In sumpfigen Fjellgebieten brüten die Strandläufer, am häufigsten der Alpenstrandläufer. Auf Seen schwimmen Berg-, Trauer- und Samtente, die bei uns nur als Wintergäste auftauchen. Die in Mitteleuropa selten gewordenen Wiesenpieper und Steinschmätzer zählen zu den häufigsten Vogelarten im Bereich oberhalb der Baumgrenze. Wanderfalken und Adler zeigen sich selten, doch mit etwas Glück sieht man mal einen Stein-, See- oder Fischadler über dem Fjord kreisen.

## Besiedlung

Von oben betrachtet, wirkt das gebirgige, von tiefen Fjorden zerschnittene Vestlandet extrem siedlungsfeindlich. Ohne die Strandflate, die von einem flachen Küstenstreifen und einer Vielzahl von Inseln gebildet wird, wäre das Bild noch krasser. Überall dort, wo sich fruchtbare Täler öffnen und der Uferstreifen weitet, sind Siedlungen zu finden; in den Fjorden mit ihren steilabfallenden Hängen ist der Raum dafür jedoch begrenzt. Größere Städte gibt es nur an der Küste. Die Bevölkerungszahl der kleineren Ortschaften ist stark zurückgegangen, weil deren Bewohner in die urbanen Zentren ziehen, wo die Infrastruktur besser entwikkelt und die Chance auf einen Arbeitsplatz größer ist. Die Küstenstädte in Rogaland und Hordaland haben den größten Zuwachs zu verzeichnen, allen voran Stavanger, das durch die Erschließung der Ölfelder eine Vielzahl neuer Arbeitsplätze schaffen konnte.

Insbesondere die Regionen im inneren Fjordland sind massiv von der Abwanderung bedroht. Die Landwirtschaft, einst entscheidend für die Verteilung der Siedlungen – auch die überwiegende Mehrzahl der Fischer ließ sich nur dort nie-

# Ungezähmt

## Rentiere auf der Hardangervidda

Die ersten Menschen, die nach dem Abschmelzen des Inlandeises an die norwegische Küste kamen, waren den Spuren der Rentiere gefolgt. Sie waren die bevorzugte Jagdbeute, da sie nicht nur Fleisch und Fell, sondern auch Geweih und Knochen für die Herstellung von Werkzeugen und Waffen lieferten.

Das Ren ist eine Hirschart mit dunkel- bis graubraunem Fell, bei der sowohl die männlichen wie auch die weiblichen Tiere ein Geweih tragen. Es tritt in großen Rudeln auf, die auf der Suche nach Nahrung – Flechten, Moosen, Knospen und Gräsern – weite Wanderungen unternehmen.

Die ersten Jäger gelangten vor ungefähr 7000 Jahren auf die Hardangervidda. Neben den Resten von etwa 250 steinzeitlichen Lagerstätten hat man unzählige Waffen und Reste von Fanganlagen entdeckt. Mit Hilfe trichterförmig angelegter Steinmauern trieb man die Rentiere in tiefe Gruben und schlachtete sie dort ab. Im 18. Jh. wurde die Fallgrubenjagd auf Rentiere offiziell verboten, da das Wildren in Südnorwegen kurz vor dem Aussterben stand. Statt dessen versuchte man sich an der Rentierzucht, wie die Lappen sie bereits seit dem 17. Jh. in Nordnorwegen betrieben. In der Mitte des 19. Jh. kam es jedoch immer öfter zu Streitigkeiten zwischen den Rentierbesitzern und Almbewirtschaftern. Die Rentiere mußten fortan aus den Almgebieten ferngehalten werden, und in den 50er Jahren wurde schließlich der letzte große Rentierbestand aufgelöst.

Mit der Aufgabe der Rentierzucht boten sich dem Wildren optimale Vermehrungsbedingungen, zumal seine natürlichen Feinde wie Wolf, Luchs und Vielfraß ihrer Ausrottung entgegensahen. Hatte es 1930 nur etwa 1500 wilde Rentiere auf der Hardangervidda gegeben, so zählten sie Mitte der 60er Jahre weit über 30 000. Um die im Dovrefjell beobachtete Überweidung der Flechten-Heide durch Rentiere auf der Vidda zu vermeiden, wurde der Rentierbestand durch intensive Bejagung auf etwa 10 000 Tiere reduziert. Dadurch sind die Rene sehr scheu und vorsichtig geworden und meist nur aus weiter Ferne am Rande größerer Schneefelder zu entdecken, und man muß schon genau hinsehen, denn vor den grauen Felsen heben sie sich kaum von der Landschaft ab.

der, wo etwas Ackerbau und Viehzucht möglich war –, spielt heute keine Rolle mehr. Gute Verkehrsverbindungen entscheiden zunehmend über die weitere Existenz einer Vielzahl kleiner Gemeinden im inneren wie auch im äußeren Fjordland.

## Verkehr

Auf Grund der Gebirgigkeit des Landes hat der Küsten- und Fährverkehr im Fjordland immer eine außergewöhnlich große Rolle gespielt. Bis lange nach 1900 waren

### »Verschafft mir Arbeiter und Lebensmittel ...«

### Der Bau der Bergenbahn

Die Idee, eine Bahnlinie von Oslo nach Bergen mitten über die nur wenige Wochen im Jahr schneefreie Hardangervidda zu bauen, mutet auch heute noch ziemlich verrückt an. Während die Ostnorweger und auch das Storting (= Parlament) den 1871 in einem Artikel der »Bergensposten« erstmals vorgebrachten Einfall sofort verwarfen, machten sich die Westnorweger, allen voran die Bergenser, mit großem Eifer an die Konkretisierung der Pläne und kämpften erbittert um deren Verwirklichung. (Nicht zu Unrecht heißt die Bahnlinie Bergenbahn und nicht anders.) Nach langer Diskussion um die Streckenführung konnte nach 27 Jahren endlich mit dem Bau begonnen werden, der zehn Jahre dauern sollte und sowohl von den Arbeitern als auch von den Ingenieuren den Einsatz ihres ganzen Könnens erforderte und manchen gar das Leben kostete. Der legendäre Ingenieur Harald Skavlan vollendete das Meisterwerk frei nach dem dynamischen Motto: »Verschafft mir tüchtige Arbeiter und Lebensmittel, und ich werde Norwegen einebnen.«

Das Leben der Eisenbahnarbeiter war kein Zuckerschlecken, doch ihre Solidarität untereinander ungebrochen. Sie wohnten in armseligen, schlecht isolierten Baracken. Unter dem Dach der Baracke – so erzählt ein Arbeiter – wurden unzählige Blechdosen aufgehängt, um bei Regen das Wasser aufzufangen, das durch das undichte Dach auf die Männer hinuntertropfte. Wenn dann der Wind durch die Hütte blies, erklang ein furchterregendes, ohrenbetäubendes Konzert von aneinanderscheppernden Blechdosen, das die Arbeiter um ihren wohlverdienten Schlaf brachte.

die meisten Fjordsiedlungen nur auf dem Wasserwege zu erreichen. Ein ganzjähriger Verkehr über die Gebirgszüge – das alpine Jotunheimen und die vom Herbst bis zum Frühjahr tief verschneite Hardangervidda – war so gut wie ausgeschlossen. Erst nach dem Ersten Weltkrieg kam Fahrt in den Straßenbau. Heute haben die meisten Fjordsiedlungen Verbindung mit ihrem Hinterland; in oftmals atemberaubenden Serpentinen führen die Straßen über das Gebirge; berühmt ist beispielsweise der Trollstigen (s. S. 188).

Für den Bau der Tunnels wurden zunächst Italiener angeheuert, die Erfahrung im Tunnelbau aufzuweisen hatten. Die Italiener waren allerdings nicht an den norwegischen Granit gewöhnt, klagten über das rauhe Klima, das schlechte Essen und wurden wieder nach Hause geschickt.

Am 7. Oktober 1907 war es dann soweit, das letzte Schienenstück zwischen West- und Ostnorwegen – in den Nationalfarben bemalt – wurde bei Ustaoset eingefügt. Die Bergenbahn verband zwei bis dahin voneinander getrennte Landesteile. Im Überschwang der Gefühle wurde das Ereignis mit der Einigung Norwegens durch Harald Schönhaar Ende des 9. Jh. verglichen.

Obwohl die Bahngesellschaft vom sofortigen Einsatz abriet, gab das Storting grünes Licht für eine unmittelbare Inbetriebnahme der Bergenbahn, die im Januar 1908 prompt einschneite. Das Parlament gab daraufhin den Befehl: »Evakuiert das Gebirge. Stellt den Betrieb ein!« 1908 und 1909 wurden die Gleise freigeschaufelt sowie Überdachungen und Zäune zum Schutz gegen Schnee und Lawinen errichtet. Das Meisterwerk der Superlative, das das Staatsbudget eines ganzen Jahres verschlungen hatte, war vollendet. Insgesamt 15 000 Arbeiter hatten rund 200 Tunnel gebaut, 700 000 Kilo Dynamit verbraucht, zwei Millionen Kubikmeter Kies und Stein bewegt und etwa die gleiche Menge Schnee geräumt. Der Bau kostete 63 Menschen das Leben; mehrere Hundert wurden durch Unfälle Invalide. Ihre Arbeitskollegen versorgten sie auch weiterhin mit Kost und Logis, da es eine Krankenversicherung noch nicht gab und von staatlicher Unterstützung keine Rede war.

Bei der feierlichen Eröffnung am 29. Nov. 1909 pries König Haakon VII. – vor zahlreichen geladenen Gästen aus Regierung, Botschaften und dem Vorstand der Eisenbahngesellschaft – die Bergenbahn als »Stolz der Nation«.

Bis in die späten 60er Jahre bildete die 1909 zwischen Oslo und Bergen eröffnete **Bergenbahn** (s. S. 28ff.) im Winter die einzige Überlandverbindung zwischen West- und Ostnorwegen, da die Straßen in den Wintermonaten regelmäßig für mehrere Monate geschlossen waren. Noch heute werden viele Paßstraßen im Winter gesperrt (s. S. 224). Die einfachste Art, die sperrige Vestlandnatur zu überwinden, bietet das Flugzeug, das immer häufiger auch für den Transport von Frischfleisch und -fisch genutzt wird. Denn das gute, alte Postschiff, die berühmte **Hurtigrute**, die seit Ende des 19. Jh. zwischen Süd- und Nordnorwegen verkehrt und für manchen Ort an der zerklüfteten Küste immer noch eine wichtige Lebensader darstellt, ist inzwischen zu langsam. Mit einer Ausweitung der Verkehrsverbindungen geht häufig auch der wirtschaftliche Aufschwung der Region einher. Jahr für Jahr werden Milliarden in den Straßenbau gesteckt und neue spektakuläre Projekte in Angriff genommen, wie die Ende der 80er Jahre eröffnete, über Schären und Holme führende Atlantik-Küstenstraße (s. S. 205) südlich von Kristiansund oder der direkt unter dem Jøstedalsgletscher hindurchführende Tunnel von Fjærland nach Jølster.

## Wirtschaft

Zu Beginn des Jahrhunderts fanden noch etwa 70 % aller Fjordbewohner ihr Auskommen in den primären Wirtschaftszweigen Landwirtschaft und Fischfang; in den 80er Jahren waren es weit unter 10 %. Wichtige Grundlagen der Wirtschaft sind außerdem natürliche Rohstoffe wie Holz, Erz sowie insbesondere die Öl- und Gasvorkommen in der Nordsee.

**Landwirtschaft:** Lediglich 3–4 % der Landfläche Westnorwegens sind landwirtschaftlich nutzbar. Etwa 15% bedecken Nutzwälder, der Rest (fast 80 %) sind Fels und Schotter, Gebirgswald, Moore und Gletscher, im Fachjargon als Öd- oder Unland zusammengefaßt. Das ebene und fruchtbare Land konzentriert sich vor allem auf die Küstenregion; das saftige Weideland in den Bergen kann aber nur im Sommer und, je nach Lage, auch im Frühjahr und/oder Herbst genutzt werden. Vieh- und Milchwirtschaft bildeten seit jeher die Haupteinnahmequelle

## Pioniertaten der Mönche und Pfaffen

# Obstanbau im Hardanger

Als Bischof Sigurd in Bjørgvin im Jahre 1146 das Lysekloster südlich von Bergen gründete, holte er sich Mönche eines Zisterzienserklosters aus York (England) nach Norwegen, die für ihn das Kloster führen sollten. Diese brachten neben ihren Gebetsbüchern auch ein starkes Interesse für den Gartenbau mit. Es hatte schon vor ihrer Zeit Äpfel in Norwegen gegeben, aber es waren vermutlich sehr kleine, aus Kernen gewachsene Wildäpfel. Als in der zweiten Hälfte des 13. Jh. der Hof Opedal in Lofthus am Sørfjord in den Besitz des Klosters gelangte, machten sich die Mönche umgehend daran, einen Obst- und Gemüsegarten anzulegen. Die Ernte – außer Äpfeln auch Kirschen, Pflaumen, Steckrüben, Kohl und Hopfen – lieferten sie an das Lysekloster, das wahrscheinlich schon vor 1300 einen lukrativen Handel mit Früchten aus dem Hardanger betrieb.

Nach der Reformation in der Mitte des 16. Jh. ging es bergab mit der Gartenkultur. Die meisten Mönche wurden vertrieben. Erst 100 Jahre später erhielt der Obsthandel zwischen den Orten im inneren Fjordland und der Handelsstadt Bergen wieder neuen Auftrieb. Viele Bauern gingen dazu über, ihre Steuern in Naturalien zu bezahlen.

Mit den Pfarrern an der Spitze, die sich als Pioniere im Bereich der landwirtschaftlichen Forschung hervortaten, erlebte der Obstanbau im 18. Jh. einen sagenhaften Aufschwung. Gemeindepfarrer Atche in Ullensvang (1758–1771) setzte als erster im Fjordland Kartoffeln; sein Nachfolger Glahn führte die Kunst des Pfropfens wieder ein, die nach der Emigration der Mönche in Vergessenheit geraten war. Als dann Mitte des 19. Jh. der Binnenhandel durch die ersten Dampfschiffe auf alle Regionen Norwegens ausgeweitet werden konnte, wuchs langsam das Interesse an Forschung und Entwicklung neuer Methoden und Sorten. In Ulvik wurde die bereits im 18. Jh. angelegte Obstbaumschule weitergeführt, in Ullensvang ein Forschungsinstitut gegründet, in Utne eine landwirtschaftliche Fachschule aufgebaut. Das Schwergewicht der staatlichen Forschungsarbeit liegt heute in der Entwicklung robuster Obstsorten und Anbaumethoden, die ohne die Verwendung giftiger Spritzmittel auskommen.

der westnorwegischen Agrarwirtschaft. Die Höfe sind meist klein: 10–15 Milchkühe, eine kleine Schafherde, die den Sommer über in den Bergen grast, Kartoffelanbau und Heuernte für den Eigenbedarf. Viele der Höfe können nur durch Zusatzerwerb in anderen Sektoren gehalten werden.

Berühmt ist das Fjordland für die wahrscheinlich nördlichsten **Obstpflanzungen** der Welt. Das milde Klima im Fjordinneren begünstigt den Anbau von Äpfeln, Birnen, Kirschen, Pflaumen und Beerenfrüchten. Vor allem am Hardanger- und am Sognefjord bieten die Obstplantagen im Frühjahr eine einzigartige Blütenpracht. In Vestlandet wächst die Hälfte aller norwegischen Obstbäume sowie etwa ein Viertel aller Beerenbüsche. Produziert wird jedoch nur ein Viertel des norwegischen Obstes und ein Fünftel der Beerenfrüchte, denn in so manchem Jahr fordert die nördliche Lage ihren Tribut. Gefürchtet sind Eiswinter wie Ende der 70er Jahre, als innerhalb weniger Nächte zehntausende Obstbäume erfroren. Großen Schaden richteten in jener Zeit auch die orkanartigen Stürme kurz vor der Erntezeit an, die die pflückreifen Äpfel gleich tonnenweise vom Baum schüttelten. Den Bauern graust mit gutem Grund vor extremen Wetterverhältnissen, die in den letzten Jahrzehnten immer häufiger auftreten.

**Fischfang:** Hering und Dorsch sind traditionell die beiden wichtigsten Fischarten. Zu allen Zeiten waren die Fangresultate großen Schwankungen unterworfen. Riesige Herings- oder Sprottenschwärme konnten euphorische Stimmung entlang der Küste verbreiten, zugleich wurde nichts so gefürchtet wie die ›Schwarzen Jahre‹, das totale Ausbleiben der Fischschwärme. Durch die Einführung des Motorschiffs zu Beginn des Jahrhunderts, die Entwicklung des Echolots und die Perfektionierung der Gerätschaft stiegen die Fangmengen drastisch an. Die Gefahr der Überfischung besteht auch für Makrele, Lodde, Köhler, Seelachs, Schellfisch, Lumb und Leng und kann nur durch strenge Quotenregelung noch einigermaßen in den Griff bekommen werden.

Ein vielversprechender Wirtschaftszweig ist die **Aquakultur**, die Anfang der 70er Jahre erste nennenswerte Erfolge aufzuweisen hatte, allerdings auch ökologische und marktpolitische Probleme mit sich bringt. In gut geschützten Fjordabschnitten werden vor allem Lachse und Regenbogenforellen aufgezogen. Das Betriebsrisiko ist hoch, die Fischfarmer rechnen im Schnitt alle fünf Jahre mit einem Totalverlust durch Seuchen, Parasiten oder, wie in den letzten Jahren, durch das bedrohliche Algenwachstum in der Nordsee. Während eines Orkans, der am Neujahrsmorgen 1992 mit Geschwindigkeiten bis zu 120 km/h über die nördlichen Teile der Westküste hinwegfegte, gelang es über 1 Mio. Lachse und Regenbogenforellen, aus

Ölplattform auf der Werft in der Ölmetropole Stavanger

den Netzkäfigen ins offene Meer auszubrechen.

**Industrie:** Die wichtigste Grundlage vor der Entdeckung der Öl- und Erdgasvorkommen war die Hydroenergie, die unter Ausnutzung des großen Gefälles der vom Gebirge herabstürzenden Wassermassen produziert wird. Gut 40 % des norwegischen Stromaufkommens stammt aus dem Fjordland. Der noch weitere Ausbau der Hydroenergie ist umstritten, da beispielsweise die Ufersäume der gestauten Seen durch die technisch bedingten Wasserstandsschwankungen veröden.

Die Bürgerinitiativen gegen den Wasserkraftausbau haben in Norwegen eine vergleichsweise lange Tradition. 1970 blockierten Ausbaugegner einen Sommer lang den einzigen Zufahrtsweg zum 665 m hohen Wasserfall Mardalsfossen in der Nähe von Åndalsnes. Die friedliche Protestaktion erregte sogar internationales Aufsehen, blieb aber erfolglos – der Mardalsfossen verschwand in Röhren. Erfolgreicher waren die Proteste gegen die Atomkraft: Norwegen ist eines der wenigen Länder Europas ohne Atomkraftwerke.

Rund ein Drittel des im Fjordland erzeugten Stroms wird für die energieaufwendige Produktion der Aluminium-, Eisen- und Chemieindustrie genutzt. Gerade diese Industriebetriebe verursachen schwere Umweltschäden. So werden bei der Herstellung von Aluminium große Mengen Fluor freigesetzt, bei der Metallproduktion wird das Abwasser durch Schwermetalle belastet – so machte der Sørfjord, ein Arm des Hardangerfjords, jahrelang betrübliche Schlagzeilen als schwermetallhaltigster Fjord der Welt (s. S. 112f.). Norwegens Regierung reagierte nur zögerlich auf die von der Industrie verursachten Schäden und wiegte sich lange in dem Glauben, ihre Probleme seien überwiegend auf die Verschmutzung durch andere Länder, allen voran die deutsche und britische Industrie, zurückzuführen, die in der Tat das ihre zu den norwegischen Umweltschäden beitragen. Die Verstöße der norwegischen Industriebetriebe gegen die Umweltschutzgesetze blieben jahrzehntelang weitgehend ungeahndet. Erst in den 80er Jahren ist die Diskussion u. a. durch die Aktionen der Umweltschutzgruppe Bellona zur Aufdeckung von Umweltkriminalität ernsthaft in Bewegung gekommen.

Die Stagnation der traditionellen Industriezweige Fischerei, Fischverarbeitung, Werftbetriebe und Konsumgüterherstellung, aber auch der Schwerindustrie, Aluminiumproduktion und Metallerzeugung, die Anfang der 80er Jahre einsetzte, hält auch in den 90er Jahren an. Ohne die neuen Industriezweige wie z. B. die Petrochemie oder die umfangreichen Zuliefer- und Versorgungsbetriebe im Offshore-Bereich sähe es um die norwegische Wirtschaft schlecht aus. Seit Mitte der 70er Jahre hat sich die Öl- und Gasindustrie – Norwegen befindet sich in Besitz von ca. 1 % der Weltvorräte an Gas- und Erdöl – zum wichtigsten Wirtschaftsfaktor entwickelt, obwohl sie nur knapp über 2 % aller norwegischen Arbeitnehmer beschäftigt. Seit Anbeginn der Ölförderung hat sich der norwegische Staat darum bemüht, nicht einem ungehemmten Ölrausch zu erliegen, und viel Geld in Sicherheitsmaßnahmen gesteckt, die – so heißt es – die strengsten der Welt sein sollen. Insbesondere versuchte man, die Magnetwirkung der Ölzentren, allen voran Stavangers, zu bremsen: angeschlagene Wirtschaftszweige wurden subventioniert, das staatliche Sozialwesen ausgebaut.

**Tourismus:** Fjordland, dessen Schönheit bereits vor 150 Jahren eine wachsende Schar ausländischer Urlauber anzog, gilt als die Wiege des norwegischen Tourismus. Der Hardanger-, der Sogne- und der Geirangerfjord zählen zu den schönsten und meistbesuchten Attraktionen Norwegens. In der Mitte des 19. Jh. waren es vor allem reiche Engländer, die zum Bergsteigen, Angeln und Jagen nach Norwegen kamen. Gegen Ende des

Jahrhunderts wurde Norwegen auch in Deutschland durch die jährlichen Nordlandreisen des deutschen Kaisers Wilhelm II. populär. Die Touristen reisten mit Kreuzschiffen an und ließen sich in zweirädrigen Kutschen zu den Wasserfällen und Gletschern chauffieren. Nach dem Zweiten Weltkrieg hat Norwegen den Anschluß an das Zeitalter des Massentourismus verpaßt und konnte daher bis heute den Ruf wahren, ein Reiseland für Individualisten zu sein. Zu einem nicht unerheblichen Problem hat sich allerdings seit Anfang der 90er Jahre die Masseninvasion der Wohnmobilreisenden entwickelt.

# König unter den Fischen

## Der wilde Lachs

Das Leben dieses kampflustigen und äußerst delikaten Speisefisches spielt sich zwischen den aus den Bergen kommenden Flüssen und dem Meer ab. Nachdem die Junglachse aus dem Ei geschlüpft sind, verbringen sie die ersten zwei bis fünf Lebensjahre im Süßwasser, um dann ins nährstoffreichere Meer weiterzuziehen. Die rote Färbung des Lachsfleisches entsteht durch ihr bevorzugtes Futter: die Meereskrebse. Einem inneren Wandertrieb folgend, streben die ausgewachsenen Laichfische im Herbst, nach zwei bis drei Jahren im Meer, erneut ihrem Heimatfluß zu, den sie (wie auch bestimmte Fjordübergänge) am Geruch wiedererkennen. Ihre Wanderleistungen variieren zwischen 40 und 100 km pro Tag. Im Fjord halten sie sich so lange auf, bis sie sich vom Salz- auf das Süßwasser umgestellt haben. Um in ihre Brutreviere zu gelangen, müssen die Lachse allerlei Hindernisse wie Stromschnellen und bis zu 2 m hohe Wasserfälle überwinden, die sie mit ebenso eleganten wie kraftvollen Sprüngen meistern. Der Sprungreflex, durch den der Körper sich so stark krümmt, daß Kopf und Schwanz sich berühren, wird nur ausgelöst, wenn genügend Wasser sowohl im Sprungbecken als auch auf der zu bewältigenden Flußstufe vorhanden ist. Nach der gefahrvollen und mehrwöchigen Wanderung geben sich die Lachse Revierkämpfen und dem Brutgeschäft hin. Die weiblichen Tiere legen 10 000–20 000 Eier in Vertiefungen im kiesigen Grund, wo sie besamt werden. Erst im April oder Mai des Folgejahres schlüpfen die Jungfische. Nach dem Laichen gehen die meisten Elterntiere zugrunde, nur wenige wandern ins Meer zurück.

WB
WB
WB

# Geschichte, Kunst und Kultur

Verwegene Wikinger

Felszeichnungen und Stabkirchen

Ein Land – zwei Sprachen

Kunst, Musik und Traditionen

Umzug am 17. Mai, dem Nationalfeiertag, in Bergen

# Daten zur Geschichte

**Ab 9000 v. Chr.** Mit dem Rückzug der Gletscher nach dem Ende der letzten Eiszeit vor ca. 10 000 Jahren dringt die steinzeitliche **Fosnakultur** (nach ihrem ersten Fundort bei Kristiansund benannt) in das süd- und mittelnorwegische Küstengebiet vor. Das Binnenland ist noch von einer dicken Eisschicht bedeckt.

**4000 v. Chr.** Rentierjäger gelangen bis weit ins Landesinnere. Sie hinterlassen Felszeichnungen, die wohl im Zusammenhang mit steinzeitlichen Kulthandlungen entstehen und wahrscheinlich den Zweck hatten, eine erfolgreiche Jagd zu beschwören.

**3000–1500 v. Chr.** Eine zunehmende Klimaverbesserung begünstigt die Entwicklung von Ackerbau und Viehzucht in der jüngeren **Steinzeit**. Vor allem Jæren sowie breite Küstenstreifen am Hardanger- und Sognefjord sind dicht besiedelt.

**1500–300 v. Chr.** Felszeichnungen aus der **Bronzezeit** beweisen die Kenntnis von Rad, Wagen und Pflug und belegen die Bedeutung der Boote für Fischfang und Handel, der vermutlich bereits bis weit über den Polarkreis reicht.

**Ab 500 v. Chr.** Zu Beginn der **Eisenzeit** erfolgt bereits die Verhüttung von Eisenerz: Werkzeuge aus Eisen ermöglichen eine Verbesserung im Schiff- und Hausbau sowie die Ausweitung der Siedlungsräume durch großflächige Rodungen. Auf Grund einer mehrere Jahrhunderte anhaltenden Klimaverschlechterung, die zur europäischen Völkerwanderung führt, müssen viele Siedlungen wieder aufgegeben werden.

**400–800 n. Chr.** In der kriegerischen **Völkerwanderungszeit** profilieren sich mächtige Häuptlinge. Am Ende des Jahrtausends sind aus den Stammesverbänden eine Vielzahl von Kleinkönigreichen entstanden.

**800–1066** In der **Wikingerzeit** ziehen die kühnen Skandinavier, vor allem Westnorweger und Dänen, übers Meer; Island, die Westküste Grönlands und zeitweise auch Neufundland werden besiedelt. Ursache für den Aufbruch der Wikinger, die sich auch in England, Irland, Frankreich, auf den Färöern und Orkneys niederlassen, sind

u. a. Mangel an kultivierbarem Land, aber auch Machtkämpfe der durch Plünderungs- und Handelsfahrten reich gewordenen Häuptlinge.

**Um 872** In der Seeschlacht am Hafrsfjord (s. S. 40) vereint Harald Schönhaar (Hårfagre) erstmals die vielen norwegischen Herrschaftsgebiete zu einem Reich, das nach seinem Tod (933) allerdings wieder zerfällt.

**995–1000** Olav Tryggvason, ein Urenkel Harald Schönhaars, nimmt auf einer seiner zahlreichen Wikingfahrten das Christentum an und eint Norwegen zum zweiten Mal. Mit roher Waffengewalt versucht er, das Christentum einzuführen und schafft sich dadurch viele Feinde, durch deren Hand er im Jahre 1000 in der Seeschlacht von Svolder fällt.

**1015–1028** Auch Olav Haraldsson, ebenfalls ein Nachfahre Harald Schönhaars, versucht sich nach einer langen Reihe kriegerischer Wikingerzüge an der Einigung und Christianisierung Norwegens. Er wird vertrieben, flieht nach Gardarike (Rußland) und wird 1030 bei seiner Rückkehr von aufständischen Bauern und Häuptlingen in Stiklestad (Trøndelag) erschlagen. Norwegen fällt in den Machtbereich Knuts des Großen, des Herrschers über England und Dänemark. Olav Haraldsson, an dessen Grab sich Wunder ereignet haben sollen (Blinde wurden sehend, Lahme konnten wieder gehen), erscheint im nachhinein als Märtyrer und Vorkämpfer der nationalen Freiheit und wird heilig gesprochen.

**1035** Als Knut stirbt, wird Olavs Sohn Magnus zum norwegischen König gekrönt. Norwegen bildet nun ein unabhängiges, christliches Königreich, dessen Nationalheiliger Olav in ganz Europa verehrt wird. Unter Magnus dem Guten kann sich das Christentum endgültig durchsetzen.

**12. Jh.** Alle ehelichen und unehelichen Söhne Harald Schönhaars, deren genaue Zahl zwar unbekannt, aber zweifellos hoch war, sowie wiederum deren Söhne und Sohnessöhne hatten das gleiche Anrecht auf die Thronnachfolge, wenn sie es nur durchsetzen konnten. Das hatte zur Folge, daß bisweilen zwei Könige gleichzeitig herrschten. Um die Zahl der Thronanwärter zu verringern, wurde im Jahre 1163 die Erblichkeit auf eheliche, erstgeborene Söhne beschränkt.

**13. Jh.** Erst Håkon Håkonsson (1217–1263) gibt dem Land den Frieden wieder. Unter ihm erlebt Norwegen eine Blütezeit, erreicht Macht und Ansehen. Der Königssitz wird von Trondheim nach Bergen verlegt. Um 1250 schließt er einen Handelsvertrag mit der Hansestadt Lübeck. Die ersten deut-

## Da verließen viele das Land …

# Die Schlacht am Hafrsfjord

Als gegen Ende des 9. Jh. in den meisten Ländern Europas bereits über ein Jahrhundert Könige und Kaiser mit eiserner Hand regierten, wurde Norwegen immer noch von einer Vielzahl von Kleinkönigen und Häuptlingen beherrscht. Im Jahr 872, so ist in den meisten Geschichtsbüchern nachzulesen, gelang es Harald Schönhaar nach einer blutigen Schlacht im Hafrsfjord südlich von Stavanger, Norwegen zu einem nationalen Reich zu vereinen. So steht es auch in den Isländersagas, dort wird Harald als »der erste, der alleine über Norwegen regierte« gepriesen.

Die Schlacht im Hafrsfjord gilt historisch als erwiesen, weniger sicher ist jedoch, wann genau sie stattfand und wer Haralds Gegner waren. Die Sagas bzw. Fürsten- oder Königsgedichte zeichnen kein einheitliches Bild. Die Datierung schwankt beispielsweise zwischen 872 und 900. Einigkeit herrscht dagegen über den Sieg Haralds, der sich unmittelbar nach der Schlacht daran machte, seine Macht zu stabilisieren. Dabei ging er nicht zimperlich vor. Er unterwarf das Land und degradierte die Bewohner von freien Bauern zu steuerpflichtigen Untertanen. Harald gelang es darüber hinaus, durch Enteignung und Konfiszierung weiter Ländereien eine stabile finanzielle Grundlage für seine militärische Herrschaft zu schaffen. Vor allem in Westnorwegen »versorgte« er sich mit fünf großen Königshöfen: Avaldsnes (auf Karmøy) und Utstein in Rogaland, Sæheim (Seim), Ålrekstad (Årstad) und Fitjar (auf Stord) in Hordaland. Dort hielt er sich gerne auf, »als er auf das Alter zuschritt«.

In schwierigen Rechtsfällen trat Harald in den Thingversammlungen als Rechtssprecher und Richter auf, und dazu – darüber sind sich alle Historiker einig – hatte er formal überhaupt kein Recht. Die Sagas berichten von vielen, die Haralds Tyrannei so unerträglich fanden, daß sie es vorzogen, über das Meer nach Westen zu ziehen. So werden auch die norwegischen Kolonisationszüge zu den Färöern und nach Island Norwegens erstem Alleinherrscher zugeschrieben. In der Färösaga heißt es: »Ein Mann hieß Grim Kamban. Er siedelte sich als erster von allen auf den Färöern in der Zeit Harald Schönhaars an. Da verließen viele das Land infolge der Machtgier des Königs. Ein Teil ließ sich auf den Färöern nieder und bestellte dort das Feld, aber viele zogen in andere unbesiedelte Länder.«

schen Kaufleute lassen sich in Bergen nieder. Håkon organisiert auch die Verwaltung des Landes, sein Nachfolger Magnus Lagabøter, der »Gesetzgeber« genannt (1263–1280), erläßt das erste Landesgesetz, in dem u. a. die Rechte und Pflichten der Könige festgelegt werden. Ab Mitte des Jahrhunderts werden in Westnorwegen zahlreiche Klöster von überwiegend aus England stammenden Benediktinern, Zisterziensern und Augustinern gegründet.

**14. Jh.** Ein Jahrhundert des Niedergangs: Die 1319 mit Schweden und 1380 mit Dänemark geschlossene Union untergräbt langsam die politische Selbständigkeit Norwegens. Der Schwerpunkt des politischen und wirtschaftlichen Lebens verlagert sich nach Ostnorwegen. Oslo wird neue Hauptstadt, Bergen bleibt jedoch weiterhin der wichtigste Handelsort des Landes. Zu Anfang des Jahrhunderts wird das Hanseatische Kontor gegründet; und nach der Pest, die fast die Hälfte der norwegischen Bevölkerung hinrafft, übernimmt die deutsche Hanse den gesamten norwegischen Handel. In den folgenden Jahrhunderten sind die Norweger immer wieder gezwungen, den Hansekaufleuten Zugeständnisse zu machen, weil sie von deren Getreidelieferungen abhängig sind. Mit der Kalmarer Union 1397 wird Skandinavien (Dänemark, Schweden, Norwegen) zu einem Reich zusammengefaßt.

**15./16. Jh.** Auch nach dem Zerfall der Union (1523) bleibt Norwegen mit Dänemark verbunden, wird aber zunehmend in die Position einer machtlosen Kolonie gedrückt. Im Jahre 1536 wird das Königreich Norwegen per Edikt abgeschafft: es soll nur noch ein Teil Dänemarks sein; der Reichsrat wird aufgelöst. Den traurigen politischen Ereignissen zum Trotz gelangt der Handel allmählich wieder in die Hand norwegischer Kaufleute. In der ersten Hälfte des 16. Jh. verliert die Hanse ihre Privilegien.

**17. Jh.** Ein Jahrhundert des wirtschaftlichen Aufschwungs. Die Fisch- und Holzexporte nach England und Holland nehmen zu. Auch der Binnenhandel gedeiht: Fisch und Salz werden von Siedlungen an den Fjordenden über die Berge nach Südostnorwegen gebracht, Getreide und Felle gehen den umgekehrten Weg.

**18. Jh.** Seit der Jahrhundertmitte verfügt Norwegen mit fast 600 Schiffen über eine starke Handelsflotte, die sich bis zum Ende des Jahrhunderts noch verdoppelt. Vor allem durch die Kriege zwischen Preußen, Österreich und anderen europäischen Ländern – Dänemark-Norwegen blieb neutral – werden große Gewinne erzielt.

Norwegen ist wieder zu einer Seefahrernation geworden. Die positive wirtschaftliche Entwicklung sowie der Einsatz der norwegischen Armee und Flotte, die im

## Träume von wogenden Getreidefeldern

# Emigration nach Amerika

Von 1825–1930 emigrierten fast 860 000 Norweger nach Amerika, um sich dort eine neue Existenz aufzubauen – eine relativ große Zahl für ein Land, das 1836 insgesamt etwa 1 200 000 und auch 1890 nicht mehr als 2 000 000 Einwohner zählte. Vermutlich waren es sogar noch mehr, da die Auswanderer erst seit 1869 registriert wurden; viele wählten außerdem die billigste Seeroute zu einem Hafen am kanadischen St. Lorenz-Strom und galten daher nicht als USA-Einwanderer aus Europa. Neben den Iren stellten im 19. Jh. die Norweger den größten Anteil der Emigranten in Europa. Die ersten Auswanderungswilligen waren Quäker aus Rogaland, der sektenfreudigen ›Bibelecke‹ Norwegens, die die Religions- und Meinungsfreiheit Amerikas lockte. Auch die zweite Emigrantenwelle wurde nicht durch existentielle Not verursacht. Es waren Bauernfamilien, die ihren Hof und Besitz verkauften, um die teure Überfahrt bezahlen und ein Stück Land in Amerika erwerben zu können. Sie träumten von einem Leben, in dem sie bessere Lebensbedingungen erlangen konnten. In Norwegen gab es dazu keine Möglichkeit, die Bevölkerung wuchs, das Land wurde bis an die Grenzen des Ödlandes genutzt, mit unentwegter Arbeit reichten die Erträge auf den Höfen gerade aus, um Mensch und Vieh durchzubringen. Doch die junge Generation erhoffte sich mehr. Und so waren es ab Mitte des Jahrhunderts zunehmend junge Norweger, die ihr Glück in der Auswanderung suchten. In seiner Erzählung »Sunnøve Solbakken« beschreibt Bjørnstjerne Bjørnson einen Dialog, der sich so durchaus hätte zutragen können: » ›In Amerika soll man's leicht zu was bringen‹, sagte Thorbjörn… ›Aber Nordhoug hat doch guten Boden und ist groß‹, versetzte Sämund. ›Es sind zu viele drauf‹, antwortete der Mann … ›Der eine steht dem anderen im Wege‹, fügte er hinzu. ›Glückliche Reise!‹ sagte Sämund und gab ihm die Hand. ›Gott lasse dich finden, was du suchst.‹ «

In den Briefen der Aussiedler war von Reichtum und unendlich fruchtbarem Land die Rede, von goldenen Getreidefeldern und großen Häusern mit Dienstboten. Die Briefe, vor allem natürlich die Erfolgsgeschichten, gingen von Hand zu Hand und wurden zum Teil hundertfach kopiert. Immer mehr wagten daraufhin den großen Sprung. Doch bereits auf der Überfahrt wurde so manchem klar, daß er sich keines-

Deck eines Auswandererschiffs

wegs auf Rosen gebettet hatte. Bis zu drei Monaten dauerte die Seereise nach New York auf den Segelfrachtern. Die Passagiere mußten Proviant und Bettzeug selbst mit an Bord bringen, ein Schlafplatz auf dem Zwischendeck, Wasser und Brennmaterial zum Kochen wurden gestellt. Den Großteil des Tages verbrachten die Auswanderer unter Deck in kombinierten Schlaf- und Aufenthaltsräumen, in denen bis zu 300 Schlafpritschen untergebracht waren. Die mangelhaften hygienischen Verhältnisse förderten den Ausbruch von Epidemien, die manchem noch vor der Ankunft im verheißenen Land das Leben kosteten.

Viele Norweger ließen sich gemeinsam an einem Ort nieder, wo sie die norwegische Sprache, Kultur und Traditionen bewahrten und Freunden und Bekannten aus der Heimat bei der Einwanderung behilflich waren. Denn die wenigsten waren bei ihrer Ankunft der englischen Sprache mächtig. Als sich nach dem Ersten Weltkrieg Englisch immer mehr durchsetzte, nahm die Verbindung nach Norwegen langsam ab. Etwa 25 % der Auswanderer kehrte enttäuscht und um einen Traum ärmer nach Norwegen zurück. Dennoch leben heute in Amerika mehr Menschen mit norwegischer Abstammung als in Norwegen selbst, nämlich knapp fünf Millionen.

Großen Nordischen Krieg (1700–1721) an der Seite Dänemarks gegen Schweden kämpften, stärken das Selbstvertrauen der Norweger. Der Wunsch nach Unabhängigkeit wächst.

**19. Jh.** Von 1807–1814 kämpft Norwegen in den Napoleonischen Kriegen mit Dänemark auf der Seite der Franzosen gegen Großbritannien. Norwegens Export und seine Schiffahrt kommen zum Stillstand, im Land brechen furchtbare Hungersnöte aus, weil durch die britische Blockade keine Lebensmittel mehr eingeführt werden können. Im Frieden zu Kiel wird Dänemark 1814 gezwungen, Norwegen an Schweden abzutreten. Die Norweger weigern sich, dies anzuerkennen. In Eidsvoll (östlich von Oslo) verkündet die neugegründete Nationalversammlung am 17. Mai des gleichen Jahres eine neue Verfassung, die Norwegen zum selbständigen Königreich mit einem Parlament *(Storting)* erklärt. Obwohl die endgültige Loslösung von Schweden erst 1905 erfolgt, feiern die Norweger den 17. Mai als Nationalfeiertag.

Die zweite Hälfte des Jahrhunderts ist durch kulturellen und wirtschaftlichen Aufschwung geprägt, der aber eine Landflucht mit sich bringt. Die wirtschaftliche Expansion hält mit dem starken Bevölkerungsanstieg nicht Schritt. In den 60er Jahren erfaßt die erste große Auswanderungswelle nach Amerika vor allem Westnorwegen.

**20. Jh.** Im Jahr 1905 erfolgt die endgültige Lösung von Schweden. Norwegen wird wieder ein freies, unabhängiges Königreich mit einem Parlament. Bis **1930** hält das Amerikafieber unvermindert an. Im Ersten Weltkrieg (1914–1918) bleibt Norwegen neutral.

Im **Zweiten Weltkrieg** wird Norwegen trotz Neutralisierungserklärung von den Deutschen besetzt; König und Regierung fliehen nach England ins Exil. Zahlreiche Küstenstädte, so auch Kristiansund und Molde, werden tagelang bombardiert. Im Verlauf des Krieges wird die norwegische Widerstandsbewegung immer stärker, aber erst das Kriegsende bringt die Befreiung Norwegens. Im Jahr **1949** tritt Norwegen der NATO bei.

Ende **1969** erste erfolgreiche Ölbohrungen. Die reichen Öl- und Gasvorkommen und die damit verbundenen Industriezweige verhelfen Norwegen zu Wohlstand. Vor allem im Fjordland geht der Ölsegen mit einer massiven Flucht in die florierenden Städte einher.

In einer Volksabstimmung im Jahr **1972** lehnen 53 % der Norweger die 1962/7 erstmals beantragte und bereits vereinbarte EWG-Mitgliedschaft ab. Vor allem Fischer und Bauern fürchten den Beitritt, da ihre staatlich subventionierten Produkte im geeinten Europa kaum konkurrenzfähig wären.

Mit großer Mehrheit gibt das Storting **1992** grünes Licht für den vierten Antrag Norwegens um Mitgliedschaft in der Europäischen

Gemeinschaft. Innerhalb der Landbevölkerung gibt es nach wie vor zahlreiche EG-Gegner.

**Februar 1994:** Austragung der 17. Olympischen Spiele in Lillehammer.

Ab Oktober **1995** soll die insgesamt 660 km lange Gasrohrleitung Europipe, die von Norwegen nach Niedersachsen führt, den deutschen Verbraucher mit norwegischem Gas versorgen. Wegen erbitterter Proteste von Umweltschützern gegen den Verlauf der Trasse durch das Wattenmeer hat sich die Staatliche Erdöl-/Erdgasgesellschaft Statoil bereiterklärt, die Leitung unter dem Wattenmeer in einen 2 km langen Tunnel zu legen.

## Literatur und Sprache

Nach einem verheerenden Brand in Bergen, der 1955 große Teile des alten Stadtkerns am Hafen vernichtete, wurden bei Ausgrabungen etwa 400 **Runeninschriften** aus der Zeit von ca. 1200–1330 geborgen. Sie beinhalten u. a. Skaldengedichte (= Lobeshymnen auf Könige und Häuptlinge der Wikingerzeit) sowie einige Verse der Edda (= Götter und Heldenlieder) aus der Zeit vom 9. bis zum 12. Jh.

Die im 13. Jh. auf Island aufgezeichneten Skaldengedichte und Eddalieder gehören zu den ältesten literarischen Zeugnissen Skandinaviens und zeichnen ein faszinierendes Bild der vor allem im Fjordland sehr turbulenten Wikingerzeit. Ebenfalls auf Island entstanden ist die von dem isländischen Gelehrten und Politiker **Snorri Sturluson** in den Jahren 1220–1230 verfaßte **»Heimskringla«** (altnord. = Weltkreis), ein monumentales Werk über die Geschichte der norwegischen Könige von der mythischen Urgeschichte bis in das Jahr 1177. Snorris Quellen waren ältere, auf Island verfaßte Königsagas, Skaldengedichte und Heiligenviten.

Nach einer kulturellen und politischen Blütezeit im 13. Jh. begannen für Norwegen im 14. Jh. die 400 dunklen Jahre, während derer das Land seine Eigenständigkeit einbüßte und als dänische Provinz endete. Als Mitte des 14. Jh. die Pest etwa 80 % des norwegischen Adels dahinraffte, übernahmen die Dänen nach und nach alle Schlüsselpositionen in Verwaltung und Politik. Dänisch wurde Amts- und Schriftsprache, nach der Reformation im Jahre 1537 auch Kirchensprache. Als 1814 das Nationalgefühl erheblich gestärkt und die Union mit Dänemark aufgelöst wurde, hatte Norwegen keine eigene Schriftsprache. Der Dichter **Henrik Wergeland** (1808–1845) war einer der ersten, der sich für eine norwegische Sprachreform engagierte. Er plädierte für eine auf der Grundlage des Dänischen gebeugte norwegische Schriftsprache. Der Sprachgelehrte P. A. Munch argumentierte dagegen. Ausgangspunkt sollte vielmehr ein norwegischer Dialekt sein und die notwendigen Ergänzungen sollten aus dem Altnordischen entnommen werden. **Ivar Aasen** (1813–96) aus Sunnmøre schließlich, der vier Jahre lang kreuz und quer durch Norwegen reiste und Worte und Redewendungen der verschiedensten Dialekte sammelte, realisierte seine Vorstellungen. 1848 verfaßte er eine norwegische Grammatik und gab zwei Jahre später ein Wörterbuch heraus: das Landsmål (*mål* = Sprache), das heutige **Nynorsk** war geboren.

Doch auch die »dänische Richtung« wurde weiter verfolgt, u. a. von Knud Knudsen, einem Lehrer, der die Schwierigkeiten der norwegisch sprechenden Schulkinder mit der dänischen Schriftsprache im Unterricht erlebte. Knudsen forderte immer wieder konkrete Anpassungen an die gesprochene Sprache –, so kristallisierte sich allmählich das Riksmål, heute **Bokmål** genannt, heraus.

Nach und nach begannen die großen norwegischen Dichter wie Bjørnstjerne Bjørnson und Henrik Ibsen, obwohl deren Verleger in Kopenhagen dies mißbilligten, »norwegisch« zu schreiben. 1885 erkannte das Storting Nynorsk und Bokmål als offizielle Schriftsprachen an. Die zwei Sprachvarianten glichen sich durch mehrere Rechtschreibreformen in der ersten Hälfte des 20. Jh. so an, daß alle Norweger einander ohne Probleme verstehen können. Heute sprechen gut 15 % der Norweger Nynorsk – die

Snorri Sturluson, isländischer Dichter und Gelehrter

meisten davon leben im Fjordland. Nynorsk gilt als die Sprache der Landkultur, die immer weniger Anwendung findet. Bokmål wird als die Sprache der Städter, der Industrie und Wirtschaft sowie der Presse angesehen, obwohl beide Varianten im Rundfunk und Fernsehen vertreten sind, 25 % aller Sendungen sind in Nynorsk. Formulare gibt es in zweisprachigen Ausgaben, und selbst auf Briefmarken und Geldscheinen findet man neben *Norge* auch die Bezeichnung *Noreg*.

Der Kampf der Norweger um Unabhängigkeit und nationale Selbständigkeit zu Beginn des 19. Jh. wurde von Historikern und Dichtern unterstützt. Zur Stärkung des nationalen Bewußtseins griffen sie auf Norwegens ruhmreiche Vergangenheit zurück und ließen in Abhandlungen, Dramen und Erzählungen die Ideale der Sagazeit wieder aufleben. **Jørgen Moe** (1813–1882) und **P. Chr. Asbjørnsen** (1812–1885) sammelten die norwegischen Volksmärchen und Sagen, die sich schnell zum beliebten Lesestoff entwickelten.

**Bjørnstjerne Bjørnson** (1832–1910), der im Alter von 26 Jahren die Verse der norwegischen Nationalhymne »Ja, vi elsker dette landet« – »Ja, wir lieben dieses Land« – schrieb, in dem er vor allem Norwegens Fjordland ein Denkmal setzte, war vermutlich der leidenschaftlichste nationale Dichter dieser Generation. Den größten Ruhm erwarb sich Bjørnson mit seinen »Bauerngeschichten«, die den Alltag der Bauern im ausgehenden 19. Jh. schildern. In diesen Geschichten findet sich eine Vielzahl ein wenig idealisierter Details über das Leben im Fjordland: u. a. das Almwesen, die Auswanderung nach Amerika, die sonntägliche Kirchfahrt, Hochzeitszüge und Tanz. – 1903 erhielt Bjørnstjerne Bjørnson als erster Norweger den Nobelpreis für Literatur. Der Kommentar seines Dichterkollegen **Henrik Ibsen** (1828–1906): »So gehe ich denn leer aus.« Ebenso wie Bjørnson kämpfte Ibsen, der von 1851–1857 das Theater in Bergen leitete, um die Befreiung des Theaters vom übermächtigen dänischen Einfluß. Mit seinen realistischen, sozialkritischen Gegenwartsschauspielen sucht er die Mißstände der bürgerlichen Gesellschaft aufzudecken.

Viele Werke norwegischer Autoren, die gegen Ende des 19. und Anfang des 20. Jh. ins Deutsche übersetzt wurden, sind heute nur noch in Antiquariaten zu finden, so auch die Romane der aus Bergen stammenden Naturalistin **Amalie Skram** (1846–1905) und **Arne Garborgs** (1851–1924), der die melancholische Landschaft Jærens beschrieb.

**Alexander Kielland**, 1849 in Stavanger geboren und 1906 in Bergen gestorben, gehört auch zu dieser Schriftstellergeneration. Der Patriziersohn setzte sich – obgleich Zeit seines Lebens wohlhabend und einflußreich – mit der Klassenproblematik auseinander und wandte sich gegen soziale Ungerechtigkeit und Mißverhältnisse. Nach 13jähriger Schaffenszeit beendete Kielland, dessen Werk von Thomas Mann hoch gelobt wurde, seine Karriere als Schriftsteller und wurde Bürgermeister von Stavanger. Es gelang ihm auch als Politiker, seinen Idealen treu zu bleiben und ein »Beamter des Volkes« zu werden, dem Dogmen und Bürokratie ein Greuel waren.

**Olav H. Hauge** (geb. 1908), der bedeutendste, (neu)norwegische Lyriker dieses Jahrhunderts, hat sein ganzes Leben als Gärtner und Obstbauer in Ulvik am inneren Hardangerfjord verbracht. Seine Gedichte, die in mehr als 20 Sprachen übersetzt wurden, beziehen ihren Stoff zum einen aus dem Alltag in der abgeschiedenen, grandiosen Fjordnatur, zum anderen aus der Weltliteratur, deren Studium sich Hauge Zeit seines Lebens gewidmet hat.

Typisch westnorwegische Impressionen beschreibt **Edvard Hoem** (geb. 1949) in seinem 1974 erschienenen Roman »Fährfahrten der Liebe«. Eindringlich stellt er die Folgen der norwegischen Distriktspolitik dar, die in den 60er Jahren von der Zentralisierung der Verwaltung und der Stillegung aller öffentlichen und sozialen Einrichtungen in den entlegenen Orten gekennzeichnet war. Auf Eikøy, einer fiktiven und doch sehr realen Insel, leben die Menschen – auf das Verwaltungszentrum auf dem Festland fixiert – ein isoliertes, passives Dasein, weil fast alle öffentlichen Einrichtungen, die früher als Treffpunkt dienten, nach und nach (per Behördenbeschluß) stillgelegt worden sind. Erst als die Bewohner durch eine Radiomeldung erfahren, daß sie auf das Festland umsiedeln sollen, damit auf Eikøy eine Schiffswerft errichtet werden kann, nehmen sie den Kampf gegen die Instanzen auf – ein ergreifender und lesenswerter Roman, der Aspekte des Küstenalltags beschreibt, die Fremden meist verschlossen bleiben.

Zu den Klassikern der neueren Literatur gehört auch der aus der Industriegemeinde Sauda (Ryfylke) stammende Autor **Kjartan Fløgstad** (geb. 1944), aus dessen Werk bisher nur »Dalen Portland« übersetzt wurde – ein höchst abenteuerlicher, bisweilen auch verwirrender Roman, den der Autor selbst als »karnevalistisch« bezeichnet. Darin schildert er in einer knappen, klaren Sprache die Lebensläufe von drei Menschen in der Zeit vom Zweiten Weltkrieg bis zum Wohlstandsstaat der 70er Jahre, als sich in Norwegen der Übergang von der Bauern- zur Industriegesellschaft vollzieht. Neben phantastischen, balladesken Geschichten, die einem der Helden in Lateinamerika widerfahren, stehen Schilderungen vom Alltag in der westnorwegischen Stahlindustrie – eine spannende, höchst eigenartige Mischung von großer, weiter Welt und kleinstädtischem Arbeitermilieu am Fjord.

Sehr vielseitige und experimentierfreudige Literatur bietet die in

Felszeichnung in Vingen

Bergen aufgewachsene Autorin **Cecilie Løveid** (geb. 1951), die außer in Norwegen auch in Italien und Amerika vor allem als Dramatikerin gefeiert wurde. In deutscher Übersetzung erschienen die Romane »Sog oder Das Meer unter den Brettern« und »Dame mit Hermelin« sowie einige Theaterstücke.

In der Rubrik Heimatroman sind in den 80er Jahren zwei Bände des dreiteiligen Epos »Brot aus dem Meer« von **Johannes Heggland** (geb. 1919) auf Deutsch herausgekommen. In ihnen wird die Geschichte des Fischermädchens Anna Gyria und der harte Alltag an der kargen westnorwegischen Küste in der Mitte des vergangenen Jahrhunderts geschildert – schön als Einstimmung auf eine Fjordlandreise.

Seit Ende der 80er Jahre gilt der in Bergen geborene Schriftsteller **Gunnar Staalesen** (geb. 1947) auch im deutschsprachigen Raum als Geheimtip unter Krimifans. Er ist der Erfinder des einsamen, durch Bergen streunenden Detektivs Varg Veum. Veum, ein ehemaliger Sozialarbeiter mit dem rauhen Charme eines Humphrey Bogart und dem Herzen eines Robin Hood, kämpft gegen Korruption, Kriegs- und Umweltverbrechen. In dem 1989 erschienenen Roman »Die Frau im Kühlschrank« ist die Ölstadt Stavanger Tatort der Verbrechen.

## Kunst

Erste Zeugnisse der bildenden Kunst in Norwegen sind die **Felszeichnungen** *(helleristninger)*, die grob in zwei Kategorien eingeteilt werden: die steinzeitliche Jägerkunst und die bronzezeitliche Bauernkunst. Die ältesten Malereien stellen Jagdwild dar, Rene, Elche und Hirsche. In der Bronzezeit sind Spiral, Kreis- und Bandmuster häufig. In der Eisenzeit wird die Felskunst wieder gegenständlicher und zeigt Schiffe, Pflug und Wagen. Die – verglichen mit der zeitgleichen, kunstvollen Fertigung von Gebrauchsgegenständen – relativ primitiven abstrakten Malereien sind im Zusammenhang mit religiösen Kulthandlungen zu sehen, bei denen um Jagdglück, Fruchtbarkeit und Schutz für die Schiffahrt gebeten wird. Die schönsten und größten Felder mit Felszeichnungen des Fjordlands sind in Vingen bei Måløy (s. S. 168) und in Ausevik bei Florø zu finden (s. S. 165).

Jahrhundertelang gab es bis zum nationalen Erwachen um 1800 kaum eine eigenständige norwegische Kunst. In der Hansezeit waren es vor allem die Werke ausländischer Künstler, mit denen die Kirchen ausgestattet wurden. Im 17. Jh. machten insbesondere zwei deutsche Maler von sich reden, deren Altarbilder und Porträts Kirchen Westnorwegens schmücken. In der ersten Hälfte des 17. Jh. wirkte der in Neustadt in Holstein geborene **Peter Reimers** (gest. zw. 1626 und 1628). Als künstlerisch bedeutender wird der aus Breslau stammende Maler **Gottfried Hendtzschel** (gest. nach 1648) eingeschätzt, der sich bei seinen Altarbildern und Kreuzigungsdarstellungen oft an italienischen Vorbildern orientierte. Hendtzschel ist bisweilen mit dem für seine religiöse Inbrunst berühmten spanischen Maler El Greco verglichen worden.

Mit dem Erstarken des norwegischen Nationalgefühls wuchs auch das Interesse an der eigenen Kunst, der eigenen Geschichte und der »ursprünglichen« Bauernkultur. Der Fjord, ein Stück Natur, das keines der anderen Länder Europas zu bieten hatte, wurde zum Inbegriff des Norwegischen. Der erste große Landschaftsmaler Norwegens war **Johan Christian Dahl** (1788–1857) aus Bergen, der von 1818 bis zu seinem Tod als Professor an der Dresdner Akademie in Deutschland lehrte und viele norwegische Künstler zum Studium nach Dresden holte. In Norwegen selbst gab es weder eine Kunstakademie noch einen Kunstmarkt, der das Auskommen eines Künstlers hätte sichern können. Und so lernten und arbeiteten bis in die 80er Jahre des 19. Jh. so gut wie alle bedeutenden norwegischen Maler im Ausland.

Dahls Zeitgenosse, der in Kopenhagen geborene **Johannes Flintoe** (1786/87–1870), war ein richtiger Naturbursche, der weite Fjellwanderungen unternahm und sich vor Ort von Tälern, Bergen und schimmernden Gletschern inspirieren ließ. Um 1840 war die Akademie in Düsseldorf das führende Ausbildungsinstitut, und so ist es durchaus verständlich, daß auch die nächste norwegische Künstlergeneration nach Deutschland pilgerte, unter ihnen Adolf Tidemand (1814–1876), Hans Gude (1825–1903) und Lars Hertevig (1830–1902), die mit ihren Gemälden das Fjordland und das norwegische Volksleben in Europa bekannt machten. **Adolf Tidemand**, dessen Stärke in der Genremalerei lag, und **Hans Gude**, der sich auf Landschaften spezialisiert hatte, taten sich zusammen, um einige der bekanntesten Fjordlandbilder zu malen. 1848 entstand »Brautfahrt im Hardanger« (»Brudeferden i Hardanger«), fünf Jahre später »Leichenzug am Sognefjord« (»Likferd på Sognefjorden«) – Gemälde, die als Höhepunkt der norwegischen Nationalromantik gelten.

Zu den letzten in Düsseldorf ausgebildeten Künstlern gehörten Adelsteen Normann und Hans Dahl. Sie ließen sich in den 80er Jahren des 19. Jh. ebenfalls in Deutschland nieder, verbrachten die Sommermonate aber in Balestrand am Sognefjord. **Adelsteen Normann** (1848–1918) malte die Fjordlandschaft und ihre Kultur realistisch, ohne nationale und folkloristische Züge, wohingegen **Hans Dahl** (1849–1937) die Bauernkultur am Fjord in poetischen, humoristischen Bildern verklärt. Auch wenn später einige Künstler diese Maltradition fortführten, verlor der Fjord als nationale Landschaft und wichtiges Kunstmotiv im 20. Jh. seine Bedeutung.

## Architektur

Norwegens bedeutendster Beitrag zur europäischen Architekturgeschichte sind ohne Zweifel die **Stabkirchen**, von denen die meisten zwischen 1130 und 1300, also in der frühen Zeit des Christentums entstanden. Es wird geschätzt, daß etwa die Hälfte der ca. 2000 Sakralbauten, die im Mittelalter gebaut wurden, Stabkirchen waren. Heute sind nur noch etwa 30 dieser reinen Holzbauten erhalten, über deren komplizierten Aufbau ganze Werke geschrieben worden sind. Ihre Konstruktion erinnert stark an Wikingerschiffe. Vorbilder waren vermutlich auch die aus den Sagas bekannten großen Festhallen der Wikinger, von denen leider keine einzige erhalten ist. Daß in jener Zeit so viele Sakralbauten aus Holz entstanden, hat vermutlich zwei Gründe: Holz war seit jeher reichlich vorhanden, und man konnte bei der Verarbeitung auf hochentwickelte Techniken zurückgreifen. So wurden die Bäume (meist Kiefern) nicht harzfrisch gefällt, sondern noch auf der Wurzel stehend geschält, wodurch der Baum langsam abstarb und das Holz durch das in den Poren verhärtete Harz in einem Zeitraum von drei bis fünf Jahren regelrecht imprägniert wurde. Häuser, Boote und Kirchen aus solchem Holz, das zusätzlich alle fünf Jahre mit Teer gestrichen wurde, konnten Jahrhunderte überdauern, ohne zu verrotten.

Tragendes Konstruktionselement der Stabkirchen ist das *stavverk* (stav, Mast, Stab) mit bis zu 9 m hohen Säulen, die sich um den rechteckigen Hauptraum der Kirche gruppieren und die in einem auf einem Steinfundament ruhenden Rahmen fest verankert sind. Diese Säulen sind durch Arkaden miteinander verbunden, zwischen denen Diagonalstreben, sogenannte Andreaskreuze, eingesetzt sind. Auf den Masten ruht die hoch aufragende Dachkonstruktion, die oft in mehrere Stockwerke gestaffelt und mit schindelgedeckten Pult- bzw. Satteldächern versehen ist.

An den Hauptraum, der Einblick in den Dachstuhl gewährt, schließen sich Chor und Apsis an. Um die ganze Kirche führt ein überdachter Laufgang, der sogenannte *svalgang*, der nicht nur den Kern der Kirche vor den Unbilden des Wetters schützte, sondern auch als Ort diente, in dem die Waffen ab-

Haus im Schweizerstil (Stryn)

gelegt, aber auch Neuigkeiten ausgetauscht und Geschäfte getätigt wurden. Durch eine schießschartenartige Öffnung konnten Exkommunizierte und Aussätzige von außen dem Gottesdienst folgen. Im Inneren der ursprünglichen Stabkirchen war es finster, denn durch die winzigen Bullaugen hoch oben unterm Dach drang kaum Licht ein – alle größeren Fenster sind spätere Zusätze. Sitzbänke und Kanzel kamen erst nach der Reformation in Gebrauch, auch eine Heizung gab es im Mittelalter noch nicht. Neben dem sauren Regen und den Abgasen setzen heute die Heizungen den Malereien und Schnitzkunstwerken in den Kirchen am meisten zu.

Die heidnischen Stilelemente der Stabkirchen, die häufig in der Nähe oder direkt über früheren Kultstätten errichtet wurden, legen Zeugnis davon ab, daß über 100 Jahre nach der Einführung des Christentums der alte Glaube an gute und böse Geister noch tief verwurzelt war. Die Giebel der aufeinandergetürmten Dächer schmükken oftmals furchteinflößende Drachenköpfe. Ohne Zweifel sollten die Dämonen und Fabeltiere, die auch die Kapitelle und Portale zieren, die Mächte der Finsternis abwehren. Obgleich diese mit der Annahme des Christentums offiziell verbannt waren, stellten sie eine ständige Bedrohung für das Wohlergehen der Menschen dar. Die Stabkirche in Borgund gilt als die schönste und ursprünglichste, die in Urnes als die älteste.

Holz ist seit jeher das dominierende Baumaterial Norwegens. Gegen Ende des 19. Jh. gewann in einer Periode verstärkter Bauaktivität (auf Grund der Einrichtung neuer Eisenbahn- und Dampfschiffstationen) eine Stilrichtung an Einfluß, die der traditionellen Freude an der Schnitzkunst phantastische Ausdrucksmöglichkeiten bot: der sogenannte **Schweizerstil**. Gebäude, darunter auch die ersten großen Touristenhotels, wurden mit verzierten Geländern und Balkonen, Erkern und zierlichen Giebeln ausgestattet, deren Laubsägedekor wie zarte Klöppelspitzen anmuten.

Junges Mädchen in der Tracht der Umgebung von Bergen

Geiger mit Hardangerfiedel

## Kinderhochzeit in der Johannisnacht

Am längsten Tag des Jahres, zur Sommersonnwende am 24. Juni, feiern die Kinder im Hardanger ein traditionsreiches Fest: die Kinderhochzeit. Wie alt dieser Brauch ist, weiß niemand genau. Schriftlich verbürgt ist es für das Jahr 1845. Damals beschrieb der Volkskundler Halldor Opedal eine Kinderhochzeit in Aga, die nach dem Vorbild der Erwachsenen gestaltet wurde. Das Zubereiten der Speisen, das Schmücken der Scheune, das Üben der Lieder und des Fiedelspiels, alles lag in Kinderhand. Zu essen gab es »nur« Rharbarbergrütze oder Rømmegrøt (s. S. 226).

## Musik

Die berühmtesten Musiker Norwegens, der Komponist **Edvard Grieg** (1843–1907, s. S. 104f.) und der Geiger **Ole Bull** (1810–1880), stammen beide aus Bergen und waren stark von der norwegischen Volksmusik beeinflußt. Vor allem Bull feierte bei seinen Konzertreisen in Europa und Amerika große Triumphe. Die letzten Sommer seines Lebens verbrachte er in einer märchenhaften Villa auf der kleinen Insel Lysøen südlich von Bergen.

Im Ausland kaum bekannt ist die traditionsreiche (west)norwegische **Volksmusik**, deren herausragendes Instrument die meist kunstvoll verzierte Hardangerfiedel *(hardingfele)* mit vier Griff- und vier Resonanzsaiten ist. Ihr »schräges Gegniddel« ist nicht jedermanns Sache. Die ältesten erhaltenen Fiedeln stammen

In einigen Dörfern im Hardanger geriet der alte Brauch in Vergessenheit, in anderen hielt er sich bis heute. Und in letzter Zeit werden die Traditionen wieder hochgehalten. 1988 lud das Hardanger Folkemuseum zur Johannisnacht ein, 19 Kinderbrautpaare kamen, um zu feiern, und 1991 kamen in Ullensvang sogar 44 Paare zusammen. Die Regel sind aber kleinere Hochzeiten mit einem oder zwei Brautpärchen. Doch die Tafelrunden fallen heute üppiger aus, nicht selten biegen sich die Tische unter der Last der Speisen, neben den traditionellen Gerichten auch Schinken mit Flatbrød, Torten und frischgepflückte Erdbeeren mit Sahne. Das ganze Dorf nutzt die Gelegenheit für ein gemütliches Beisammensein. Abends wird dann im Schein des Johannisfeuers am Fjord getanzt. Die Organisation des Tages übernehmen noch immer die Kinder. Sie führen Tänze vor, singen und spielen. Vor dem Essen, Tanzen und Spielen ordnet sich der Hochzeitszug, der auf einer festgelegten Route durch das Dorf zieht und von einem Spielmann, nicht selten einem Mädchen, mit einer schönverzierten Hardangerfiedel angeführt wird. Braut und Bräutigam folgen, hinter ihnen die Brautjungfern und die Kinder des Ortes. Alle Mädchen träumen davon, einmal die geschmückte Braut sein zu dürfen. Sie trägt eine aus Goldblech gefertigte, mit Perlen, Gold und Silber reich geschmückte Krone, die über viele Generationen weitergereicht wird, und die farbenprächtige, 1870 zur Nationaltracht erklärte Hardangertracht, zu der eine weiße Schürze mit kunstvoll handgefertigter Hardangerstickerei gehört.

aus dem 17. Jh. Damals wurde noch zu allen Hochzeiten und anderen Festen ein Musikant engagiert, der zum Tanz aufspielte. Die alten Volkstänze waren der Springar und der Halling, ab Mitte des 19. Jh. kamen der Walzer, der Rheinländer und die Polka dazu, die auch heute noch getanzt werden, wenn zum *gamaldans* (= alter Tanz) geladen ist, der sich auch unter den jungen Leuten weiterhin großer Beliebtheit erfreut. Ab der Jahrhundertwende übernahm das im Klang vollere Akkordeon die dominierende Rolle im Volkstanz. Doch bei vielen Festen, wie beispielsweise den Kinderhochzeiten im Hardanger (s.o.), ist die leisere Hardangerfiedel nach wie vor nicht wegzudenken.

---

Bei Olden am Nordfjord ▷

# Unterwegs im Fjordland

Rogaland –
Wo die Fjorde beginnen

Hordaland –
Im Herzen des Fjordlands

Sogn og Fjordane –
Am Fuße des Gletschers

Møre og Romsdal –
Der Norden des Fjordlands

# Rogaland

Stavanger –
Reich durch Öl

Traumstrände in Jæren

Der Preikestolen –
Kanzel über dem Fjord

Skudeneshavn –
Eine Küstenidylle

Blick über den Preikestolen auf den Lysefjord

# Rogaland – Wo die Fjorde beginnen

Durch die traditionsreiche Bischofsstadt Stavanger, zum mittelalterlichen Kloster Utstein, zu den Traumstränden Jærens, ins gebirgige Ryfylke und auf den ›Predigerstuhl‹ Preikestolen. Auf den Spuren der Wikinger durch Haugesund und Karmøy sowie durch den idyllischen Küstenort Skudeneshavn

## Stavanger

Stavanger, die Ölmetropole Norwegens (100 000 Ew.), ist allen gegenteiligen Erwartungen zum Trotz eine reizvolle und ausgesprochen lebendige Stadt mit liebevoll restaurierter Holzarchitektur beiderseits der Vågen-Bucht, einem farbenfrohen Markt im Innern des geschäftigen Hafens sowie einer mittelalterlichen Domkirche, die durch die Jahrhunderte Zeugin der von Widrigkeiten und Wundern durchzogenen Geschichte Stavangers war.

Obwohl Stavanger zu Beginn des 12. Jh. von König Sigurd Jorsalfar zum Bischofssitz ernannt wurde, wuchs die junge Stadt zunächst nur langsam. Denn die Konkurrenz des mächtigen hanseatischen Bergen im Norden und des königlich-dänischen Kristiansand im Süden war groß. 1633 ging die Stadt mit ihren zahlreichen mittelalterlichen Bauten in Flammen auf, woraufhin der Bischofssitz, die Gerichtsbarkeit und der Sitz des Provinzpräsidenten *(amtmann)* nach Kristiansand verlegt wurden.

Erst Mitte des 19. Jh. sorgten dann riesige, küstennahe Heringsschwärme dafür, daß sich Stavanger in Rekordzeit zu einer blühenden Fischerei- und Handelsstadt entwickelte. Als der Atlantische Hering verschwand, kam die Sprotte *(brisling)*, ein kleiner, knapp 20 cm langer Heringsfisch, auf den Speiseplan. Im Jahre 1873 wurde die erste Konservenfabrik gebaut, die Sprotte wurde aus werbewirksamen Gründen Sardine genannt, in Büchsen eingelegt und in alle Länder Europas exportiert. Innerhalb weniger Jahre mauserte sich Stavanger zu Norwegens, möglicherweise gar zu Europas größter Konservenstadt.

Die ersten anderthalb Jahrzehnte nach dem Zweiten Weltkrieg waren schwierig, aber Anfang der 60er Jahre entdeckte man in der Nordsee ergiebige Erdölquellen, und Stavanger entwickelte sich zum Zentrum der Ölindustrie, die tausende neuer Arbeitsplätze bot. Der mit dem schwarzen Gold verbundene Reichtum wurde zum Nutzen der Stadt nicht nur in den Bau neuer Betonbauten, sondern ebenso in die Restaurierung der alten Viertel gesteckt.

**Stavanger** 1 Dom (Domkirken) 2 Handels- und Seefahrtsmuseum (Sjøfartsmuseet) 3 Konserven-Museum (Hermetikkmuseet) 4 Stavanger Museum 5 Archäologisches Museum 6 Stavanger Kunstvorening 7 Ledaal-Herrenhaus 8 Breidablikk-Villa 9 Touristeninformation 10 Schnellboot-Anleger 11 Fähren nach Ryfylke 12 Internationaler Fährverkehr 13 Schwimmhalle

## Tausend Mädchen mit nassen Füßen

### Die Konservenindustrie

Ein couragiertes Fabrikmädchen schreibt im Januar 1911 an den »lieben Vorstand«: »Die Männer hier in der Fabrik sagen, daß es nichts zu bedeuten hat, wenn ein Fabrikmädchen dem Vorstand schreibt, aber ich meine, daß es mehr auf das ankommt, worüber man schreibt, als wer es schreibt ...«. Sie bittet um die Ausbesserung der im Schlamm versinkenden schmalen Straße, die zum Fabrikgebäude führt und sowohl für Lieferwagen als auch für die Arbeiterinnen der einzige Zugang zur Fabrik ist. »Denkt daran, daß wir tausend Mädchen sind, die hier arbeiten und gerne trockene Füße haben möchten.«

Gegen Ende des 19. Jh. hatte sich Stavanger zur führenden Konservenstadt Norwegens entwickelt. Stavangers Ölsardinen wurden weltbekannt, die Fabrikbesitzer auf Kosten der Arbeiterschaft unermeßlich reich. Die erste Wachstumsphase der Industrie war durch Vollbeschäftigung gekennzeichnet, die Geräte waren primitiv und wenig effektiv. Doch mit dem Einsatz moderner Maschinen zu Beginn des 20. Jh. verloren immer mehr Menschen ihre Arbeit. Während früher höchstens 600 Dosen pro Tag und Mensch fertiggestellt werden konnten, waren es mit der neuen Stanzmaschine 20 000 im gleichen Zeitraum. Der enorme Gewinn kam der Belegschaft leider in keiner Weise zugute.

Im Jahr 1909 machten Frauen etwa 70 % aller Beschäftigten in der Konservenindustrie aus, aus dem einfachen Grund, weil sie nur einen Bruchteil des Lohnes erhielten, der männlichen Arbeitern zustand. Die Arbeitslosigkeit unter den Männern war dementsprechend hoch. Viele Frauen waren gezwungen, ihre Familie allein durchzubringen. Nicht selten mußten jedoch die Kinder mitverdienen, um nicht Hunger zu leiden. Die reichhaltigste Mahlzeit des Tages bestand meist aus Kaffee, Brot und Margarine, wenn es Margarine gab. Die Kinder – viele von ihnen waren nicht einmal 10 Jahre alt – verdienten noch weniger als die Frauen. Auf lange Sicht verloren dadurch auch die Frauen ihre Arbeitsplätze.

Die Gewerkschaft hatte damals wenig Macht und sah sich selbst mitunter als Arbeitslosenverein. Denn nicht wenige ihrer Mitglieder wurden wegen ihrer Gewerkschaftszugehörigkeit entlassen. Die Zustände besserten sich nur langsam. Zwar gab es seit 1892 ein Gesetz, daß Kindern unter 18 Jahren die Fabrikarbeit zwischen 8 Uhr abends und 6 Uhr morgens verbot, die Realität aber sah anders aus. »In der

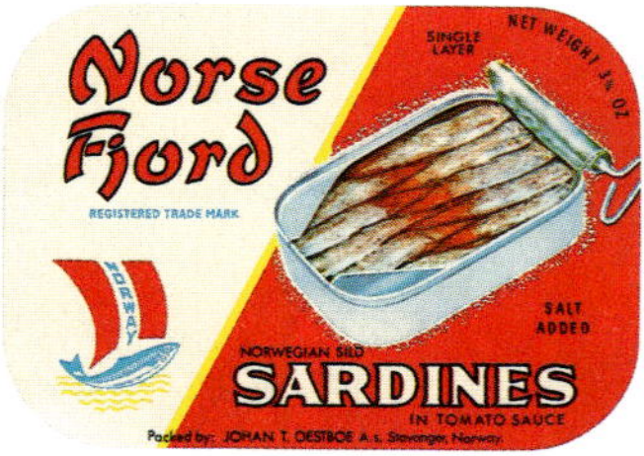

Konservendosen-Etiketten aus Stavanger und Bergen

Nacht zum Sonntag stand ein kleines Mädchen hier in der Stadt und arbeitete bis 2.30 Uhr am Morgen in einer Konservenfabrik. Um 9 Uhr hatte sie darum gebeten, nach Hause gehen zu dürfen, aber die Erlaubnis nicht erhalten. Sie ist 13 Jahre alt. Es sollen in der gleichen Fabrik auch Kinder im Alter von 6 und 7 Jahren arbeiten.« (Rede zum 1. Mai 1909). Im Jahre 1916 wurden bei einer Inspektion in Stavanger noch in 13 Konservenfabriken verbotenerweise Kinder beschäftigt. Der Kampf um bessere Arbeitsverhältnisse führte erst zu Beginn des Zweiten Weltkriegs, als die große Zeit der Konservenindustrie schon vorbei war, zu nennenswerten Erfolgen wie geregelter Arbeitszeit und Mindestlöhnen.

## Stadtspaziergang

Der älteste und interessanteste Teil Stavangers erstreckt sich um den Binnensee Breiavatnet und die Hafenbucht Vågen. Zwischen Vågen und Breiavatnet wurde zu Beginn des 12. Jh. die dem englischen Heiligen St. Svithun geweihte **Domkirche** im anglonormannischen Stil errichtet. Nach einem Brand im Jahre 1272 wurden Turm und Chor in gotischem Stil erneuert. Die Domkirche gilt neben dem Nidarosdom in Trondheim als der besterhaltene und prächtigste mittelalterliche Sakralbau Norwegens (im Sommer Mo–Sa 9–18, So 13–18 Uhr; Rest des Jahres Mo–Sa 9–14 Uhr.)

Vom Dom gelangt man über die Haakons's VII.-Gate zur **Statue Alexander Kiellands** (1849–1906), der seinerzeit einer der berühmtesten Dichter Norwegens war, aber auch als Bürgermeister von Stavanger von sich reden machte. Von hier aus hat man einen schönen Blick über den bunten Gemüse- und Blumenmarkt (Torget) und den Hafen, in dem die Boote der Krabbenfischer, Ausflugsboote und Segeljachten dümpeln. Weiter hinten zum offenen Meer liegen auch die Versorgungsschiffe der Ölmultis, die vor der Küste Stavangers nach Öl bohren.

Östlich des Vågen befindet sich in einem Gewirr aus engen Gassen und Gäßchen das lebhafte, für Autos gesperrte Geschäftszentrum der Stadt. Hier ragen, neben den alten,

zahlreiche neue Gebäude auf. In den einstigen Speichern und Wohnhäusern der Hafenstraße Skagenkaien und der parallel dazu verlaufenden Gasse Skagen wurde eine Vielzahl gemütlicher Restaurants, Kneipen und Bars eingerichtet.

Vom **Valbergturm**, einem ehemaligen Brandwachturm, in dem heute Kunsthandwerk (Keramik, Schmuck, Textilien und Glas) ausgestellt wird, kann man die Aussicht über den Hafen und den Boknfjord genießen.

Auf der gegenüberliegenden Seite des Vågen erstreckt sich die heute noch bewohnte Altstadt **Gamle Stavanger**. Hier reihen sich die typischen, weiß gestrichenen Holzhäuser aus dem ausgehenden 18. und dem 19. Jh. aneinander. Enge,

Holzhäuser in der Altstadt von Stavanger

gepflasterte Gassen und altmodische Gaslaternen erinnern an vergangene Zeiten. Von der Stadtmitte gelangt man am besten zu Fuß dorthin, durch die Nedre Strandgate, die bis zu Beginn des 20. Jh. eine wichtige Handelsstraße mit zahlreichen kleinen Läden bildete. In der Nr. 17/19, nur zwei Minuten vom Marktplatz entfernt, befindet sich das **Handels- und Seefahrtsmuseum.** Es ist in den zwei einzigen vollständig erhaltenen Kaufmannshöfen der Stadt untergebracht, die zwischen 1770 und 1840 entstanden (im Sommer tgl. außer Mo 11–15, So 11–16 Uhr; Rest des Jahres nur So 11–16 Uhr). Mitten im alten Stavanger lohnt das **Konservenmuseum** (Hermetikkmuseet, Øvre Strandgate 88a) einen Besuch. Das Museum ist in einer rekonstruierten Fabrik untergebracht, in der eindrucksvoll dargestellt wird, wie die Sprotten/Sardinenproduktion in der Zeit von 1880–1930 aussah (im Sommer tgl. außer Mo 11–15, So 11–16 Uhr, Rest des Jahres nur So 11–16 Uhr, mit Café).

Im Süden des Breiavatnet liegen zwei weitere Museen. Das 1877 gegründete **Stavanger Museum** (Muségata 16) beherbergt die Abteilungen: Kunst, Kultur und Kunsthandwerk sowie die Fauna Rogalands – einer der Schwerpunkte ist die Vogelwelt (im Sommer Di–Fr 11–15 Uhr, So 11–16 Uhr, Rest des Jahres nur So 11–16 Uhr).

Das **Archäologische Museum** (Storgata 27) ist in einem ehemaligen, sehr aufwendig restaurierten Meiereigebäude untergebracht. Sehr übersichtlich wird hier die Natur- und Kulturgeschichte Rogalands dargestellt (Café, Bücher, Spielraum für Kinder; im Sommer Di–Fr 11–15 Uhr, So 11–16 Uhr, Rest des Jahres nur So 11–16 Uhr).

Im Madlaveien 33 kann man sich die Kunstausstellung des **Stavanger Kunstforenings** anschauen (Mo–Fr 9–14, Mi–Fr 18–20, Sa/So 12–17 Uhr). Danach lohnt sich ein Spaziergang (etwa zehn Gehminuten) zu den westlich vom Zentrum gelegenen Patrizierhäusern Ledaal (Eiganesveien 45) und Breidablikk (Eiganesveien 40a). **Ledaal** wurde zwischen 1799 und 1803 als repräsentativer Sommersitz der einflußreichen Patrizierfamilie Kielland erbaut. Im zweiten und dritten Stock befinden sich persönliche Gegenstände des Dichters Alexander Kielland, der allerdings nie selbst auf Ledaal gewohnt hat. Der Herrensitz dient heute als Residenz des Königs bei seinen Aufenthalten in Stavanger (im Sommer Di–Fr 11–15 Uhr, So 11–16 Uhr, Rest des Jahres nur So 11–16 Uhr). Gegenüber steht die von einem englischen Park mit exotischen Bäumen umgebene Villa **Breidablikk**. Sie wurde 1881 vom Schiffsreeder Lars Berentsen errichtet und gehört sicher zu den prächtigsten, norwegischen Patrizierhäusern (im Sommer Di–Fr 11–15 Uhr, So 11–16 Uhr, Rest des Jahres nur So 11–16 Uhr).

## Außerhalb des Stadtzentrums

Am Mosvatnet im Südwesten des Stadtzentrums (E18, 3 km) liegt das architektonisch reizvolle, moderne **Rogaland Kunstmuseum** (Tjensvoll 6). Die Kollektion umfaßt etwa 1500 Bilder überwiegend norwegischer Künstler aus dem 19. und 20. Jh. Schöne Landschaftsmalerei bietet die umfangreiche Sammlung des Künstlers Lars Hertervig (Di–Do 10–14 und 18–21, Fr 10–14, Sa 11–15, So 11–17 Uhr).

Der **Hof** in **Ullandhaug** (5 km ab Zentrum) ist Norwegens einzige rekonstruierte Hofanlage aus der Eisenzeit. Die niedrigen Langhäuser liegen direkt unterhalb einer Reihe nüchterner Hochhäuser. Auf dem 1967/68 ausgegrabenen Hof lebten nach Schätzungen der Archäologen in den Jahren von 350–550 etwa 25 Menschen, die Kühe und Schafe hielten, aber auch Gerste und Hafer anbauten (2. 5.–12. 9. So 12–17 Uhr; 15. 6.–15. 8. tgl. 12–17 Uhr, Zufahrt auf der E 18 Richtung Sandnes, Abfahrt ausgeschildert).

Kurz vor Ullandhaug findet man den am Hang gelegenen **Botanischen Garten** mit 2000 Kräutern und Stauden aus aller Welt. Vom nahen Fernsehturm **Ullandhaugtårnet** bietet sich der beste Blick über die Stadt, den Fjord und das flache Jæren. An der Nordseite des südlich von Stavanger gelegenen **Hafrsfjords** (Str. 509) wurde in Erinnerung an die historische Schlacht zwischen Harald Hårfagre und westnorwegischen Kleinkönigen (s. S. 40), ein Denkmal von Fritz Røed errichtet. Das Kunstwerk mit dem Titel »Sverd i Fjell" besteht aus drei monumentalen, aufrecht in den Himmel ragenden Schwertern.

**Verkehr:** Schnellboote von Stavanger mehrmals tgl. in alle Richtungen, Hurtigbåt (Flaggruten) Stavanger-Haugesund-Bergen, 3 × tgl. nach Bergen (ca. 4 Std.), 6 × tgl. nach Haugesund. Fähren: Richtung Osten (Ryfylke mit Preikestolen): Stavanger-Tau, bis zu 20 × tgl., Lauvvik-Oanes-Forsand, ca. 18 × tgl. Lokalbåtruten: Stavanger-Lauvvik-Oanes-Lysebotn, 4 Std., 1 × tgl. Richtung Norden: Mortavika (Rennesøy)-Skudeneshavn (auf Karmøy), 40 Min., 7 × tgl. Hanasand (Rennesøy)-Finnøy-Nedstrand-Jelsa, 14 × tgl. Stavanger-Newcastle/England (Colorline) 3 × pro Woche.
**Bus:** Suleskarekspressen: Oslo–Stavanger, 1 × tgl. (Juni–Sept.); Sør-Vest-Ekspressen: Stavanger-Kristiansund, 2 × tgl. Der Busbahnhof liegt direkt am Bahnhof.
**Zug:** Stavanger – Kristiansand – Oslo, mehrmals tgl.

**Unterkunft:** SAS Royal Hotel, Løkkevn. 26, teuer und luxuriös, ✆ 51 56 70 00; Skagen Brygge Hotell, Skagenkaien 28–30, exklusive Lage, ✆ 51 89 41 00; Viktoria Hotel, Skansegaten 1, zentral am Hafen, Blick auf Gamle Stavanger, ✆ 5 18 96 00 00; Commandør Hotell, Valberggt. 9, zentral, relativ preiswert, ✆ 5 18 95 30 00; Havly Hotel, Valberggt. 1, zentral, relativ preiswert, ✆ 51 89 50 05. Pensionen/Gästehäuser, preiswerter: Melands Gjestgiveri, Nedre Holmgt. 2, kleines Stadthotel im Zentrum, ✆ 51 89 55 85; Rogalandsheimen Gjestgiveri, Muségt. 18, Nähe Stavanger Museum, ✆ 51 52 01 88; Stavanger Sommerhotell, Madlamarkveien 6, ca. 4 km vom Zentrum, ✆ 51 55 48 00; Stavanger Vandrerhjem, Mosvangen, H. Ibsengt. 27, Nähe Mosvatnet, 3 km südl. des Zentrums, ✆ 51 87 09 77. Mosvangen Camping, Tjensvoll, direkt am Mosvatnet neben der Jugendherberge, ✆ 51 53 29 71.

**und Tips:** Im **Kulturhaus**, Sølvberget, auf der Ostseite des Vågen befindet sich das Fremdenverkehrsamt, ✆ 51 89 66 00 (ganzjährig geöffnet: Mo–Fr 9–17, Sa 9–14 Uhr). Das Kulturhaus beherbergt auch ein Kino, eine Bücherei sowie einen Lesesaal mit internationalen Zeitungen. Touristeninfo außerdem beim Gästehafen am Vågen von Juni bis Aug., tgl. 10–20 Uhr, ✆ 51 89 62 00. Fjordsightseeing zum Preikestolen (s. u.), Lysefjord (s. u.) und nach Kvitsøy (Leuchtturm, 3 Std.), Abfahrt vom Skagenkai/Stavanger.
**Ermäßigungen:** Die Stavangerkarte (1, 2 oder 3 Tage) bietet Preiserlässe (Museen, Sightseeing-Touren, Busse usw.) ab 40 %, außerdem freies Parken in der Stadt. Die Tages-Museumskarte, die für das Stavanger Museum, das Seefahrts- und das Konservenmuseum sowie für Ledaal und Breidablikk gilt, lohnt sich, auch wenn man nur zwei dieser Museen besuchen möchte.

**Feste:** Jedes Jahr im Juni findet in Stavanger das Auswandererfestival statt und im Juni das Internationale Kammermusikfestival.

## Ausflüge von Stavanger

Stavanger ist ein idealer Ausgangspunkt für die Erkundung des geschichtsträchtigen Rogaland, dessen Reiz in den landschaftlichen Kontrasten zwischen sonniger Südküste, zerklüfteter Inselwelt, atemberaubenden Fjorden und rauhem Hochgebirge liegt.

**Info:** Vorweg ein Tip für Familien mit Kindern: Schlechtes Wetter läßt sich im Havanna-Badeland in Sandnes (südlich von Stavanger) besser ertragen. Hier werden geboten: Palmen, 30–38 ° warmes Wasser, Sauna, Solarium, Rutschen etc. (tgl. 12–22 Uhr).

Kinderherzen erfreut auch der Kongeparken (Königspark) in Ålgård, 28 km südlich von Stavanger (E 18), ein Freizeitpark mit Achterbahn, einem Bauernhof mit Tieren, einer Westernstadt u. a.

## Kloster Utstein

Norwegens besterhaltenes Kloster auf der Insel Mosterøy liegt strategisch sehr günstig direkt am alten Schiffahrtsweg zwischen Stavanger und dem Karmsund. Bevor das Kloster gegründet wurde, residierte König Harald Schönhaar hier. In einem Preisgedicht, das der Skalde Torbjørn Hornkloves über die Schlacht am Hafrsfjord (ca. 872) schrieb, wird Utstein als Wohnsitz des siegreichen Harald genannt. Wie dieser Königshof ausgesehen haben könnte, darüber geben die spärlichen archäologischen Zeugnisse keine Auskunft. Gut zweieinhalb Jahrhunderte später machte sich Magnus Lagerbøter, Sohn des norwegischen Herrschers Håkon, der in Bergen Hof hielt, an den Bau eines standesgemäßen Königshofes. Als Magnus um 1264 vom Tode seines Vaters erfuhr und nach Bergen umzog, schenkte er seinen Hof wahrscheinlich der Kirche. Jedenfalls gelangte der Hof mit seinen fruchtbaren Ländereien in den Besitz des Olavsklosters in Stavanger, deren Ordensbrüder sich an den Bau eines Klosters machten, das dem Heiligen Laurentius geweiht wurde. Im 16. Jh. ging es mit dem Kloster, zu dem etwa 50 Höfe in Jæren gehörten, rapide bergab. 1537 verließ der letzte Abt das Kloster, das wieder in königlichen Besitz überging und als Lehnsgut an eine Reihe dänischer Adliger vergeben wurde. Um 1700 befand sich das Kloster erstmals wieder in norwegischem Besitz. Von 1950 bis 1965 wurden die Gebäude restauriert. Heute finden in dem Kloster Seminare, Kongresse und Konzerte statt (1. 5.–15. 9. Di–Sa 10–16, So 12–17 Uhr; Cafeteria). Anreise: Anfahrt auf der Straße 1, Mautgebühr! Bustour von Stavanger Di–Fr.

## Der Preikestolen

»Wenn der Preikestolen herunterstürzt, wird Stavanger ins Meer gespült«, heißt es in einer alten Sage, und man glaubt es sofort, wenn man die mächtige Felskanzel erblickt, die in schwindelerregender Höhe über dem Lysefjord aufragt.

Stord
Leirvik
Bømlo
Etne
Valevåg
Espevær
Nordseestraße
Sauda
Røynevarden
Brattlandsdalen
Setesdals-heiene
Suldalsvatn
Suldal
Kvilldal
Suldalslågen
Sand
Røvær
Haraldshaugen
Haugesund
Ryfylke
Gullingen
Blåsjøen
Utsira
Visnes
Avaldsnes
Tysvaer
Nedstrand
Kopervik
Åkrehamn
Karmøy
Nesvik
Hjelmeland
Arsvågen
Boknafjorden
Skudeneshavn
Årdal
Lyseheiene
Rennesøy
Utstein-Kloster
Mosterøy
Tau
Solbakk
Rogaland
Lysebotn
Jørpeland
Randaberg
STAVANGER
Lysefjorden
Hafrsfd.
Preikestolen
Tananger
Oanes
Sola
Lauvvik
Sirdalen
Hunnedalen
Sandnes
Kleppe
Figgjo
Ålgård
Bryne
Orre
Jæren
Tonstad
Nærbø
Varhaug
Hå
E18
Ogna
44
Egersund
Nordsee
N
0
20 km

Trotz des großen Touristenandrangs sollte man den Aufstieg unbedingt wagen. Die Aussicht von dem quadratischen (25 × 25 m), ebenen Felsplateau über den Lysefjord ist phantastisch, das Heranrobben an die fast 600 m senkrecht abstürzende Felskante aufregender als das größte Abenteuer (nur für Schwindelfreie).

**Info:** Ob zu Fuß oder auf dem Rücken eines Islandpferdes nimmt allein der Aufstieg etwa 1,5 Std. in Anspruch. Wer mit dem Pferd auf den Preikestolen reiten will, sollte sich vorher unbedingt anmelden bei: Preikestolen Hestesport A.S, ✆ 94 53 08 41 oder über die Touristeninformation in Stavanger buchen lassen.

**Verkehr:** Fähre: Stavanger–Tau (ca. 20 × tgl.). Von Tau fährt im Sommer gegen 9 Uhr ein Bus zur Preikestolhütte, Rückkehr gegen 16 Uhr, der Aufenthalt reicht zur Besteigung des Preikestolen. Fähre: Lauvvik–Oanes (ca. 18 × tgl.). Beide Fährrouten bieten sich von Stavanger als Rundreise an. Organisierter Bootsausflug von Stavanger, Dauer 3 Std. Empfehlenswert ist auch die Weiterreise auf der Ryfylkestraße (s. S. 76).

**Unterkunft:** Preikestolenhütte, Jugendherberge (nur Juni–Aug.), ✆ 51 74 74 00/ 51 74 83 14; Cafeteria. Auf dem Parkplatz kurz vor der Hütte Platz für Camper auch über Nacht.

## Der Lysefjord

Der Lysefjord schneidet sich 40 km tief in eine spektakuläre Gebirgswelt ein, deren blankgescheuerte (daher der Name: *lys* = hell) Felswände über weite Strecken steil zum Wasser abfallen, so daß für Ansiedlungen nur wenig Platz blieb. Viele Höfe sind heute verlassen.

Auf der Südseite des Fjords liegt **Kjeragveggen,** eine etwa 1000 m glatt abfallende Felswand, die in etwa zweistündiger Wanderung von Lysebotn zu erreichen ist und viele Reisende mehr beeindruckt als der Preikestolen. Die meisten größeren Flüsse im Lyse-Gebiet werden für die Stromgewinnung genutzt.

Von Lysbotn führt eine phantastische, nur im Sommer geöffnete Serpentinenstraße in 27 Haarnadelkurven über 900 m steil hinauf ins obere **Sirdal** und weiter über eine in ihrer Kargheit faszinierende Hochebene ins Setesdal. Diese Strecke, auch Skinnvegen (*skinn* = Haut/Fell) genannt, ist einer der ältesten Handelswege in Norwegen und wurde seit altersher von den Jägern genutzt, die die Häute der erlegten Tiere über das Gebirge zur Küste brachten.

**Info:** Ausflug von Stavanger durch den Lysefjord, inkl. Besichtigung eines Wasserkraftwerkes und Busfahrt ins obere Sirdal, Dauer 6 Std.; Fähre von Stavanger (4 Std., mit Auto Reservierung notwendig).

## Wie ein gewaltiges Schneegestöber

# Sandflucht in Jæren

»Sandflucht oder Flugsand findet man an der Küste, in der Ebene Jærderen auf dem sich dem Meer zuwendenden Land ... Versuche, den Sand einzudämmen, führten zum Bau von Steinwällen ..., aber das hat nichts genützt ...«, stellt Amtmann Bendix Christian de Fine im Jahre 1745 fest. Zu Beginn des 19. Jh. hatte der Strandhafer den Kampf gegen Wind und Sand verloren. Es bildete sich ein Sandmeer, das mit den wechselnden Windrichtungen in ständiger Bewegung war und kultiviertes Ackerland und Höfe mit einer dicken Schicht bedeckte. Lensmann M. A. Grude, der im August 1870 den Hof Nærland aufsucht, beschreibt die Katastrophe: »Es blies ein starker Nordwestwind, der den Sand in Bewegung setzte wie in einem gewaltigen Schneegestöber. Die Menschen sahen den Zerstörungen hilflos zu und konnten nicht das geringste tun, die Verwüstungen zu stoppen ... Ein 1,5 m hoher Steinzaun war begraben, nur die obersten Steine guckten noch heraus. Die Menschen bekamen Sand in die Stiefel, der Sand drang unter die Kleidung, füllte alle Taschen, kroch in Nase, Ohren, Mund und Augen. Der Sand drang in das Schlafzimmer oder in die Speisekammer, sogar in geschlossene Kisten, die in verschlossenen Truhen in den Zimmern standen.«

Um die drohende Versandung der gesamten Strandregion zu verhindern, erarbeitete Grude ein Konzept, für dessen Verwirklichung er die Mitarbeit aller Hofbesitzer benötigte. Weiden und Fahren im Dünengebiet wurden verboten, Tangstreifen über den Strand gebreitet, die zum einen die Windflucht des Sandes verhindern, gleichzeitig aber auch düngen sollten. In 10 m breiten Gürteln wurde Strandhafer gesetzt. Der Erfolg dieser Maßnahmen war – auch dank günstiger Wetterverhältnisse – grandios. Grude schreibt begeistert: »Sogar der Solasand ... mußte sich durch den kleinen Strandhafer zähmen lassen, und anstatt umherzustreifen und in der Nachbarschaft vielerlei Schaden anzurichten, muß er nun in stiller Ruhe liegen und Wald auf sich wachsen lassen ...«

Die Sandstrände und Dünengebiete sind nach wie vor eine Landschaftsform, die leicht aus dem Gleichgewicht zu bringen ist. Wanderdünen und Flugsand hängen in den meisten Fällen mit menschlichen Aktivitäten zusammen. Die zunehmende Verletzung der Pflanzendek-

ke, z. B. durch die kreuz und quer über die Sanddünen verlaufenden Touristenpfade, boten den orkanartigen Stürmen des letzten Jahrzehnts empfindliche Angriffsflächen. Bei der großen Beliebtheit der Strandgebiete ist heute schon abzusehen, daß der Jærensand wieder in Bewegung geraten wird.

# Jæren

Südlich von Stavanger führt der **Nordsjøvegen** (Nordseestraße, Straße 44) direkt an der Küste entlang durch die Landschaft Jæren, die vieles zu bieten hat: Norwegens längste Sandstrände mit einer artenreichen Vogel- und Pflanzenwelt, einige der ertragsreichsten Landwirtschaftsgebiete, unzählige Bodendenkmäler aus der Stein- und Eisenzeit sowie klare, häufig wechselnde Lichtverhältnisse, die eine Vielzahl berühmter norwegischer Maler, Schriftsteller und Kunsthandwerker inspirierte.

Das vermutlich bereits seit der Eisenzeit weitgehend waldlose Jæren (von altnordisch *jadarr* = Rand, Kante) ist ein knapp 70 km langer, 10–15 km breiter Küstenstreifen, Flach-Jæren genannt, der sich von Tungenes nördlich von Stavanger bis zur Ognabucht nördlich von Egersund erstreckt. Im Osten schließt sich Hoch-Jæren und im Süden das hügelige, dünn besiedelte Dalane an. Jæren galt im 18. und 19. Jh. als Kornkammer Südnorwegens und ist heute eine der Kernregionen der norwegischen Agrarproduktion, in der neben dem Futterpflanzenanbau, der Milchviehhaltung auch Treibhauskulturen eine wichtige Einnahmequelle bilden.

Leuchtturm an der Küste von Jæren

Bei regnerischem, graukaltem Wetter wirkt die flache Landschaft trostlos. Bei jeder Wind- und Wetterlage reizvoll ist aber der breite, feinsandige Küstenstreifen. Bei Sonnenschein sind kinderfreundliche Strandtage gewiß. Die zusammen etwa 70 km langen und bis zu 650 m breiten **Jærestrände** stehen seit 1977 unter Landschafts- und Naturschutz.

Bei **Orre** (ca. 32 km südlich von Stavanger, Straße 507), mitten im Wandergebiet des längsten Strandes Norwegens, lohnt das **Friluftshuset** mit Ausstellungen zur Natur Jærens sowie umfassender Information zum Umwelt- und Naturschutz einen Besuch (im Sommer tgl. ganztags geöffnet).

In der Küstengemeinde **Hå** kann man mehrere Höfe besichtigen, die einen guten Eindruck vom Leben in vorindustrieller Zeit vermitteln. Im sehr schön restaurierten Pfarrhof (Hå Gamle Prestegård), der aus der zweiten Hälfte des 18. Jh. stammt, werden kunst- und kulturgeschichtliche Ausstellungen gezeigt (im Sommer Mo–Fr 11–19 Uhr, Sa 12–17 Uhr, So 12–19 Uhr, Café, sonst nur Sa 12–17, So 12–19 Uhr). In unmittelbarer Nähe, im Geröllstrand am Meer, befindet sich ein Feld mit ca. 60 Grabhügeln aus der Zeit um 500 n. Chr. Der Grødaland Hof (Grødaland Bygdetun, 28 km von Stavanger) ist ein typischer Jærenhof aus dem frühen 18. Jh. (im Sommer tgl. 12–17 Uhr, sonst nur So 12–17 Uhr). In der Gemeinde **Ogna** (ca. 65 km südlich von Stavanger) reihen sich viele geschützte Sandbuchten aneinander (Ognastrand, Brusandstrand, Refsnesstrand). Ogna mit seiner imposanten Natur und den reizvollen Lichtverhältnissen zog Ende des 19. Jh. viele Maler und Literaten an.

**Info:** In den Touristeninformationen gibt es eine ausführliche deutschsprachige Broschüre über die Sehenswürdigkeiten entlang der Nordseestraße.

## Ryfylke

Der Preikestolen bietet die größte, keineswegs jedoch die einzige Attraktion des 1965 eröffneten Ryfylkevegen (Str. 13), der von Sandnes, südlich von Stavanger, durch wilde Landschaft nach Røldal führt. Die abwechslungsreiche Strecke ist von malerischen Fjordarmen, bewaldeten Bergrücken, schroffem Hochgebirge, fischreichen Seen, idyllischen Fischerdörfern sowie zahlreichen Kulturdenkmälern – Felszeichnungen, restaurierte Mühlen sowie Höfe und Brücken aus dem 19. Jh. und älter – geprägt (ausgeschildert).

Ungefähr 6 km nördlich vom kleinen Industrieort Jørpeland befindet sich in **Solbakk**, nur wenige Meter oberhalb der Strandlinie, ein Feld bronzezeitlicher Felszeichnungen mit etwa 30 Schiffen und 10 konzentrischen Kreisen, die vermutlich Sonnen darstellen. An Solbakk vorbei gelangt man zu einem schönen Badeplatz am Fjord (Toilette, Spielplatz).

Vom Fährort **Tau** führt die Ryfylkestraße in die Gemeinde Hjelmeland, weithin bekannt für die handgefertigten Spankörbe und Jær-Stühle. Der ursprüngliche Anlaß für die Herstellung der ersten Körbe bildete der Beerenexport nach England, der vor allem in den Zwischenkriegsjahren gedieh.

Landschaftlich reizvoll ist die Fahrt durch das **Tysdal** mit dem fjordgleichen See Tysdalsvatnet. Hier gibt es einige Unterkünfte und gute Gelegenheit zum Baden, Angeln und Bootfahren. Am Ende des angrenzenden Målandsdalen wurde am steilen, mit Laubbäumen bewachsenen Hang ein Naturreservat eingerichtet, in dem eine jahrhundertealte Erntetradition ihre Fortsetzung findet: Um ihr Vieh durch den Winter zu bringen, sammelten die Bauern noch bis vor 30 Jahren Laub und schnitten dünne Äste von den Bäumen, die sie unter das Futter mischten.

**Unterkunft:** Fjelde Camping, Hütten, Jørpeland, ✆ 51 44 71 51; Tysdal Camping, auch Hütten, ganzjährig, ✆ 51 75 24 34; Hüttenvermietung: Wathne Feriesenter, Bjørheimsbygd, Tau, Bademöglichkeit, Boote, ✆ 51 44 64 17; Hamrane Hyttefelt, Bjørheimsbygd, Bademöglichkeit, Boote, ✆ 51 74 64 20

In **Årdal** sollte man sich die innen sehr reich bemalte alte Kirche, die als Dreidächer-Kirche bekannt ist, nicht entgehen lassen. Das Kirchenschiff und der Turm wurden zu Beginn des 17. Jh. errichtet. Als die Kirche zu klein geworden war, sägte man, anstatt die Kirche abzureißen, die Hinterwand heraus und baute an, daher ihre etwas seltsame langgestreckte Form. Der Altar und die Kanzel wurden 1635 von Gottfried Hendtzschel bemalt. Die Kirche ist in den Sommermonaten geöffnet.

Von **Sand**, dem Verwaltungszentrum der Suldalgemeinde, erstreckt sich der **Suldalslågen,** einer der ruhmreichsten Lachsflüsse Norwegens, bis zum See Suldalsvatn, 22 km in die Ryfylke-Berge hinein. Im 19. Jh. erweckten die springenden Lachse das Interesse von Angehörigen der englischen Oberschicht, die alle erhältlichen Fischereirechte aufkauften und in eigens errichteten Holzpalästen, den sogenannten Lachsschlössern, residierten. Erlebenswert ist das Lachsstudio (Laksestudio) bei Sand im Sandfossen, einem 4,2 m hohen Wasserfall im Suldalslågen. Im verglasten Teil des Studios, direkt am Flußufer gelegen, kann man ab ungefähr Mitte Juli die Lachse springen und durch ein schmales Rohr flußaufwärts schwimmen sehen. Sehr informativ ist der Film (auch deutschsprachig) über den Suldalslågen und seine Geschichte.

**Info:** Die beste Zeit zum Angeln beginnt Mitte Juli und dauert bis September (Angelkarten über die Touristeninformation in Sand). Anfang Sept. findet das **Lachsfestival** statt. Wer den größten Fisch an

Land zieht, gewinnt. Der schwerste im Suldalslågen gefangene Lachs wog 34 Kilogramm.

Etwa 11 km hinter Sand zweigt die Straße nach Gullingen ab. Danach geht es weiter zum **Blåsjøen** (Blausee). Dieser durch zwölf Staudämme künstlich geschaffene Binnensee liegt in 1050 m Höhe. Der (frühestens im Juli zugängliche) Blåsjøen bildet das Hauptreservoir des größten Wasserkraftprojekts Norwegens, Ulla Førre. Das Einzugsgebiet erstreckt sich über das Hochgebirge zwischen Suldal, Hjelmeland und Bykle und wurde in der Zeit von 1974–1988 erschlossen. Man sammelt das Wasser im Gebirge, um es bei Bedarf zur Stromerzeugung nutzen zu können. Die regulierte Wasserfläche beträgt über 2000 km$^2$.

**Unterkunft:** Gullingen Fjellstove, ✆ 52 79 99 01; Verleih von Kanus, Ruderbooten und Fahrrädern, schönes Wandergebiet.

Der 28 km lange und bis zu 376 m tiefe See **Suldalsvatnet**, über den im Sommer der über hundertjährige Dampfer Suldal tuckert, ist von bewaldeten Bergen umgeben. Kurz hinter dem Museumshof Kolbeinstveit, direkt am Ryfylkevegen gelegen, zweigt die Straße nach Kvilldal ab, Norwegens größtem Wasserkraftwerk, das vom 20. 6.–15. 8. für das Publikum geöffnet ist.

Einen weiten Blick über den See hat man vom Gehöft **Røynevarden,** dessen Gebäude mit ihren Grasdächern ein schönes Fotomotiv abgeben. Der Hof entstand um 1834, war bis Anfang der 50er Jahre bewohnt und wird seitdem als Museum instand gehalten.

Im letzten Abschnitt führt die Ryfylkestraße durch das wilde und schluchtartige **Brattlandsdalen**.

## Karmøy

Die Natur dieser flachen Insel zwischen Stavanger und Haugesund ist von ihrer Nähe zum Atlantik geprägt. Dort, wo keine Landwirtschaft betrieben wird, überwiegt Heidelandschaft; die Küste säumen nackte Schären. Nur im Inselinneren wachsen niedrige Laubwälder. An der West- und Südküste Karmøys liegen mehrere hübsche Fischerorte und weite Sandstrände.

Dank ihrer Lage am vielbefahrenen Schiffahrts- und Handelsweg durch den Karmsund nahm die Insel, die heute von Haugesund aus über eine Brücke zu erreichen ist, während der Sagazeit einen zentralen Platz in der norwegischen Geschichte ein. Im Nordosten der langgestreckten Insel in **Avaldsnes** befand sich ein Königshof Harald Schönhaars. Die auf einem Hügel liegende, trutzige Kirche wurde Mitte des 13. Jh. von Håkon Håkonsson in Auftrag gegeben und dem heiligen Olav geweiht (im Sommer Mo–Fr 11–18 Uhr, Sa/So 13–18 Uhr). Neben ihr steht ein über 7 m hoher Bautastein, die »Nähnadel der Jungfrau Maria«. Es heißt, daß der Tag des Jüngsten Gerichtes über die Menschheit hereinbrechen wird, sobald die Spitze des Bautasteines, die der Kirchenwand schon jetzt bedrohlich nahekommt, die Kirche tatsächlich berührt.

Interessant ist das nordwestlich von Avaldsnes bei Visnes gelegene Kupferwerk, das mit einigen Unterbrechungen von 1865–1972 in Betrieb war. Zum Vigsnes Grubenmuseum gehört auch der Fransahagen (*hagen* = Garten), der einen sehr dichten Baumbestand aufzuweisen hat (im Sommer Di–Sa 13–18 Uhr, So 10–18 Uhr, Café, Kinderspielplatz).

Karmøys größter Ort **Kopervik**, am Karmsund gelegen, ist Verwaltungs-, Industrie- und Handelszentrum der Inselgemeinde. Nördlich von Kopervik liegt Norsk Hydro, größter Aluminiumproduzent Europas und wichtigster Arbeitgeber Karmøys. Auf dem Weg entlang der Westküste zur Südspitze der Insel passiert man den kilometerlangen, in mehrere Buchten unterteilten Sandstrand Åkrasanden. Kurz vor Skudeneshavn bietet auch der Sandvesanden schöne Bade- und Spielmöglichkeiten am Strand.

## Skudeneshavn

Skudeneshavn an der Südspitze Karmøys ist ein ausgesprochen idyllisches Küstenstädtchen. Ab Mitte des 17. Jh. entwickelte sich hier der Hummerexport nach England und Holland zu einem bedeutenden wirtschaftlichen Faktor. Als im 18. Jh. der Hering in großen Schwärmen vor der norwegischen Küste auftauchte, avancierte Skudeneshavn zu einem wichtigen Fischereizentrum. Die Altstadt **(Gamle Skudeneshavn)** mit ihren weiß gestrichenen Wohnhäusern und den verwinkelten Gassen, Bootsschuppen und Kaianlagen ist die größte Touristenattraktion Karmøys. Mitten im alten, noch bewohnten Stadtteil liegt das **Museum im Mælandsgården**, in dem die Zeit der großen Heringsfischerei lebendig wird (im Sommer Mo–Sa 11–17 Uhr, So 13–18 Uhr).

**Verkehr:** Fähre: Skudeneshavn–Mortavika (Rennesøy), 50 Min., 7 × tgl. Schnellboot (Flaggruten) zwischen Stavanger und Bergen via Haugesund legt in Kopervik an, 3 × tgl. nach Bergen (3 Std.), 6 × tgl. nach Stavanger (55 Min.).

**Unterkunft:** Skude Kurssenter, Ferienwohnungen und Zimmer, ✆ 52 82 70 99; Karmøy Fiskehytter, Hütten mit Boot, ✆ 52 82 94 51; Ferienwohnungen und Pensionszimmer (einige davon sehr idyllisch im alten Viertel am Hafen) vermittelt die Touristinformation. Skudenes Camping, einfache Hütten, zentrumsnah, ✆ 52 82 81 96

**und Tips:** Touristeninformation im Zentrum, ✆ 52 82 72 22. Im alten Stadtteil, vom Fähranleger in 5 Min. zu erreichen, liegen Cafés und

Speicherhäuser im Hafen von Skudeneshavn

mehrere Galerien (u. a. **Galleri Entree**, im Sommer Mo–Fr 10–19, Sa 10–15 Uhr). In der **Kunst- und Kulturwerkstatt Tåkelurfabrikken**, einer restaurierten Nebelhornfabrik *(tåkelur* = Nebelhorn, -signal), befindet sich neben einer Galerie und Ateliers auch ein Café (im Sommer Mo–Fr 12–19 Uhr, Sa 10–15 Uhr).

## Haugesund

Die bekannteste Sehenswürdigkeit Haugesunds ist der knapp 3 km nördlich des Zentrums gelegene **Haraldshaugen** (Haraldshügel), in dem Harald Schönhaar begraben sein soll. Im Jahre 1872 wurde zum 1000jährigen Jubiläum der Einigung Norwegens (s. S. 39) das Haraldsdenkmal errichtet. Der 17 m hohe Granitobelisk, der die Reichseinheit symbolisiert, thront auf einem 5 m hohen, aus allen Teilen Norwegens zusammengetragenen Erdhügel. Auf 29 Steinen stehen die alten norwegischen Bezirksnamen. Etwa 75 m südlich vom Haraldshaugen steht auf dem **Krosshaugen** ein Steinkreuz aus der Zeit um 1000 n. Chr.

Die durch ihr schachbrettartiges Straßennetz und die moderne Architektur etwas nüchtern wirkende Stadt am Karmsund (ca. 28 000 Einw.) war Mitte des 19. Jh. noch ein kleines Fischerdorf, in dem wenig mehr als ein Dutzend Familien lebten. Mit den reichen Heringsfängen ab Mitte des Jh. blühte der Ort auf und erhielt schon 1854 die Stadtrechte. Als der Hering ausblieb, setzte die Stadt auf Schiffsbau und Handel. Die Schiffsbauindustrie produziert heute für den Offshore-Bereich.

Haugesunds Zentrum hat zwei Gesichter: hier die traditionellen weißen Holzbauten und die alten Boots-, Wohn- und Handelshäuser am Smedasund, die an die großen Fangzeiten und vergangene Tage erinnern; dort die modernen Betonkonstruktionen, die nach 1987 errichtet wurden, als ein großer Brand Teile der Innenstadt in Schutt und Asche gelegt hatte. Zwei Brükken mit schöner Aussicht über die Stadt und den Hafen führen über den Sund auf die dichtbesiedelten Inseln Risøya und Hasseløya.

Zum **Karmsund Folkemuseum** in Haugesund gehören zwei Abteilungen. Im Hauptgebäude (Skåregate 142, direkt im Zentrum) werden Exponate zu Archäologie, Seefahrt, Fischerei, Landwirtschaft und Handwerk ausgestellt (Mo–Sa 10.30–14 Uhr, Do 10.30–18 Uhr, So 12.30 bis 15 Uhr). Die zweite Abteilung **Dokken** auf Hasseløya (direkt an der Brücke) ist in vier Gebäuden aus der Zeit um 1850 untergebracht. Die Einrichtung zeigt, unter welchen Bedingungen Fischerfamilien während der reichen Heringsjahre lebten (geöffnet nach Vereinbarung mit der Museumszentrale, ✆ 52 72 54 64).

Das im klassischen Stil der 20er Jahre erbaute rosafarbene **Rathaus** am südlichen Ende des Zentrums ist ein Geschenk des Schiffreeders Knutsen zu seinem 50. Geburtstag im Jahre 1921.

Im Norden des Stadtzentrums, Erling Skjalgssonsgt. 4, liegt **Haugesunds Gemäldegalerie** (Haugesund Billedgalleri) mit Schwerpunkt auf der Vestland-Kunst des 20. Jh. (wechselnde Ausstellungen, im Sommer tgl. geöffnet).

**Verkehr:** Schnellboot (Flaggruten) 3 × tgl. nach Bergen, 6 × tgl. nach Stavanger. Bus: Haukeliekspressen, 1 × tgl. nach Oslo (Abfahrt morgens, ca. 12 Std.), Fr und Sa zusätzlich eine Nachtfahrt. Alle Busse vom Busbahnhof Flotmyr, dort auch die beste Parkmöglichkeit. Haukeliekspressen: Haugesund–Oslo, Fr, Sa, So.

**Unterkunft:** Rica Saga Hotel/Rica Maritim Hotel, Skippergt. 11, zentral in der Fußgängerzone, ✆ 52 71 11 00; IMI-Hotell, Strandgt. 192, ✆ 52 72 36 99. Preiswerter: Skeisvang Gjestgiveri (im Sommer Jugendherberge), Skeisvangsveien, ca. 1,5 km vom Zentrum, ✆ 52 71 21 46. Haraldshaugen (NAF) Campingplatz, 2,5 km vom Zentrum, sehr schön am Meer gelegen, ✆ 52 72 80 17. Im Sommer: Informationspavillon im Zentrum, bis 15 Uhr geöffnet, ✆ 52 72 50 55. Das Touristenbüro, Smedasundet 90, ist das ganze Jahr geöffnet, ✆ 52 72 52 55.

**Feste:** Mitte Juni wird das **Nordseefestival** veranstaltet, ein Wettbewerb im Hochseeangeln. Jedes Jahr Mitte August findet das **Norwegische Filmfestival** statt, dann reisen überwiegend norwegische, europäische, aber auch amerikanische Prominente zur Verleihung des Amanda-Preises an. Seit 1987 bereichert das international besetzte **Silda Jazz-Festival** das Kulturleben der Stadt.

**Ausflüge** von Haugesund: Ein Paradies für Angler und Ornithologen sind die Inselgruppen **Røvær** und **Utsira**, 45 bzw. 90 Bootsminuten von Haugesund entfernt. Diese schon in der Völkerwanderungszeit besiedelten Inseln bieten sich nicht nur für einen Tagesausflug an. Die Fähren dorthin verkehren 4–5 × pro Woche. Auf Røvær gibt es eine Jugendherberge (Røvær Vandrerhjem, ✆ 52 71 80 11), auf Utsira mehrere Privatunterkünfte. Informationen im Touristenbüro in Haugesund.

# Hordaland

Die Baronie Rosendal

Bergen – Traditionsreiche Hansestadt

Der Hardangerfjord – Berühmt für die Obstbaumblüte

Die Hardangervidda – Ein Wanderparadies

Holzhütten in Ænes am Maurangerfjord

# Hordaland – Im Herzen des Fjordlands

Zu den ältesten Schauplätzen norwegischen Christentums auf Moster, zur Baronie Rosendal, bis an die Gletscherzungen des mächtigen Folgefonn, Streifzug durch die alte Hansestadt Bergen. Fahrt durch die malerischen Dörfer und Obstplantagen am Ufer des Hardangerfjords, Abstecher zum Vøringfossen und in die faszinierende Hochgebirgslandschaft der Hardangervidda, nach Voss zwischen Hardanger und Sogn

## Zwischen Haugesund und Bergen

Die Inselwelt im Mündungsbereich des Hardangerfjords ist ein Eldorado für Angler und Bootsfreunde, doch auch Geschichtsinteressierte kommen auf ihre Kosten. Landschaftlich bietet sie eine nackte Schärenküste, Heideflächen mit sturmgebeugten Birken, in geschützteren Lagen im Landesinneren viel Wald, stille Seen und Buchten.

### Bømlo

Die teilweise karge Natur des Inselreiches ist vor allem von der Nähe zum Atlantik geprägt. Bømlo umfaßt 904 Eilande, die insgesamt eine Fläche von 231 km² einnehmen. Im bewaldeten Ostteil der Insel erhebt sich der mit 473 m höchste Berg Siggjo, der den Seefahrern seit Jahrhunderten als Orientierungszeichen dient. Als Roald Amundsen auf seinem Polarschiff Fram in seine Heimat zurückkehrte, notierte er: »Der Ausguck meldete Land in Sicht. Es war ›Siggen‹ [= Siggjo] auf Bømmeloen.«

**Bremnes** ist das Verwaltungs- und Handelszentrum der Inselgemeinde. Von hier lohnt ein Ausflug Richtung Norden in den seit 1991 ›landfesten‹ Fischerort **Brandasund**. Die schmale Straße führt über mehrere Brücken durch eine einzigartige Schärenlandschaft nach Brandasund auf Gisøy, wo knapp 150 Einwohner leben, für die die Lachsaufzucht ein wichtiger Erwerbszweig ist. Direkt am Sund drängeln sich die Häuser des kleinen Dorfes (oberhalb vom Ort parken!), in dem bereits Mitte des 17. Jh. ein Gasthaus und ein Landhandel betrieben wurden. Ein Laden (mit Café), in dem

Hordaland: Der Süden

neben Lebensmitteln auch allerlei Kram angeboten wird, gibt es auch heute noch.

Bømlos bekannteste Attraktion ist der alte Handels- und Fährort **Mosterhamn** auf Moster, der bei der Einführung des Christentums eine bedeutende Rolle spielte: Hier betrat Olav Tryggvason im Jahre 995 das erste Mal wieder norwegischen Boden. Olav hatte einen Teil seiner Kindheit in Rußland verbracht, zog danach als Wikinger auf Plünderungsfahrt durch die Ostseeländer, die Niederlande und schließlich nach England, wo er den christlichen Glauben annahm. Unmittelbar nach seiner Landung hielt er einen Gottesdienst ab und bestimmte den Platz für den Bau der ersten Kirche in Norwegen. 29 Jahre später erarbeiteten Olav Haraldsson und Bischof Grimkjell mit den Großen des Landes auf dem

## Goldrausch in Lykling

Im Jahre 1862 entdeckte ein kleiner Junge beim Schafehüten einen goldhaltigen Stein. Dieser Fund erregte allerdings kaum Aufsehen. Erst als 20 Jahre später bei Probegrabungen nach Kupferkies in 20 m Tiefe ein Felsbrocken entdeckt wurde, der ein halbes Kilo Gold enthielt, verbreitete sich die Nachricht wie ein Lauffeuer und löste einen Goldrausch ohnegleichen aus. Innerhalb von zwei Jahren wurden 1200 Goldfunde gemeldet. Die ersten Besitzer der Schürfrechte in Lykling hatten viel Geld in Probebohrungen nach Kupferkies gesteckt und besaßen kein Kapital mehr, um ein Goldbergwerk zu finanzieren. Sie versuchten norwegische Geldgeber zu finden, aber niemand wollte sich auf eine so unsichere Sache einlassen. Eine eigens gegründete englische Aktiengesellschaft zeigte jedoch Interesse und kaufte für 680000 norwegische Kronen die Rechte an der Storhougen Grube (später Oskargrube), in der die ersten Funde gemacht worden waren; das höchste norwegische Angebot hatte bei 10 000 Kronen gelegen.

Die Oscar Gold Mining Company Ltd. beschäftigte um 1885 etwa 100 Goldschürfer. Eine Schilderung aus dem Jahr 1884 gibt die euphorische Stimmung jener Zeit wieder: »Die Hammerschläge aus der Schmiede und der Grube, verbunden mit dem Lied der Wegarbeiter und Maurer und dem Donnern der Meereswellen, die unablässig an den Strand rollten, klangen wunderbar.« Und an anderer Stelle heißt es: »Man mauert, hämmert ... ruft, singt und pfeift, daß es in den Ohren summt.«

Um das Gold vom Felsgestein zu trennen, wurden die Steine zertrümmert und das Gold herausgewaschen. (Da beim Waschprozeß Quecksilber benutzt wurde, ist der Boden im Grubengebiet auch heute noch stark quecksilberhaltig und der Pflanzenwuchs stark beeinträchtigt.) Jeden Tag kamen neue Leute, zum Teil ganze Gruppen auf der Suche nach Arbeit, Handelsleute und Spekulanten ließen sich nieder, neue Gesellschaften wurden gegründet.

Der Goldrausch hielt nur knapp drei Jahre an und wich dann einer realistischeren Einschätzung des Goldvorkommens. Ab 1886 war es die New Oscar Gold Mining Co., die nach und nach alle anderen kleinen Gesellschaften aufkaufte und noch bis 1898 nach Gold baggerte. Insgesamt wurden aus Norwegens reichster Goldgrube knapp 140 kg Gold aus dem Boden geholt. Von 1906–1910 versuchte eine andere englische Gesellschaft ihr Glück, mit wenig Erfolg: sie fand nicht mehr als etwa 2 kg Gold.

Mostrathing die Grundlagen einer christlichen Gesetzgebung und führten damit das Christentum als Staatsreligion ein.

Das Interieur der alten **Mosterkirche** (Gamlakyrkja), die vermutlich zwischen Mitte des 11. und Anfang des 12. Jh. fertiggestellt wurde, ist sehenswert. Die mit Kalkmalereien geschmückten Wände wurden zur Zeit der Reformation übermalt und erst später wieder freigelegt (im Sommer tgl. 11–17 Uhr). Zum 900jährigen Jubiläum der Christianisierung wurde 1924 auf dem Vetahaugen, oberhalb der Kirche, ein Kreuz errichtet. Kreuz und Kirche sind Stationen des Kulturpfades, der im Hafen beginnt. In der Nähe liegt in einer ehemaligen Kalkgrube das **Amphitheater**, in dem seit 1984 jedes Jahr Anfang Juni das Mosterspiel (Mosterspelet) »Die Christenkönige auf Moster« aufgeführt wird. 1995 begeht man in Moster das 1000jährige Jubiläum der Christianisierung in Norwegen.

Ausgesprochen interessant ist ein Abstecher in den südwestlichen Teil des zerklüfteten Inselreiches. Bei **Lykling** liegen in karger Heidelandschaft Goldgruben, in denen von 1881–1898 mit wechselndem Erfolg nach Gold geschürft wurde (s. S. 86). Heute können Touristen ihr Glück versuchen (nähere Information: Touristenbüro in Bremnes.

**Unterkunft:** Bømlo: u. a. Bømmeløy Hotel, Rubbestadneset, ✆ 53427511; Sunnhordland Hotell, Bremnes, ✆ 53420700; Solbakk Camping, Rubbestadneset, ✆ 53427182; Røyksundkanalen (Hotel und Camping), Mosterhamn, ✆ 53 42 59 00

**Verkehr:** Fähren nach Bømlo: Siggjarvåg–Sagvåg, Mosterhamn-Valevåg, Langevåg–Buavåg. Alle Fähren verkehren etwa 10–17 × tgl., Fahrtdauer 15–20 Min. Schnellboote (Flaggruten) zwischen Bergen und Stavanger halten in Mosterhamn, 3 × tgl., am Wochenende 2 × tgl.

## Espevær

Westlich von Bømlo liegt die nur mit dem Boot zugängliche Fischerinsel Espevær. Während der sensationellen Heringsfänge (von 1830 bis 1870) bildete das idyllische Inselreich ein geschäftiges Fischereizentrum, in dem in Hochzeiten bis zu 30 000 Menschen Arbeit fanden, die zusammengedrängt in Fischerhütten, in Schuppen und auf Dachböden unterkamen. Espeværs weiß- und rotbemalte Häuser liegen am Sund, der die ebenfalls bewohnte Insel Baadeholmen vom Dorfzentrum abtrennt. An der schmalsten Stelle (45 m) zwischen den beiden Inseln verkehrt seit 1978 eine **Kabelfähre**. Auf Baadeholmen steht das Mitte des 19. Jh. als herrschaftliches Wohnhaus errichtete **Baadehuset**, in dem während der Heringssaison die Fischereiaufsicht logierte. Die Fischer mußten hingegen mit einer Pritsche auf dem Dachboden vorliebnehmen.

Großes Aufsehen erregte 1975 die Entdeckung eines nicht identifizierbaren Abdrucks in der nordwestlich vom Dorf gelegenen Grasebene. Dort, wo die Bewohner gewöhnlich die Mittsommerwende feiern, fand man einen ovalen Zirkel mit einer Länge von 26 m, einer maximalen Breite von 13,45 m und einem Umfang von 63 m. Der Boden war in einer gleichmäßig 40 cm breiten Spur unter ungeheurem Druck bis zu 10 cm niedergedrückt, das Gras verkümmert. Theorien über die Entstehung dieses angeblich größten **Ufo-Ringes** der Welt gibt es viele, gesicherte Erkenntnisse jedoch keine. Der Ring ist auch nach knapp 20 Jahren noch deutlich zu sehen, unterscheidet sich jedoch in seinem Aussehen wenig von dem zu ihm hinführenden ausgetretenen Pfad.

Nordwestlich von Espevær befinden sich auf **Hespriholmen** in einer Felswand dicht oberhalb des Meeresspiegels mehrere Steinbrüche, in denen vor etwa 6000 bis 7000 Jahren Grünstein abgebaut wurde. Der harte, gut spaltbare und auf Hespriholmen besonders feinkörnige *grønnstein* diente zur Herstellung von Waffen und Werkzeugen. Äxte aus diesem seltenen Stein wurden im ganzen Fjordland gefunden.

**Verkehr:** Espeværekspressen von Eidesvik/Bømlo 5–7 × tgl. 10 Min.; im Sommer Fr/Sa Espevær–Haugesund, 1–2 × tgl. 45 Min.

## Stord

Die Insel Stord, auf der die zwei Gemeinden Fitjar und Stord liegen, bildet das Zentrum Sunnhordlands zwischen Bergen und Haugesund. Während die Bewohner Fitjars auch heute noch überwiegend von der Landwirtschaft leben, hat sich Stord mit der Hauptstadt **Leirvik** nach dem Zweiten Weltkrieg im-

mer mehr zu einer Industriegemeinde entwickelt. Das Unternehmen Aker Stord (südlich von Leirvik), mit ca. 1600 Beschäftigten der größte Arbeitgeber der Insel, baute in den 50er Jahren Tankschiffe, ist nun ins Ölgeschäft eingestiegen und fertigt einige der größten Erdölplattformen der Welt an.

Am Ortsanfang von Leirvik liegt das eindrucksvolle **Sunnhordland Volksmuseum** mit mittelalterlichen Ådlandsstova in der Freilichtabteilung und einer sehr umfassenden Ausstellung zur wirtschaftlichen Entwicklung Sunnhordlands durch die Jahrhunderte (Mo Di Do Fr 10–15 Uhr, Mi So 16–19 Uhr, Sa 10–13 Uhr). Zum Volks- gehört auch das Grubenmuseum in **Litlabø** (Besichtigung nach Absprache).

## Kvinnherad

Auf der Westseite der Gletscherhalbinsel Folgefonn, im Mündungsbereich des Hardangerfjords, hat die Gemeinde Kvinnherad landschaftlich und architektonisch Erstaunliches zu bieten. Als das Boot noch Hauptverkehrsmittel war, ließ sich von hier aus der Zugang zum fruchtbaren Hardanger kontrollieren, und so finden sich in diesem Gebiet, das im Zeitalter des Autoverkehrs wegen ungünstiger Straßenverbindung ins Abseits geriet, die Überreste eines der reichsten Klöster Norwegens sowie das Schloß in Rosendal, beeindruckendes Zeugnis einer vom 17. bis zum 20. Jh. mächtigen Baronie.

Auf der fruchtbaren, unter Bootstouristen beliebten Insel Halsnøy liegt das **Halsnøy-Kloster,** nur wenige

Windsurfer vor dem Surferparadies Halsnøy

Kilometer vom Fähranleger Ranavik entfernt (etwa 20 Min. zu Fuß). Vermutlich wohnten zu Beginn nicht mehr als 13 Mönche des Augustinerordens im Kloster, das im 14. Jh. umgebaut und erheblich vergrößert wurde. Die Ruinen stammen aus dieser Zeit. Das intakte Wohnhaus von 1841 wurde aus Steinen der ehemaligen Kirche errichtet.

**Verkehr:** Fähre Leirvik–Ranavik, 35 Min., 7–9 × tgl., Ranavik Sunde, 15 Min., 10–12 × tgl.

**Unterkunft:** Sunnhordland Sommerhotel, ✆ 53 47 61 37; Halsnøy Gjestegard, Sæbøvik, ✆ 53 47 61 97

In einer kleinen Bucht am Hardangerfjord, eingerahmt von hohen Bergen, liegt **Rosendal,** das Verwaltungszentrum der Kvinnherad-Gemeinde, die für ihre sehr lange Schiffsbautradition bekannt ist. Hier wurde u. a. das Schiff des Polarforschers Roald Amundsen, Gjøa, gebaut. Am Kai dokumentiert ein kleines Museum die Geschichte des Schiffbaus (im Sommer tgl. von 12–17 Uhr).

Oberhalb des Ortszentrums befindet sich Norwegens kleinstes Schloß, die **Rosendal Baronie.** Das Hauptgebäude wurde in der zweiten Hälfte des 17. Jh. von Ludvig Rosenkrantz im Renaissancestil errichtet und liegt in einem romantischen Landschaftspark aus dem 19. Jh. Die Inneneinrichtung des Schlosses stammt aus verschiedenen Epochen und Stilrichtungen und blieb so bewahrt, wie sie der letzte Baroniebesitzer 1927 der Universität in Oslo vermachte. Einzigartig ist die Bibliothek mit mehr als 10 000 Bänden aus über zwei Jahrhunderten (im Sommer 10–17 Uhr, Führungen stündlich bzw. halbstündlich). Das Schloß (mit Tee-Salon) hat sich in den letzten Jahren zu einem vielseitig genutzten Kulturzentrum entwickelt. Im Gelben Salon werden regelmäßig Konzerte abgehalten, im Weinkeller Kunstausstellungen präsentiert. Jedes Jahr im Juli wird das historische **Baroniespiel** aufgeführt, das – halbwahr, halberdichtet – von der ersten Herrin auf Rosendal um 1660–1670 handelt.

Sehenswert ist auch die **Kvinnherad-Kirche**, deren Geschichte eng mit der der Baronie zusammenhängt, so daß es zu empfehlen ist, erst an einer Schloßführung teilzunehmen. Die kleine, turmlose Kirche wurde in der Mitte des 13. Jh. errichtet und stellt eine Mischung aus romanischen und gotischen Stilelementen dar. An der Nordseite des Chores wurde in den 1670er Jahren eine Grabkammer eingerichtet, in denen der erste Baron Ludvig Rosenkrantz und seine Familie ihre letzte Ruhestätte fanden (im Sommer tgl. geöffnet, für Führungen ans Touristenbüro wenden).

**Unterkunft:** Hotels, Gasthäuser, Pensionen: Rosendal Fjordhotel, teuer, aber wunderschöne Lage direkt am Hardangerfjord,

✆ 53 48 15 11; Rosendal Gjestgiveri, ✆ 53 48 10 78
Camping: Rosendal Camping, Hütten, Bootverleih, Baden, ✆ 53 48 02 73; Løvfall Camping, 5 km nördlich von Rosendal, ✆ 53 48 02 66

**Tip:** Die Rosendal Möbelschreinerei Snikkeriet an der Hauptstraße beherbergt Werkstätten und Verkaufsräume (Keramik, Porzellan, Holzschnitzereien) verschiedener Kunsthandwerker sowie ein Reformhaus.

Bei der Touristeninformation, ✆ 53 48 13 11 kann man sich nach Flügen über den Folgefonn-Gletscher erkundigen.

Im Inneren der Kvinnherad-Gemeinde liegen die Orte Ænes und Sunndal unterhalb des Folgefonn-Gletschers am **Maurangerfjord.** Die stillen Dörfer, die bereits gegen Ende des 19. Jh. ein beliebter Ausgangspunkt für Touren auf den Gletscher waren, erhielten erst 1970 Straßenanbindung. Sehenswert ist die **Ænes-Kirche**, die bereits um 1360 erwähnt wird, vermutlich aber aus der Zeit Håkon Håkonssons stammt.

**Wanderungen:** Von einem Parkplatz im Bondhusdalen oberhalb von Sunndal gelangt man zum gletschergrünen See **Bondhusvatn** und weiter zum **Bondhusbreen**, einem Ausläufer des Folgefonns (3,5–4 Std. hin und zurück). Früher wurde das Eis des Folgefonn-Gletschers zur Kühlung schottischen Lachses nach England exportiert. Ein Schotte bot den Bauern 60 Øre pro 18 Kilo Eis, Bargeld hatte in jener Zeit Seltenheitswert, und so schleppten die stärksten Männer bis zu 70 kg Eis auf ihrem Rücken mehrere Kilometer hinunter zum Frachter am Fjord.

Um die Jahrhundertwende erfreute sich die Tour von Sunndal quer über den Gletscher nach Odda großer Beliebtheit. Diese, auch heute noch begehbare Route (10 Std., nur mit Führer) wurde seit altersher als Verkehrsverbindung in den inneren Hardanger genutzt, weil der Seeweg vom Maurangerfjord über Utne in den Sørfjord zu weit war. Für Touren auf oder über den Gletscher gelangt man über den fälschlicherweise Kaiser-Wilhelm-Weg genannten Pfad (Abzweig linker Hand kurz vor dem Bondhusvatn) zu den Selbstbedienungshütten **Breidablick** und **Fonnabu**. Kaiser Wilhelm liebte zwar die Naturschönheiten des Fjordlandes, ist diesen Weg aber nie gegangen, er wurde Ende des 19. Jh. u. a. durch Spenden des Deutschen Nordlandvereins in Hamburg finanziert.

Der bisher durch die ungünstige Straßenverbindung etwas im Abseits liegende Maurangerfjord soll durch einen Tunnel Anschluß an das innere Fjordland erhalten: In Planung ist ein Tunnel von Austrepollen unter dem Folgefonn-Gletscher hindurch an den Sørfjord nördlich von Odda!

Enes Camping, 50 m zum Fjord, ✆ 53 48 45 44; Sunndal Camping, schöne Lage am Fjord, ✆ 53 48 41 86; Sunndal Gjestgiveri, sehr hübsches

(Schweizerstil), einfaches Gästehaus am Hafen, ✆ 53 48 41 02

**Gletschertouren** organisiert: Mauranger Ferie/Hardanger Breskole, ✆ 53 48 41 57, 53 48 45 20

## Bergen

Bergen, der bezaubernd schönen und regenreichen »Hauptstadt des Fjordlands«, wurden bereits im Jahre 1070 von König Olav Kyrre (*kyrr* = still, friedlich) die Stadtrechte verliehen. Damals hieß der kleine Handelsort, dessen Besiedlung sich auf der Ostseite des Vågen konzentrierte, noch Bjørgvin (*berg/bjørg* = Berg, Fels; *vin* = Grasland). Im Jahre 1217 zog der norwegische König Håkon Håkonsson mit seinem Hof von der alten Residenzstadt Trondheim nach Bergen um und verlegte auch den Bischofssitz Vestlands von Selje in die neue Hauptstadt.

Als das norwegische Königreich im 13. Jh. auf dem Höhepunkt seiner Macht stand, war Bergen Norwegens Hauptstadt und vermutlich die größte Stadt Skandinaviens. Grundlage für den Reichtum bildete vor allem der Stockfisch, der aus Nordnorwegen nach Bergen gebracht und von dort aus in die Handels- und Hafenorte an Nord- und Ostsee exportiert wurde.

Ab Mitte des 13. Jh. gewann die deutsche Hanse unaufhaltsam an Macht. Im Jahre 1294 erlangte sie einen königlichen Freibrief, der den deutschen Kaufleuten in den Sommermonaten nicht nur das Recht zum uneingeschränkten Handel mit Oslo, Tønsberg und Bergen, sondern auch Steuererleichterungen einräumte. Der Grund für diese Privilegien, die auf Kosten der norwegischen Kaufleute gingen, war die Tatsache, daß Norwegen zunehmend abhängig wurde von den Kornlieferungen der Ostseeländer, weil es wegen der klimatischen Bedingungen selbst nicht genug Getreide anbauen konnte. Im Austausch gegen Salz und Getreide übernahmen die Hanseaten in Bergen nach und nach das gesamte Stockfischgeschäft.

1299 zog König Håkon V. Magnusson nach Oslo um, das ihm – fern der erpresserischen Dominanz der Hanse – größere Möglichkeiten zur Machtentfaltung bot. Doch auch nach Verlegung des Königssitzes blieb Bergen Norwegens wichtigstes Handelszentrum. Stark geschwächt durch die Folgen der Pest, die in der Mitte des 14. Jh. in Norwegen gewütet und fast die Hälfte der norwegischen Bevölkerung dahingerafft hatte, war Norwegen gezwungen, die Handelsprivilegien der Hanse zu erweitern. Die Hanse beherrschte nun den gesamten Handel West- und Nordnorwegens und bildete allmählich einen Staat im Staat, der nach eigenen Gesetzen lebte und keine Steuern zahlte. Erst im 16. Jh. hatte sich Norwegen wirtschaftlich so weit erholt, daß die Privilegien der Han-

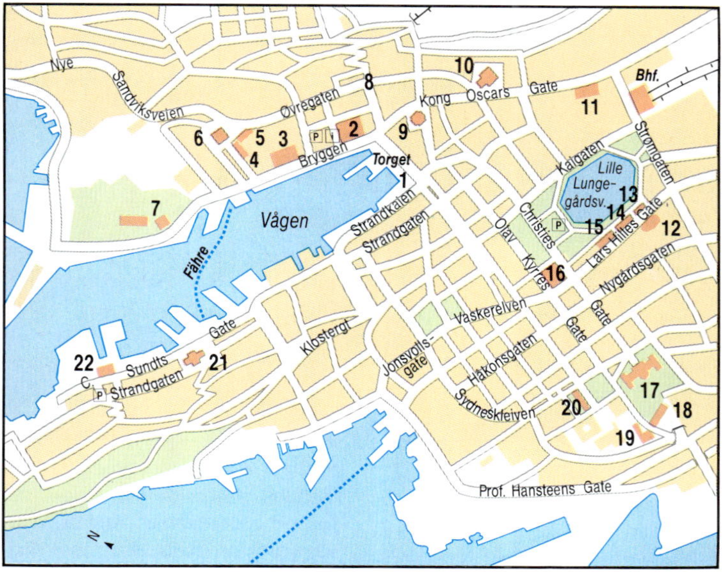


**Bergen** 1 Fisch-, Blumen-, Obst- und Gemüsemarkt 2 Hanseatisches Museum 3 Gamle Bryggen/Theta Museum 4 Bryggen Museum 5 Schøtstuene 6 Marienkirche (Mariakirken) 7 König Håkonshalle/Rosenkrantztårnet 8 Fløibanen 9 Kreuzkirche (Korskirken) 10 Dom (Domkirken) 11 Lepramuseum 12 Grieghalle 13 Rasmus Meyers Sammlung 14 Bergens Kunstforening 15 Stenersens Sammlung 16 Kunstgewerbemuseum 17 Naturhistorisches Museum 18 Historisches Museum 19 Schiffahrtsmuseum 20 Johanneskirche 21 Nykirken 22 Zollhaus (Tollbuden)

se beschnitten und norwegischen Kaufleuten neue Rechte verliehen werden konnten.

Als es in der Mitte des 17. Jh. mit der Herrschaft der Hanse zu Ende ging, zog es viele Kaufleute und Kunsthandwerker aus Dänemark, Deutschland, Holland, England und Schottland nach Bergen. Es entwickelte sich dort ein reiches Handels- und Kulturleben. Berühmte Maler, Dichter und Musiker fanden in Bergen Inspiration. 1765 wurde hier die Musikgesellschaft Harmonien, eine der ältesten, heute noch existierenden Philharmonien der Welt gegründet. 1850 etablierte der berühmte Geiger Ole Bull Norwegens erste feste Bühne, und bis heute gilt Bergen als die Kultur-

Auf dem Fischmarkt von Bergen

hauptstadt Norwegens. Höhepunkt des Kulturlebens sind die jährlich Ende Mai veranstalteten Internationalen Festspielwochen, die dem in Norwegen hochverehrten Komponisten Edvard Grieg (s. S. 104f.) gewidmet sind.

Handel und Seefahrt spielen nach wie vor eine große Rolle im Wirtschaftsleben der Stadt. In Bergen ist ein Großteil der Reedereien Vestlands konzentriert: sie stellen etwa ein Fünftel der norwegischen Handelsflotte (mit etwa 50 Mio. Bruttoregistertonnen die drittgrößte Handelsflotte der Welt). Seit der Erschließung der rund 220 km nordwestlich der Küste gelegenen Erdölfelder Statfjord, Gullfaks und Troll erlangt die Zulieferindustrie der norwegischen Off-Shore-Ölförderung auch für Bergen zunehmend an Bedeutung. Nicht zuletzt bildet der Tourismus einen wichtigen Wirtschaftsfaktor. In den Sommermonaten prägen Scharen von Touristen das Leben in der Stadt.

## Stadtspaziergang

Der berühmte **Fischmarkt** (Torget) am Vågen ist der günstigste Ausgangspunkt für einen Spaziergang durch Bergen. Die meisten Sehenswürdigkeiten sind gut zu Fuß erreichbar.

Östlich des Vågen findet man die interessantesten Bauwerke der traditionsreichen Handelsstadt. Weltberühmt ist die alte Hafenstraße **Bryggen**, an deren Kai das Segelschiff Statsraad Lehmkuhl vertaut ist. Es wurde 1914 in Deutschland gebaut und vier Jahre später von den Engländern als Kriegspfand konfisziert. Bryggen, das von der Hansezeit bis zum Zweiten Weltkrieg Tyske Bryggen (Deutsche Brücke) hieß, wurde mit seinen enganeinanderstehenden Kaufmannshöfen im Verlauf der Jahrhunderte mehrmals von verheerenden Feuersbrünsten heimgesucht. Nur wenige der schönen Giebelhäuser, die nach dem großen Brand von 1702 im Stil der mittelalterlichen Kaufmannshöfe wieder aufgebaut worden waren, haben das große Feuer von 1955 überstanden. Einer der erhaltenen Höfe, der **Finnegården,** beherbergt das 1872 vom Kaufmann J. W. Olsen gegründete **Hanseatische Museum** (Hanseatisk museum, Juni–Aug., tgl. von 9–17 Uhr, im Mai und Sept., tgl. 11–14 Uhr; Rest des Jahres, So Mo Mi Fr 11–14 Uhr). Wer das Museum betritt, kann sich ein Bild von der erstaunlich engen und geschäftigen Welt der Kaufleute vergangener Jahrhunderte machen. Die äußeren Zimmer des Museums, mit Fenster zum Hafen, wurden in den Sommermonaten als Eßzimmer genutzt. In den inneren, zum Teil winzigen Räumen befanden sich die Schlafverschläge und Büros. Die Räume wurden wegen der Feuergefahr nicht beheizt, das Gesellschaftsleben vollzog sich in den Schötestuben (Schøtstuene), öffentlichen Versammlungsräumen der Hanseaten.

Eingerahmt von Verkehrslärm und größeren Backsteinbauten wirkt die schmale Giebelfront des **Gamle Bryggen** bedauernswert unscheinbar. Die zu Beginn des 18. Jh. errichteten Kaufmannshöfe stehen heute auf der UNESCO-Liste der erhaltenswerten Kulturdenkmäler. Im hinteren Trakt der Höfe befanden sich die Warenhäuser und Vorratskeller, die heute zum Teil kleinere Läden, Kunsthandwerksbetriebe und Galerien beherbergen. Bryggen Tracteursted im Hinterhof des Svendsgården ist ein Restaurant; bei schönem Wetter kann man sein Bier auch draußen genießen. Im hinteren Bereich des Enhjørningsgården befindet sich am Ende knarrender steiler Treppen das **Bryggen Theta Museum.** Im Zweiten Weltkrieg gab es hier einen geheimen Raum, den die Theta-Mitglieder, eine Gruppe norwegischer Widerstandskämpfer, als Treffpunkt nutzten. 1942 wurde der Geheimraum bei einem Angriff der Deutschen zerstört, Anfang der 80er Jahre rekonstruiert und 1983 als Widerstandsmuseum neu eröffnet (Mitte Mai–Mitte Sept. Di Sa und So 14–16 Uhr).

Das **Bryggen Museum**, nach dem Spender, der den Bau des Gebäudes ermöglichte, auch das »Erling Dekke Næss Institut für Mittelalterliche Archäologie« genannt, verdankt seine Existenz paradoxerweise dem Brand von 1955. Ein großer Teil der permanenten Ausstellungsstücke wurde bei Ausgrabungen auf den freigelegten Grundstücken gefunden. Das Museumsgebäude wurde über den Resten mittelalterlicher Grundmauern errichtet. Einzigartig ist die Runensammlung, die die größte der Welt sein soll. Es

### … übermütiges Auftreten und Exklusivität

## Die Hanseaten in Bergen

Die Kolonie deutscher Kaufleute und Handwerker, die sich um 1250 mitten in Bergen auf der Ostseite der Hafenbucht Vågen breitgemacht hatte, bestand vom Kaufmann bis zum Stubenjungen ausschließlich aus Männern. Die Hanseaten hatten sich im Verlauf der Jahrhunderte immer mehr Privilegien erobert und beherrschten nun als eigenständiger kleiner Staat im Staat (mit eigener Rechtsprechung und ohne Steuerpflichten) den norwegischen Handel. Die Konkurrenz – britische, holländische und norwegische Kaufleute – galt es sich vom Leibe zu halten, dazu waren strengste Disziplin und völlige Abgrenzung erforderlich. Wer im hanseatischen Kontor auf Bryggen leben und arbeiten wollte – im Bryggen-Gebiet wohnten 800–1000 Männer, in der Hochsaison im Sommer gar bis zu 2000 –, war dem Zölibat verpflichtet, Frauen hatten keinen Zugang. Als Folge der erzwungenen Enthaltsamkeit innerhalb der Kolonie entwickelte sich außerhalb, in der Øvregatge (oberhalb von Bryggen), ein munterer Rotlichtdistrikt mit Bordellen und Gasthäusern, die auch von Bürgern der Stadt und zugereisten Matrosen gerne aufgesucht wurden.

Der Arbeitstag war lang und hart. Bereits um 4 Uhr morgens gaben die Gesellen den Lehrlingen ihre Befehle. Von kurzen Eßpausen unterbrochen, schufteten sie in der Regel bis um 9 Uhr abends. Alle Bryggen-Angestellten nahmen einen festen Platz in der Hierarchie ein, die vom Kaufmann und Bevollmächtigten (Verwalter) über Kaufmannsgesellen und Bootsjungen bis hinunter zu den Stubenjungen reichte. Die hierarchische Ordnung war streng, aber es bestand für tüchtige und disziplinierte Lehrlinge durchaus die Möglichkeit zum Aufstieg in die oberste Spitze. Nicht selten ist von Kaufleuten oder Verwaltern zu lesen, die ihre Karriere als Stubenjungen begannen.

Bryggen bildete eine bis ins letzte Detail durchorganisierte, von der Außenwelt abgegrenzte Welt. In Berichten über die Kontakte der Hanseaten zu den norwegischen Behörden und der Stadtbevölkerung auf der anderen Seite des Vågen überwiegen Klagen und Streitigkeiten. In der vom Hanseatischen Museum herausgegebenen Schrift über Bryggen geht hervor, »daß die Deutschen auf Bryggen ihre wirtschaftliche und physische Überlegenheit ausnutzten, um sich auf Kosten ihrer Konkurrenten und der Stadt zu behaupten, und daß sie durch übermütiges Auftreten und Exklusivität viele herausgefordert haben.«

Lagerhäuser in Gamle Bryggen

gibt einen deutschsprachigen Museumsführer, den man in aller Ruhe im Museumscafé studieren kann (Anf. Mai–Ende Aug., tgl. 10–17 Uhr; den Rest des Jahres Mo–Fr 11–15, Sa 12–15 Uhr, So 12–16 Uhr).

Zwischen dem Museum und der nahen Marienkirche führt ein Fußweg zu den hanseatischen Schank- und Gesellschaftsräumen, **Schøtstuene** (Øvregaten 50). Hier trafen sich die Angestellten der hanseatischen Bryggenhöfe zum Essen und Trinken, hier wurden die Lehrlinge unterrichtet und Versammlungen abgehalten. Ursprünglich gehörte zu jedem Handelshaus eine Schötstube, auf Grund der vielen Brände taten sich jedoch im Verlauf der Zeit mehrere Handelshöfe zusammen, um die Zahl der Feuerstellen möglichst niedrig zu halten (Juni–Aug. tgl. 10–16 Uhr, im Mai, Sept. tgl. 11–14 Uhr, ansonsten So Di Do und Sa von 11–14 Uhr).

Die schräg gegenüberliegende **Marienkirche** (Mariakirken), mit deren Bau vermutlich um 1130 begonnen wurde, ist das älteste Gebäude Bergens. Nach Bränden in den Jahren 1198 und 1248 erhielt die Kirche ihre heutige Gestalt mit zwei hohen schlanken Türmen. An-

Ein Platz an der Sonne – am Seemansmonument

fang des 15. Jh. annektierte die deutsche Hanse die Kirche, die bis Mitte des 18. Jh., als alle deutschen Kaufmannshöfe auf Bryggen verkauft waren, in deutschem Besitz blieb. Von dem einst reichen Inventar ist nur wenig übrig. Aus hanseatischer Zeit stammt der vermutlich in Lübeck gearbeitete Altarschrein aus dem späten 15. Jh. Die 1676 von Bryggenkaufleuten gestiftete Barock-Kanzel gilt als die schönste in Norwegen (Mitte Mai–Mitte Sept., Mo–Fr 11–16 Uhr, Rest des Jahres Di–Fr 12–13.30 Uhr).

Von der Marienkirche gelangt man in wenigen Minuten zur Festung **Bergenhus.** Die Anlage liegt strategisch günstig direkt an der Einfahrt in den Vågen. Im Mittelalter befand sich hier auf dem Holmen zunächst das kirchliche, später auch das weltliche und militärische Zentrum West-Norwegens. Als unter Håkon Håkonsson (1217–1263) und seinen Nachfolgern das norwegische Königtum an Macht und Ansehen gewann, wurde aus der Residenz, die aus schlichten Holzbauten bestand, eine befestigte Anlage, die im Verlauf der Jahrhunderte ständig erweitert bzw. erneuert wurde. Die von Håkon Håkonsson in Auftrag gegebene **Håkonshalle** bildete während des gesamten Mittelalters einen würdigen Rahmen für Krönungen, Hochzeiten und Regierungsfeierlichkeiten mit bis zu 2000 Gästen. 1944 wurden Teile der Håkonshalle zerstört, als im Hafen ein deutsches Munitionsschiff explodierte. Inzwischen ist sie wieder restauriertund dient heute als Fest- und Empfangssaal bei vielen feierlichen Anlässen (Mitte Mai–Mitte Sept. tgl. 10–16 Uhr, Rest des Jahres tgl. 12–15 Uhr, Do 15–18 Uhr; Führungen inkl. Rosenkrantzturm jede Stunde).

Aus Bergens Hauptstadtzeit im 13. Jh. stammt noch der älteste Teil des **Rosenkrantztårnet.** Erik Rosenkrantz, von 1560–1568 Hauptmann und Oberlehnsmann des Königs, ließ das Kastell am Meer, das im 13. Jh. unter Magnus Lagabøte errichtet worden war, zu einem prächtigen Verteidigungs- und Residenzturm erweitern. In der untersten Etage sind heute die Reste des mittelalterlichen Bauwerks zu besichtigen (geöffnet wie Håkonshalle).

Südöstlich des Vågen, 150 m vom Fischmarkt entfernt, liegt die Talstation der **Fløibahn**, eine Standseilbahn, die auf den Fløyen (320 m) hinaufführt (Abfahrt alle halbe Stunde bis 23 Uhr). Bergens Hausberg bietet nicht nur eine phantastische Aussicht auf die meerumspülte Stadt, sondern auch schöne Wandermöglichkeiten. Empfehlenswert ist es, mit der Seilbahn hinaufzufahren und den Rückweg zu Fuß anzutreten. Zunächst geht es durch dichten Wald, später am Berg entlang durch verwinkelte Straßenzüge mit bunten Holzhäusern, Balkonen und kleinen Gärten. Für die Einwohner ist die Fløibahn übrigens ein gewöhnliches öffentliches Verkehrsmittel.

Die **Kreuzkirche** (Korskirken) heißt so, weil beim Bau Mitte des 12. Jh. ein Stück vom Kreuze Christi in die Kirchenmauer eingefügt worden sein soll. Vom ursprünglichen Gemäuer ist nicht mehr viel übrig, da die Kirche allein zwischen 1198 und 1702 mindestens siebenmal durch Feuer zerstört und restauriert wurde. Heute dominiert die Renaissancearchitektur des 17. Jh. (Mo–Fr 11–14 Uhr).

Dort, wo heute die **Domkirche** (Domkirken) steht, wurde im 12. Jh. eine kleine Kirche errichtet, die dem heiligen Olav geweiht war. Im 13. Jh. übernahm sie der Franziskanerorden. Nach mehreren Bränden stammen heute nur noch der Chor und der untere Teil des Turmes mit seinem gotischen Portal aus jener Zeit (im Sommer Mo–Fr 11–14 Uhr).

Die vielbefahrene Kong Oscars Gate führt zum St. Jørgen Hospital, in dem sich das **Lepramuseum** befindet (Nr. 59). Das St. Jørgen Hospital wurde erstmals 1438 erwähnt, existierte aber schon vorher. Hier wurden bis 1946 vor allem Leprakranke behandelt. Das Museum dokumentiert den nicht geringen norwegischen Beitrag zur Erforschung der Lepra. So gelang es beispielsweise dem Arzt Armauer Hansen im Jahre 1873 als erstem, den Leprabazillus nachzuweisen (Mitte Mai–Ende Aug. tgl. 11–15 Uhr).

Für den Rückweg in das Zentrum bietet sich ein Spaziergang am kleinen Binnensee **Lille Lungegårdsvannet** an. Auf der Südseite des Sees reihen sich einige der berühmten Kunstsammlungen Bergens aneinander: Vom Bahnhof kommend befindet sich linker Hand zunächst die 1978 zu den Internationalen Festspielen eingeweihte **Grieghalle**, mit 1600 Sitzplätzen Bergens größtes Konzerthaus. Schräg gegenüber bieten die **Rasmus Mayers Sammlungen** eine große Auswahl an Gemälden norwegischer Künstler, u. a. von Edvard Munch, Johan C. Dahl und Nikolai Astrup (Mitte Mai–Mitte Sept. Mo–Sa 11–16 Uhr, So 12–15 Uhr, Rest des Jahres Di–So 12–15 Uhr). Nebenan liegt **Bergens Kunstforening** mit wechselnden Ausstellungen. Es folgt die **Stenersens Sammlung** mit ca. 250 vorwiegend modernen Werken von Picasso, Klee, Utrillo, Munch und anderen (Mitte Mai–Mitte Sept. Mo–Sa 11–16 Uhr, So 12–15 Uhr; Rest des Jahres Di–So 12–15 Uhr). Einige Meter vom Ende entfernt befindet sich das »vorübergehend« geschlossene Westnorwegische **Kunstgewerbemuseum** (Permanenten) mit Kunst und Handwerk aus aller Welt.

Die Christies Straße führt direkt in das Universitätsviertel, ein weiteres Museenzentrum der Stadt, das man am besten zu Fuß erreicht (auch im Univiertel Parkuhren). Im **Naturhistorischen Museum** kann man neben einem Herbarium aller norwegischen Pflanzen u. a. das einzige ausgestopfte Exemplar des heute ausgestorbenen Lofotpferdes bewundern. Wegen der vielen ausgestopften Tiere ist der Besuch vor allem für Kinder ein Vergnügen (tgl. außer Do 11–14 Uhr, freier Eintritt).

Im nahen **Historischen Museum** sind umfassende Sammlungen aus verschiedenen Gebieten, von Archäologie, Architektur, Kunst, Kultur bis Ethnologie untergebracht (tgl. außer Fr 11–14 Uhr, freier Eintritt).

Zwischen dem Historischen Museum und der Universitätsbibliothek liegt **Bergens Schiffahrtsmuseum** (Sjøfartsmuseum), das die Entwicklung der norwegischen Seefahrt von ihren Anfängen bis heute dokumentiert. Interessant ist der Film über die Fahrt des nachgebauten Wikingerschiffes Gaia von Norwegen über Island nach New York (tgl. außer Sa 11–14 Uhr).

Westlich des Vågen, auf der Bergenhus gegenüberliegenden Seite, lohnt ein Spaziergang zum Aquarium. Auf der Landspitze befand sich bis zum 16. Jh. Bergens reichstes Kloster, und in der zweiten Hälfte des 17. Jh. ließ hier Frederick II. eine Festung anlegen, um die Verteidigung der Stadt zu stärken. Die alten Arbeiterviertel mit schmalen, zum Hafen hinabführenden Gassen und Holzhäusern aus dem 19. Jh. laden zu Erkundungen ein.

An der unmittelbar am Vågen entlangführenden C. Sundts Gate liegen das Schützenkorpsmuseum, die Neue Kirche und das Zollhaus. Das **Schützenkorpsmuseum** (Buekorpsmuseum, nur am Wochenende geöffnet) befindet sich in der um 1560 vom Bergenhuskommandanten Erik Rosenkrantz erbauten Privatresidenz. Auf dem Weg zur Neuen Kirche passiert man rechter Hand den Anleger, von dem seit 1894 eine kleine Fähre zur gegenüberliegenden Seite des Hafens verkehrt. **Nykirken**, die »Neue Kirche«, ist ein etwas irreführender Name, da sich an dieser Stelle bereits seit dem Mittelalter ein Gotteshaus befand. Es wurde mehrmals zerstört, zuletzt 1944, aber immer wieder aufgebaut (im Sommer Mo–Fr 10 bis 14 Uhr, Mi 12–12.30 Uhr, oft Orgelkonzerte). Ein Stück weiter, direkt am Wasser, steht das 1761 erbaute **Zollhaus** (Tollbuden).

Das an das Meeresforschungsinstitut angeschlossene **Aquarium** bietet eine der modernsten und größten Sammlungen von Seetieren in Europa. Für Kinder ist besonders das Bassin mit den Seehunden und Pinguinen und deren Fütterung (11, 14 und 18 Uhr) interessant (Mai–Sept. tgl. 9–20 Uhr, Okt.–April tgl. 10–18 Uhr, Bus Nr. 4). Hinter dem Aquarium erstreckt sich ein kleiner Park, durch den man in wenigen Minuten zum **See-Schwimmbad** (Nordnes Sjøbad) gelangt.

## Bergens nähere Umgebung

Einige der schönsten Stadtteile Bergens liegen nordöstlich der Festung Bergenhus am Byfjorden. In **Skuteviken**, das glücklicherweise keinem der großen Stadtbrände zum Opfer fiel, errichteten die Hanseaten in der Mitte des 17. Jh. ihre Speicher. Auch der sich anschließende Stadtteil **Sandviken** bietet verwinkelte Gassen und Holzbebauung aus dem 19. Jh. Im Freilichtmuseum **Gamle Bergen** (Alt Bergen) wurden einige der Häuser wieder aufgebaut, die durch Stadt- und Straßenregulierung vom Abriß bedroht waren. So entstand hier eine Miniaturstadt mit Gassen und Marktplatz, die erahnen läßt, wie es in Bergen vor 200–300 Jahren aussah. Die Inneneinrichtung der Häuser stammt aus dem 18., 19. und 20. Jh. Hier kann man u. a. die Einrichtung eines Bäckers, Friseurs, Zahnarztes und Fotographen besichtigen (Mitte Mai bis Ende Aug. 11–18 Uhr; Führungen jede volle Stunde, Souvenirverkauf, Restaurantcafé. Anreise mit dem Auto, Abzweig von der E 16/ Straße 19 bzw. mit dem Bus Nr. 1 oder 9).

Sehr empfehlenswert ist eine Seilbahnfahrt auf den **Ulriken** (Gipfelrestaurant). Mit 643 m ist er der höchste der sieben Fjellhöhen, die Bergen umgeben. Von hier aus bieten sich eine phantastische Aussicht auf die Stadt, die Fjorde und die umliegenden Berge sowie einzigartige Wandermöglichkeiten in einer stillen, weiten Hochgebirgslandschaft.

**Info:** Die Seilbahn – Abzweig Straße 1, südöstlich vom Zentrum, oberhalb des Haukeland Krankenhauses, nahe Montana Jugendherberge – fährt im Sommer alle 10

Min. von 9–21 Uhr, im Winter 10–17 Uhr. Zufahrt mit Bus Nr. 2 oder 4; im Sommer verkehrt zwischen 10–18 Uhr halbstündlich ein Zubringerbus von der Touristeninformation/Bryggen. Im Sommer 1 × pro Woche (Di) Wanderung mit Führung.

Lagerhäuser in Skuteviken

Etwa 5 km südlich vom Zentrum liegen mehrere Sehenswürdigkeiten dicht beieinander. **Gamlehaugen,** eine schloßähnliche Villa am Nordåsvannet gelegen, ist der ehemalige Wohnsitz des norwegischen Staatsministers Christian Michelsen und dient auch heute königlichen Besuchern als Residenz. Der Park um Gamlehaugen ist ganzjährig geöffnet, die Villa selbst jedoch nur in den Monaten Juni, Juli und Au-

gust zu besichtigen, sofern sich kein königlicher Besuch angekündigt hat (Mo–Sa 10–13 Uhr).

Die **Fantoft-Stabkirche** aus der Mitte des 12. Jh. wurde 1883 von Fortun in Sogn nach Bergen gebracht und dort nach dem Vorbild der Stabkirche in Borgund prächtiger als zuvor wieder aufgebaut. Fantoft, seinerzeit eine der besterhaltenen Stabkirchen, befand sich in Privatbesitz und war nicht feuerversichert, als sie im Juni 1992 durch Brandstiftung in Flammen aufging. Sie wurde 1993 rekonstruiert und erstrahlt in neuer Schönheit.

**Troldhaugen**, die 1885 erbaute Villa von Edvard Grieg, liegt in einer ruhigen Gegend oberhalb des Nordåsvannet. Unten am See steht, noch immer unverändert, eine kleine Hütte, in der Grieg seine Stücke komponierte. In etwa 5 Min. gelangt man zur Familiengrabstätte, die in einen Felsen in Ufernähe eingelassen ist (Anfang Mai–Ende Sept. 9.30–17.30 Uhr Führungen).

**Verkehr**: Auf der Straße vom Zentrum ca. 5 km in südlicher Richtung. Bus: Abfahrt alle 15–20 Min., alle Busse vom Bahnsteig 18, 19 und 20, Haltestelle Hopsbroen, vom Parkplatz noch etwa 15 Min. zu Fuß nach Troldhaugen. Wer zuerst zur Fantoftkirche will, muß vorher in Fantoft aussteigen.

Der sehr gut erhaltene, von einem Gartenpark umgebene **Damsgård Hovedgård**, ein verwunschen wirkender Herrenhof von 1770, liegt in Laksevåg, etwa 3 km westlich vom Zentrum, Straße 582 (Führungen Mitte Mai–Anf. Sept. tgl. Di–So 11–16 Uhr).

**Verkehr:** Bahn: Bergen–Oslo, 5 × tgl., Bergen–Voss 10–13 × tgl; Bergen-Flåm 4–5 × tgl.; Fähre: Bergen–Stavanger. Personenfähre über den Vågen 7.00–16.15 Uhr. Bus: Etwa 5 Min. vom Hauptbahnhof liegt der Busbahnhof; tgl. Verbindung: Haukeliekspressen von Oslo und Kristiansand, Geiteryggekspressen von Oslo über Aurland nach Bergen; Vestlandsbussen von Ålesund und Trondheim. Für Touristen, die 2 Tage in Bergen bleiben, lohnt die Touristenkarte, die 48 Std. für alle gelben Stadtbusse 1–19 gilt.

**Parken** ist ein Problem in Bergen, für Parkhäuser/Parkuhren kann man leicht ein Vermögen loswerden, am billigsten ist noch der Parkplatz hinter dem Busbahnhof; daher besser außerhalb parken und mit dem Bus in die Stadt fahren.

**Internationale Fähren:** Bergen–Stavanger–Hanstholm (Dänemark) 3 × pro Woche; Bergen–Stavanger–Newcastle (England) im Sommer 3 × pro Woche, den Rest des Jahres 2 ×; Bergen–Lerwick–Aberdeen (Schottland) 1 × pro Woche; Bergen–Torshavn (Faröer) – Seydisfjördur (Island) 1 × pro Woche.

**Unterkunft:** Luxusklasse: Hotel Admiral, C. Sundtgt. 9, Blick auf Vågen und Bryggen, ✆ 55 32 47 30, Bergen Hotel, Håkonsgt. 2, ✆ 55 23 39 62; SAS Royal Hotel, Bryggen, teuerstes Hotel der Stadt, edle Architektur in Backstein und Holz, neben Bryggenmuseum, ✆ 55 54 30 00; Hotel Rosenkrantz, Rosenkrantzgt. 7, zentral, ✆ 55 31 50 00.

Pensionen/Jugendherberge: Bergen Gjestehus, Vestre Torggt. 20a, ✆ 55 31 96 66; Kloster Pension, Klosteret

## »Man könnte den Verstand verlieren«

# Edvard Grieg

Mit 42 Jahren ließ Edvard Grieg (1843–1907) außerhalb von Bergen eine Villa nach eigenem Entwurf errichten, die er ›Troldhaugen‹ – ›Trollhügel‹ nannte. Hier lebte er 22 Jahre lang mit seiner Frau Nina, einer berühmten Sängerin. Ihr mit Möbeln, Erinnerungsstücken, Geschenken und Fotos vollgestopftes Haus ist heute ein Museum. Doch die häusliche Atmosphäre läßt wenig von der Melancholie, der Rastlosigkeit und den Selbstzweifeln ahnen, die den berühmtesten aller norwegischen Komponisten bis zu seinem Tode peinigten.

Als das norwegische Geiger-Genie Ole Bull 1858 einige Stücke des erst 15jährigen Grieg hörte, erkannte er dessen Begabung und empfahl, ihn auf das Konservatorium nach Leipzig zu schicken. Dort lernte der junge Komponist die deutsch-österreichische Musiktradition kennen, die sich nur schwer mit Griegs Empfinden für Volksmusik verbinden ließ. Nach dem Studium, das Grieg selbst als nicht sehr geglückt empfand, zog er 1862 nach Kopenhagen, wo er auf der Suche nach einem eigenen, stärker norwegisch geprägten Stil die Humoresken für Klavier op. 6 komponierte, deren Melodien von rhythmischen Volkstänzen wie Halling oder Springar geprägt sind. Seit 1866 arbeitete er als Musiklehrer und Dirigent in Christiania (Oslo). Dort schrieb er das von der Volksmusik inspirierte Klavierkonzert in a-Moll op. 16, eines seiner bekanntesten Werke. Anfang 1874 machte er sich auf den Vorschlag des Dichters Henrik Ibsen daran, das Theaterstück »Peer Gynt« zu vertonen, die Geschichte eines egozentrischen Draufgängers, der sich erst nach zahlreichen Abenteuern seiner geliebten, wartenden Solveig erinnert und zu ihr zurückkehrt. »Solveigs Lied«, »In der Halle des Bergkönigs«, »Aases Tod« gehören zu den beliebtesten Werken Griegs in Deutschland, die immer dann gespielt werden, wenn norwegische Landschaft im Film oder Fernsehen einer musikali-

12, ✆ 55 90 21 58; Fagerheim Pensjonat, Kalvedalsvn. 49a, ✆ 55 31 01 72; Myklebust Pensjonat, Rosenbergsgt. 19, ✆ 55 90 16 70; Fantoft Sommerhotell, Fantoft, ✆ 55 27 60 10; Montana Vandrerhjem, Johan Blydtsv. 30, Landås, Bus Nr. 4, ✆ 55 29 29 00

Hütten, Campingplätze: Die Campingplätze liegen leider alle weit vom Zentrum entfernt, es verkehren aber halb- bzw. stündlich Busse. Wer sich vor einem Besuch in Bergen einen Campingplatz suchen möchte, sollte auf der Str. 580 über Haukeland und

schen Untermalung bedarf. Grieg quälte sich, die dramatische Musik zu Ende zu komponieren. In dieser Zeit notiert er: »Nichts, von dem, was ich gemacht habe, befriedigt mich ... Man könnte den Verstand verlieren ...«

»Peer Gynt« wird ein triumphaler Publikumserfolg für Grieg, obwohl er offenbar weder den Komponisten selbst noch Ibsen überzeugte, und bedeutet einen Wendepunkt in seinem Leben. Von da an fällt es ihm immer schwerer, seine Ideen in größere Werke umzusetzen. Rastlos treibt es Grieg, der seit 1874 eine staatliche Künstlergage erhält, durch Europa. 1876 fährt er nach Bayreuth, um an der Premiere von Wagners »Nibelungen« teilzunehmen. Auch der Uraufführung des »Parsifal« wohnt er bei. Seine vielen Auslandstourneen werden als Ausdruck und Flucht vor seinen Kompositionsschwierigkeiten interpretiert. In einem Brief schreibt er: »Meine Einfälle sind ohne Kraft, wie ich selbst, und ich verliere mein Selbstvertrauen. Was bedeutet es mir schon, daß man meine ›Peer-Gynt‹-Suite in Europa, Asien, Afrika, Amerika und Australien spielt? Ich kann nicht glauben, daß ich mein Lebenswerk bereits vollendet habe.«

Es entstehen nicht mehr viele größere Werke. Zu seinen reizvollsten gehört die 1883 geschriebene Suite »Aus Holbergs Zeit« op. 40 sowie die 1886/87 nach seinem Umzug nach Troldhaugen komponierte dritte »Violinsonate« op. 45. Weniger erfolgreich wurden seine »Norwegischen Volksweisen« op. 66 und die »Bauerntänze« op. 72, aber die 1885 entstandenen »Lyrischen Stücke« zählen zu seinen schönsten Klavierkompositionen. Zu Beginn des Jahrhunderts, zwischen 1900 und 1930, wurden sie in Deutschland heiß geliebt und viel gespielt. Grieg war einer der populärsten Komponisten jener Zeit, bis er überraschend aus der Mode kam. Doch die Norweger sind ihm treu geblieben. Anläßlich seines 150jährigen Geburtstages im Jahre 1993 wurden rauschende Feiern abgehalten, die die anhaltende Verehrung für den Meister zum Ausdruck bringen. Grieg ist nach wie vor der unbestrittene Liebling der Nation.

Nestun anreisen, auf dieser Strecke liegen die meisten Campingplätze.

Bratland Camping, Haukeland, 16 km südöstlich von Bergen, Str. 580, ✆ 55 10 13 38; Grimen Camping, Helldal, Hütten, hübsche, aber geräuschvolle Lage zw. der befahrenen Str. 580 und dem fjordähnlichen Grimevannet, ✆ 55 10 06 15; Lone Camping, Bergens größter Campingplatz, Hütten, Appartments,

Blick vom Fløyen auf Bergen ▷

Im Einkaufszentrum Galleriet

20 km von Bergen, Str. 580, Haukeland, ✆ 55 24 08 20; Midttun Motel & Camping, 11 km südl. von Bergen, Besttun, Hütten, Zimmer, ✆ 55 10 39 00; Bergenshallens Camping, Vilh. Bjerknesvei 24, Landås, 7 km, Buslinie 3, ✆ 55 27 01 80; Paradis Caravan Camping, Paradis, Str. 1, ✆ 55 91 26 00. Stellplatz für Wohnmobile: Slaktehustomten, Sandviken, karger Platz an der Str. 1 direkt am Hafen.

**Restaurants:** Um den Fischmarkt herum gibt es unzählige Restaurants, Cafés und Kneipen aller Preisklassen. Bei schönem Wetter sollte man sich nicht um das Vergnügen bringen, sich draußen mit Blick auf den Hafen und Bryggen ein Bier zu genehmigen.

**Versorgung:** Fischmarkt, werktags ca. 8–15 Uhr. Auf dem Markt gibt es auch Blumen, Obst, Gemüse, Rentierfelle und Souvenire. Fußgängerzonen: Strandgaten, Torgalmenning, Marken. Einkaufszentren: Galleriet, Torgalmenning und Bystasjonen im Busbahnhof, 9–20 (16 Uhr).

**Touristeninformation** und Unterkunftsvermittlung: Bryggen, 2 Min. vom Fischmarkt (Mai–Sept. Mo–Fr 8.30–21 Uhr, Sa, So 10–19 Uhr, Okt.–April Mo–Fr 10–16 Uhr), ✆ 55 32 14 80.

## Ausflüge von Bergen

Die bekanntesten Sehenswürdigkeiten in der weiteren Umgebung Bergens sind das Lysekloster und die Villa Ole Bulls auf Lysøen. Um dorthin zu gelangen, empfiehlt es sich, die Straßen 586 und 546 über Fana und weiter über das Fanafjell zu wählen.

In Fana, ca. 15 km südlich von Bergen, befinden sich die Mitte des 12. Jh. erbaute Steinkirche (Di–Fr 10–14 Uhr) sowie das **Hordalandmuseum** (Hordamuseet). Besonders sehenswert ist eine Sammlung von Bildteppichen mit mittelalterlichen Motiven nach Zeichnungen von Gerhard Munthe (tgl. außer Mo und Sa 12–15 Uhr). Kurz vor dem Museum liegt rechter Hand ein vielbesuchter, sehr schöner Badeplatz.

Ab Fana führt die Straße langsam zum bewaldeten Fanafjell (231 m) hoch. Oben angekommen, lohnt das zum Hordamuseum gehörende **Vestlandske Setermuseum** (*seter* = Alm) eine Rast, neben einer Cafeteria und einem kleinen Freizeitpark für Kinder umfaßt es etwa zehn am Hang verstreute Almhütten.

Vom Fanafjell geht es hinunter zum Lysefjord, in dem die Insel Lysøen liegt, auf der der weltberühmte Geiger Ole Bull um 1870 ein mit Giebeln, Holzschnitzereien und Zwiebelkuppeln verziertes Sommerhaus mit Musikhalle errichten ließ. Die Architektur der Villa vereint maurische und europäische Stilrichtungen. Hier verbrachte der Künstler seine letzten Lebensjahre, er starb 1880.

**Info:** Die Insel, auf der ein Netz von Wegen zum Spazieren einlädt, ist nur mit dem Boot zugänglich. Von Mitte Mai–Ende August verkehrt das Motorboot Ole Bull Mo–Sa zwischen 12 und 15 Uhr jede volle Stunde (letzte Abfahrt von Lysøen 16 Uhr), So zwischen 12 und 16 Uhr (letzte Abfahrt von Lysøen 17 Uhr), Führungen nach Ankunft, Bus von Bergen. Am Anleger befindet sich ein kleines Café.

In einem stillen, grünen Tal, knapp 1,5 km vom Lysefjord entfernt, findet man die sehenswerten Ruinen des **Lyseklosters**. Das Kloster wurde im Jahre 1146 von englischen Mönchen gegründet. Es war das erste Zisterzienserkloster in Norwegen, zu dem in seiner Glanzzeit etwa 200 Höfe gehörten. Nach der Reformation verfiel das Kloster und diente lange Zeit als Steinbruch. Die Steine des Lyseklosters wurden u. a. zum Aufbau des Rosenkrantzturms in Bergen und für das Kronborgschloß in Helsingør verwendet. Die um 1930 restaurierten Ruinen gewähren einen interessanten Einblick in das Leben der Mönche, – eine Orientierungstafel informiert über die verschiedenen Klosterräumlichkeiten und deren Funktionen. Das Klostergelände ist Besuchern den ganzen Tag frei zugänglich.

## Der Hardangerfjord

Der König der Fjorde wird für seine weiß- und rosablühenden Obstgärten, das milde Klima, die schneeweiße Eiskappe des Folgefonn-Gletschers, die leuchtend grünen Wiesenhänge und imponierenden Wasserfälle gepriesen. Berühmt ist die Region aber auch für ihre lebendigen Kulturtraditionen: die klangvolle Hardangerfiedel und die wunderschöne Hardangertracht.

Von Larvik kommend bietet sich die Straße 11 über das **Haukelifjell** als kürzeste Verbindung zum Hardangerfjord an. Der Verkehr über den bereits in der Saga erwähnten Gebirgsübergang nahm zu, als sich die Stabkirche in **Røldal** im 14. Jh. zu einem bekannten Pilgerziel entwickelte. Der vermutlich Anfang des 14. Jh. errichtete Sakralbau beherbergt ein Kruzifix aus der Mitte des 13. Jh., das angeblich Wunder bewirkte. Und so wurden bis 1835 in der Johannisnacht trotz wiederholter Verbote heimliche Messen für Kranke abgehalten (im Sommer tgl. 9–18 Uhr).

## Odda

Die »Hauptstadt« des Hardanger (10 000 Ew.) liegt idyllisch am inneren Ende des Sørfjords, einem sich tief in die 1200–1300 m hohe Bergwelt einschneidenden Seitenarm des Hardangerfjords, eingerahmt von dem mächtigen Folgefonn-Gletscher und den steilabfallenden Berghängen der Hardangervidda, dem größten Hochgebirgsplateau Europas. Weniger idyllisch als die einzigartige Umgebung sind die rauchenden Schmelzhüttenschlote mitten in der Stadt sowie in den benachbarten Ortschaften Tyssedal und Eitrheimsnes, in deren Werken u. a. Karbid, Ilmenit, Zink, Kadmium und Schwefelsäure produziert werden. Odda bietet sich für einen kleinen Stadtbummel an. Das Zentrum liegt direkt am Sørfjord.

Interessant ist das **Industriemuseum,** dessen Hauptgebäude im Zentrum schräg gegenüber vom Hardanger Hotel liegt. Filme, Diavorführungen und Fotoausstellungen informieren über Oddas wechselvolle Geschichte (s. S. 112 f.) von etwa 1850 bis heute. Zum Museum gehören restaurierte Arbeiterwohnungen in der Folgefonngata aus der Zeit um 1910, 1920, 1930 und 1950 (Juni–Sep. Mo–Fr 10–17, Sa 10–14 Uhr, Führungen).

**Hotel/Jugendherberge:** Hardanger Hotel, direkt im Zentrum mit Fjordblick, ✆ 53 64 21 33 Sørfjordheimen Hotell/Norske Vandrerhjem Odda, Bustetungt. 2, ✆ 53 64 14 11
**Camping:** Odda Camping, oberhalb von Odda, auf dem Weg zum Buerbreen, ✆ 53 64 34 10, Hildal Camping, 9 km südlich von Odda im wasserfallreichen Oddadal, ✆ 53 64 50 30

Touristeninformation in der Nähe der Kirche, ✆ 53 64 12 97, tgl. ganztags geöffnet

## Ausflüge von Odda

Odda hat eine atemberaubend schöne Umgebung. Im Touristenbüro erhält man detaillierte Wandervorschläge. Empfehlenswert sind Ausflüge zur Stabkirche in Røldal (40 km südöstlich von Odda) zum Wasserfall Låtefossen, zur Gletscherzunge Buarbreen (Buerbreen) sowie ins Skjeggedal mit dem Stausee Ringedalsvatn.

Im landschaftlich reizvollen Oddatalen stürzen fünf Wasserfälle zu Tal, die alle unter Naturschutz stehen. Einer davon ist der berühmte **Låtefossen** direkt an der Straße 13, etwa 15 km südlich von Odda entfernt. Der wilde Låtefossen besteht eigentlich aus zwei Wasserfällen, die vom See Låtevatn hinabfließen und einen mächtigen Tropfenschleier über die Straße und den kleinen Kiosk werfen.

Auch die Tour zum **Buarbreen** ist lohnenswert. Südlich von Odda gelangt man auf einer schmalen Straße durch das äußerst malerische Buartal zu einem Parkplatz (8 km), von dem aus der etwa 1,5-stündige Aufstieg zum Gletscher beginnt.

**Info:** Der Weg führt über mehrere schmale Brücken sowie einige glatte, abfallende Felskuppen, die mit Seilen abgesichert sind. Nichts für die ganz Kleinen, aber größeren Kindern macht die Tour wegen der abwechslungsreichen Landschaftsgestalt großen Spaß.

Interessant ist ein Abstecher nach **Tyssedal** auf der Ostseite des Sørfjords, 6 km nördlich von Odda. In Tyssedal wurde von 1906–1918 das erste **Elektrizitätswerk** gebaut, das in der Lage war, das Energiepotential der von der Hardangervidda hinabstürzenden Wassermengen auszunutzen und damit die Grundlage für die Industrialisierung der ge-

Obstblüte am Hardangerfjord

## Gekrönte Häupter und rauchende Schlote

# Odda an der Weltspitze

Um 1900 war Odda das beliebteste Ziel wohlhabender Sommergäste des Fjordlands, ja sogar das meistbesuchte in ganz Norwegen. Damals ließen sich englische Lords, amerikanische Millionäre, Könige und Kaiser, kurz alles, was Rang und Namen hatte, die gewaltige Schönheit der westnorwegischen Natur vor Augen führen. Von 1891–1914 kam der deutsche Kaiser Wilhelm jeden Sommer nach Odda und in seinem Fahrwasser eine lange Reihe europäischer Fürsten und Könige. Die Herrschaften wurden mitten in der Erntezeit von den Fjordbauern zum Buarbreen, einem Ausläufer des Folgefonn-Gletschers, sowie zu gewaltigen Wasserfällen, wie Låtefossen und Ringedalsfossen (Skjeggedalsfossen), kutschiert und in palastartigen Hotels bewirtet.

In den Sommermonaten wimmelte es auf dem Fjord von Dampfern und Kreuzschiffen, schwirrten fremde Sprachfetzen durch die Luft. Im Winter fiel Odda zurück in seinen Dornröschenschlaf, die Hotels blieben geschlossen. In Heimarbeit wurden Souvenirs für die Sommertouristen gefertigt. Die Armut war trotz der Sommereinkünfte groß, Acker- und Weideland, sprich ertragreiche Höfe waren knapp; viele hatten kein regelmäßiges Einkommen. Und so setzten die Einwohner Oddas große Hoffnung auf die Schaffung neuer Arbeitsplätze, als 1906 der erste Spatenstich zum Bau eines Wasserkraftwerks in Tyssedal und der Karbid- und Cyanamidfabriken mitten im Ortszentrum getan war. Hunderte von Arbeitern strömten nach Odda und Tyssedal. Innerhalb von drei bis vier Jahren wuchs die Bevölkerung in Tyssedal von 30 auf 1000, in Odda von 600 auf 4000 Einwohner an.

Mit der Bauern- und exklusiven Ferienidylle war es spätestens mit dem Ausbruch des Ersten Weltkrieges vorbei. In Odda rauchten die Schlote, und in den Fjord flossen über 80 Jahre lang die Abfallprodukte der Schwermetallproduktion: Blei, Arsen, Kadmium, Quecksilber, Kupfer, Zink, Titan, Cyanid, um nur einige zu nennen. Der Sørfjord, einst für seine landschaftliche Schönheit weltberühmt, wurde erneut an die Weltspitze katapultiert: diesmal mit Negativ-Schlagzeilen als der schwermetallhaltigste Fjord der Welt. Anfang der 70er Jahre, als die Vernichtung allen Lebens im Fjord abzusehen war, wurde ein Umweltschutzkomitee in Odda gegründet, das mit der Unterstützung aus Politik, Wirtschaft und Wissenschaft nach neuen Wegen einer umwelt-

Auch heute noch bestimmt die Schwerindustrie das Stadtbild von Odda

freundlicheren Schwermetallproduktion suchte: So lagert man etwa seit Mitte der 80er Jahre ein Großteil der Abfallprodukte in Hallen, die extra für diesen Zweck in den Berg gesprengt wurden. Keineswegs eine ideale Lösung, aber besser, als den Fjord als Müllkippe zu mißbrauchen.

Um die Fische und Muscheln aus dem Fjord jedoch jemals wieder genießen zu können, müßte man die Schwermetalle im Bodenschlamm des Sørfjords entsorgen. U. a. wird darüber diskutiert, die Bucht Eitrheimsvågen zwischen den auf einer Landzunge liegenden Norzink-Werken und dem Sørfjordufer zuzuschütten und gegen weiteres Durchsickern der Umweltgifte abzudichten. Diese Maßnahme könnte die Verunreinigung des Sørfjords um ca. 95 % reduzieren. Wer die geschätzten 75 Mio. Kronen bezahlen soll, ist allerdings nicht klar. Dennoch scheinen diese Kosten gering gegen den Preis, den Odda für die Industrialisierung zahlen mußte. Heute empfehlen die meisten Reiseführer, an Odda vorbeizufahren. Wer sich daran hält, verpaßt Naturherrlichkeiten, die sich im letzten Jahrhundert kein gekröntes Haupt auf seiner Norwegenreise entgehen ließ.

samten Oddaregion darstellte. Dieses erste Kraftwerk war bis 1989 in Betrieb. Das architektonisch reizvolle Gebäude steht heute unter Denkmalschutz und kann nach Absprache mit dem Touristenbüro in Odda besichtigt werden.

Von Tyssedal geht es auf schmaler, kurviger Straße hinauf durch das schluchtartige **Skjeggedal** zum Stausee **Ringedalsvatn** mit den heute »wegregulierten« Wasserfällen Tyssestrengene (Fallhöhe 160 m) und Ringedalsfossen (Fallhöhe 300 m). Die ungebremsten Wasserfälle waren im 19. Jh. eine der großen Attraktionen des Fjordlands. 1918 wurde dann der 520 m lange und bis zu 33 m hohe Ringedalsdamm fertiggestellt, der den Ringedalssee aufstaut. Für Ausbesserungsarbeiten am Damm bzw. an der Straßeneinfassung werden die Granitblöcke heute ebenso wie beim Bau zu Beginn des Jahrhunderts von Hand zurechtgeschlagen.

**Wanderungen:** Unterhalb des Dammes kann man sich am Wochenende (Sa nachmittags, So vormittags und abends) in der steilen Schienenbahn Mågelibanen bis in 830 m Höhe transportieren lassen: ein bequemer Einstieg für Wandertouren über die Hardangervidda.

Auf der Westseite des Sørfjords führt die gut ausgebaute Straße 550 immer am Fjordufer entlang. Weite Obstplantagen ziehen sich die Berghänge hinauf. Idyllisch und ruhig liegen die Höfe oberhalb der auch Folgefonn-Straße genannten Strecke.

**Wanderungen:** Etwa 2 km nördlich von Odda zweigt ein Pfad ab, der von Tokheim in etwa 5 Std. immer steil bergauf zum **Holmaskjera** (1565 m) führt. Von der Hütte Holmaskjer arrangiert der Odda Turlag an jedem Wochenende im Sommer Gletschertouren.

Wunderschöne Fotomotive bietet das Dorf **Aga** mit den denkmalgeschützten, nur im Sommer bewohnten Hofanlagen **Agatunet,** 28

Hordaland: Die Umgebung des Hardangerfjords

km nördlich von Odda (10. 5.–20. 8. tgl. 11–19 Uhr, Führungen bei Bedarf; Galerie, Café). Agatunet hat sich im Verlauf von Jahrhunderten von einem Einhof zu einem Dorf entwickelt, 1938 wurden hier insgesamt neun Höfe bewirtschaftet. Von den ehemals etwa 60 aneinandergeschmiegten Gebäuden sind heute nur noch 30 erhalten. Sie stammen aus unterschiedlichen Zeiten, bilden aber mit ihren mit Schieferplatten gedeckten Dächern eine malerische Einheit. Das älteste Gebäude des Dorfes ist die gegen Ende des 13. Jh. errichtete **Lagmannsstova** (*lagmann* = Rechtsprecher).

Für die Bewohner Agas stellte seit dem 13./14. Jh. der Obstanbau einen wichtigen Erwerbszweig dar. Eine besondere Bedeutung für die Hardanger-Region gewann ab dem Ende des 18. Jh. die robuste und schmackhafte Apfelsorte Gravenstein.

## Utne

Utne, ein idyllischer Ort an der Nordspitze der Folgefonn-Halbinsel, war – als die Fjorde noch die Hauptverkehrsstraßen bildeten – wichtigster Verkehrsknotenpunkt im Inneren des Hardanger und bot be-

reits Anfang des 18. Jh. Unterkünfte für Reisende an. Schräg gegenüber vom Fähranleger befindet sich das **Utne Hotel,** das älteste Hotel Norwegens, das seit über 200 Jahren, mittlerweile in der fünften Generation, von derselben Familie betrieben wird. Ein Großteil der gemütlichen Original-Möbel ist noch erhalten, und so ist es auch heute noch ein Genuß, sich hier einen Hardanger Apfelwein oder einen Kaffee mit Waffeln zu gönnen.

Lohnenswert ist ein Spaziergang zum 1911 gegründeten **Hardanger Folkemuseum**. Auf dem Museumsgelände hat man ein Dorf aufgebaut, wie es um die Mitte des 19. Jh. ausgesehen haben könnte. Dazu gehören neben verschiedenen Wohn- und Wirtschaftsgebäuden eine Schmiede, eine Schule und eine vermutlich aus dem 13. Jh. stammende *årstove* (Rauchlochstube, d. h. ein Blockhaus mit offener Feuerstätte). Auf dem Museumsgelände findet man einen Obstbaumgarten mit Sorten, die heute nicht mehr angebaut werden. Im Hauptgebäude werden neben den permanenten Exponaten der traditionellen Handwerks- und Volkskunst auch Ausstellungen zu wechselnden Themen veranstaltet (im Sommer Mo–Sa 10–16 Uhr, So 12–16 Uhr, im Juli 10–19 Uhr; sonst Mo–Fr 10–15 Uhr; Führungen im Freilichtmuseum jede volle Stunde).

**Verkehr:** Fähren: Utne – Kvanndal, 20 Min., bis zu 28 × tgl.; Utne – Kinsarvik, 35 Min., 6–9 × tgl.; Bus nach Odda, Bergen, Voss und Geilo.

Ausgesprochen schön ist die Strekke zwischen Utne und Jondal, um die Nordspitze der Folgefonn-Halbinsel. Die Straße ist schmal und daher für Wohnwagengespanne nicht geeignet. Zuerst führt sie durch Obstplantagen, später steigt sie an, verläuft durch Wald und mündet erst bei **Herand** wieder in eine größere Ortschaft. Etwa 1 km oberhalb des Zentrums befindet sich unweit der Straße ein eingezäuntes Feld mit bronzezeitlichen Felszeichnungen.

**Unterkunft:** Vassel Hytter og Camping, Pferdevermietung, ✆ 53 66 81 78; Bakketun Overnatting, ✆ 53 66 81 59

## Jondal

Jondal ist ein hübscher Fährort, der schon früh von ausländischen Urlaubern entdeckt wurde, sich aber nie zum Touristenzentrum entwikkelt hat. Im Jondal Gjestgjevarstad werden seit 1853 Gäste bewirtet. Die Jondal-Kirche, auch **Hardangerkathedrale** genannt, wurde 1888 fertiggestellt und soll die größte in Hardanger sein (im Sommer tgl. 11–19 Uhr). Sehenswert ist

Blick vom Folgefonn

Viketunet, der um 1600 erbaute, restaurierte Hof des *Lensmannen.* Durch das Krossdalen gelangt man zum **Folgefonna Gletscherzentrum,** das auf 1200 m Höhe am Fuße des Folgefonn liegt. Das Sommer-Skizentrum bietet einen hervorragenden Ausgangspunkt sowohl für Abfahrtski als auch für Langlauftouren über den Gletscher (1. 6.–1. 10. Sa, So 10.30–16.30 Uhr, 20. 6.–20. 8. tgl. 10.30–16.30 Uhr; Bus von Jondal: vormittags hin, nachmittags zurück).

**Verkehr:** Fähre Jondal – Tørvikbygd, 20 Min., ca. 15 × tgl. Busverbindung von Odda über Utne nach Jondal, 1 × tgl.

**Unterkunft:** Jondal Gjestgjevarstad, Restaurant, ✆ 53 66 85 63; Folgefonn Camping, ✆ 53 66 84 23; Meieriet Gjestestue, Café, Ausstellung und Verkauf von Kunsthandwerk, ✆ 53 66 87 70

## Lofthus

Ost- und Westseite des Sørfjords sind gleichermaßen schön. Die Ostseite ist vielleicht noch ein wenig berühmter für ihre Obstplantagen und den Blick über den Fjord hinauf zu den schneebedeckten Höhen der Folgefonn-Halbinsel. Lofthus, das wie Kinsarvik und Utne zur Gemeinde Ullensvang gehört, wird auch der »Obstgarten des Hardanger« genannt, weil hier über 20% aller Obstbäume in Norwegen stehen. Auf dem Hof **Opedal** bei Lofthus pflanzten Mönche des Zisterzienserordens schon im 13. Jh. die ersten Obstbäume (s. S. 31).

Von den Hofgebäuden und der Kapelle sind keine Spuren erhalten, aber die 616 Stufen, die von Lofthus zur Hardangervidda hinaufführen, die sogenannte Mönchstreppe, erleichtern noch heute den Aufstieg am steilen, bewaldeten Berghang zum Nosi (850 m).

An der Mündung des Opo liegt die zwischen 1250 und 1300 erbaute **Ullensvang-Kirche,** die 1309 erstmals schriftlich erwähnt wurde (im Sommer tgl. 9–19 Uhr). Der Bau im Stil der Gotik mit spitzen Bögen und aus naturbelassenen Steinen wurde vermutlich von »Gastarbeitern« aus England errichtet. Mehr Berühmtheit als das Gebäude selbst erlangte der »Hardangerdom« durch das Gemälde »Brautfahrt im Hardanger« von Tidemand und Gude, den Hauptvertretern der national gefärbten Romantik.

Auf der Nordseite der Kirche befindet sich das Grab des Pfarrers Nils Hertzberg, der von 1803–1841 der Gemeinde Ullensvang vorstand und gerne als Norwegens erster Touristenchef bezeichnet wird: Zu Beginn des 19. Jh. war er der einzige in der Gegend, der Englisch sprach und den Reisenden, die nach Lofthus kamen, großzügig Unterkunft und Verpflegung gewährte. Die Kunde vom freundlichen Pfarrer verbreitete sich rasch, aber Hertzberg meinte, es könnten ruhig noch mehr Gäste kommen. Zu diesem Zwecke verfaßte er Broschüren über Lofthus und Hardanger, die zunächst nur in Norwegen, später über die Botschaften und Konsulate auch im Ausland Verbreitung fanden.

Im Jahre 1846 wurde das erste offizielle Hotel in Lofthus gegründet, das mittlerweile in der vierten Generation von der Familie Utne betrieben wird. In dem modernen Hotelkomplex mit Schwimmhalle und überdachtem Tennisplatz sind nur noch wenige, allerdings liebevoll gehütete Relikte der älteren Gebäude erhalten. Im Garten steht die winzige und unscheinbare Komponistenhütte, in der Edvard Grieg, der mehrere Sommer lang in Ullensvang wohnte, Teile der »Peer Gynt-Suite« zu Papier brachte.

Am alten Weg zwischen Lofthus und Ernes, 3 km nördlich von Lofthus, liegt das Freilichtmuseum **Skredhaugen,** eine Privatsammlung des Künstlers Bernhard Greve und seiner Frau Ingrid, sowie eine umfassende Kollektion norwegischer Gemälde. Das schön gelegene Museum diente der Greve-Familie lange Jahre als Sommerdomizil (im Sommer Mo–Sa 11–16 Uhr, So 12–16 Uhr).

**Unterkunft:** Hotel Ullensvang, direkt am Fjord, moderner Betonkomplex mit Tennishalle und Swimmingpool, ✆ 53 66 11 00; Hardanger Sommerhotel ✆ 53 66 11 80, Lofthus Camping mit Panoramablick über den Fjord und Folgefonn, ✆ 53 66 13 64

**Wanderungen:** Ein günstiger Startpunkt für Wanderungen und Spaziergänge durch die Obstplantagen ist der Campingplatz oberhalb von Lofthus. Von hier ist der teilweise steile Weg über die Mönchstreppen zum Nosi (Nase, 850 m) ausgeschildert (3–4 Std. retour). Der Weg zur Stavali-Turisthütte (1024 m) auf der Hardangervidda dauert mindestens 8 Std.

## Kinsarvik

Das Verwaltungszentrum Kinsarvik gehört auch zur Ullensvanggemeinde und bildete schon in vorchristlicher Zeit ein bedeutendes Zentrum im inneren Hardanger mit einem *Thingplatz* (= alter Gerichtsplatz der Wikinger), einem Markt *(kaupang),* einer religiösen Kultstätte sowie einem Standort der königlichen Kriegsflotte *(leidang).* Das in königlichem Dienst stehende Kriegsschiff lag von etwa 900–1350 im Skiparstod, einem Bootshaus, dessen Reste – von der Kirche kommend – links vom Fähranleger zu besichtigen sind.

Die **Kirche** Kinsarviks wurde vermutlich Mitte des 12. Jh. von schottischen Baumeistern im normannisch-romanischen Stil mit Rundbogenfenstern und -türen errichtet. Die Natursteinmauern der Kirche sind bis zu 1,8 m dick. Die Kalkmalereien, die bei der Restaurierung teils wieder zum Vorschein kamen, wurden wahrscheinlich im 13. Jh. in Auftrag gegeben (im Sommer tgl. 9–19 Uhr). Im 17. und beginnenden 18. Jh. war Kinsarvik der wichtigste Holzausfuhrhafen im Har-

Brücke über den Kinso

danger, und im 19. Jh., als der Maler, Musiker und Dichter Lars Kinsarvik (1846–1925) die alten Handwerkstraditionen wiederbelebte, entwickelte sich der Ort zu einem bekannten Zentrum der Holzschnitzkunst.

Für Kinder erlebenswert ist der **Hardanger Ferienpark** mit Tieren, Rutschen, Booten etc., oberhalb vom Fähranleger (15. 6.–16. 8. 10–19 Uhr, im Juli tgl. von 10–20 Uhr, 26. 5.–15. 6. am Wochenende 11–19 Uhr).

**Wanderungen:** Für Spaziergänge und Wanderungen bietet sich das **Husedal** an, durch das sich der reißende Kinso über mehrere Wasserfälle von der Hardangervidda hinab seinen Weg zum Fjord bahnt. Vor fast 100 Jahren wurde am ersten der vier Kinso-Wasserfälle, dem Tveitofossen, ein kleines Kraftwerk gebaut. Die Autostraße führt zwar direkt bis zum Wasserfall, wegen fehlender Wendemöglichkeit sollte man das Auto aber vorher am Parkplatz stehen lassen (hin und zurück ca. 2 Std.). Vom Tveitofossen passiert man dann auf dem Weg zur Stavali Turisthütte auf der Hardangervidda (Hinweg 5–6 Std.) drei weitere Wasserfälle: Nyastølsfossen, Nykkjesøyfossen und Søtefossen (4–5 Std. Retour).

**Verkehr:** Kinsarvik-Utne-Kvanndal, 50 Min., 6–9 × tgl., Bruravik-Brimnes, 10 Min. bis zu 30 × tgl.

**Unterkunft:** Kinsarvik Fjord Hotell, moderner Komplex an der Hauptstraße, gegenüber vom Fähranleger, ✆ 53 66 31 00.

Hütten/ Camping: Harding Motell og Hyttetun, nächster Nachbar zum Hardanger Ferienpark, Hütten, Camping, ✆ 53 66 31 82; Bråvoll Camping, direkt am Fjord, Ferienpark nebenan, ✆ 53 66 35 10; Kinsarvik Camping, ✆ 53 66 32 90

**und Tips:** Touristeninformation im Zentrum, ✆ 53 66 31 12. Mehrere große Kunstgewerbeläden bieten eine reiche Auswahl an Hardanger-Kunst.

Zwischen Kinsarvik und Eidfjord liegt auf halbem Weg das **Bu Museum** mit einer Sammlung von Trachten und schönen Stickereien (im Sommer Mo–Sa 11–16, So 12–16 Uhr).

## Eidfjord

Eidfjord ist das Verwaltungs- und Versorgungszentrum der gleichnamigen Gemeinde, zu der auch weite Teile der Hardangervidda gehören. Die alte **Kirche** (Kirchenschlüssel im Touristenbüro) stammt aus dem ersten Jahrzehnt des 14. Jh. und ist dem Apostel Jakob geweiht. Im Chor befindet sich ein Grabstein aus Marmor. Er zeigt eine kniende Frau, die dem Apostel Jakob das Modell der Kirche überreicht. Es soll sich dabei um Ragna Åsulfsdatter handeln, die als Buße für ihre Sünden die Kirche gestiftet hat. Der Sage nach war die »Reiche Ragna« nicht nur sehr wohlhabend, sondern konnte auch höchst übellaunig sein. Als sie eines Tages mit ihrem Mann über den Fjord ruderte und sie sich wie so oft stritten, setzte Ragna ihren Gatten auf einer Klippe aus. Unerwartet brach ein Sturm herein: er wurde in den Fjord gespült und ertrank. Aus lauter Reue wurde die Reiche Ragna mildtätig und fromm.

Die größten Attraktionen Eidfjords findet man in der näheren Umgebung. Eine gut ausgebaute Straße führt etwa 6 km am Simafjord entlang zum 1980 fertiggestellten **Sima-Kraftwerk.** Die Maschinenhalle des Werks wurde 700 m in den Fels hineingesprengt; sie ist 200 m lang, 20 m breit und 40 m hoch. Der jährlich produzierte Strom von etwa 2700 Mio. kWh macht annähernd anderthalbmal den Jahresverbrauch einer Stadt wie Bergen aus. Im Sommer werden u. a. deutschsprachige Führungen (14. 6.–18. 8.) angeboten. Sehr beeindruckend ist der Film über den Bau der Anlage, deren Wasserreservoirs in der Hardangervidda liegen.

Kurz bevor man zum Kraftwerk kommt, zweigt die Straße nach **Kjeåsen** ab. Der seit dem 14. Jh. bewohnte Berghof klammert sich etwa 600 m über dem Fjord an den abschüssigen Wiesenhang. Der harte Kampf um das tägliche Brot war vermutlich weniger paradiesisch als die Aussicht von hier oben. Bis die Bewohner im Jahre 1974 im Rahmen des Kraftwerkausbaus eine Straßenanbindung erhielten, mußten sie den steilen Pfad vom Simafjord mit allem auf dem Rücken, was sie zum Leben brauchten, hinaufsteigen. Noch heute wird auf dem Berghof nach traditionellen Arbeitsmethoden Landwirtschaft betrieben, da das Areal zu steil ist, um Maschinen einzusetzen. Touristen werden gebeten, das Gras, das als Winterfutter für das Vieh geschnitten wird, nicht niederzutrampeln. Den alten Fußpfad zum Hof gibt es noch, der Aufstieg (Abzweig nahe dem Kraftwerk) dauert 1,5 Std.; Busverbindung von Eidfjord.

Am oberen Ende des Sees Eidsfjordvatnet liegt **Sæbø** mit zahlreichen schöngelegenen Campingplätzen. Spannend ist ein Abstecher in das wilde und unwirtliche **Hjølmodal,** durch das sich die schmale Serpentinenstraße am alten Hof Hjølmo vorbei zum Åsdalen Café (10 km) hinaufschlängelt (für Wohnwagen nicht geeignet). Etwa 4 km hinter Sæbø passiert man den Vedalsfossen mit einer Gesamtfallhöhe von 650 m.

**Wanderungen:** Vom Ende der befahrbaren Straße im Hjølmodal führt ein markierter Pfad in ca. 1,5

Std. zur Viveli-Hütte (880 m). Etwa eine halbe Stunde vom Ausgangspunkt entfernt, zweigt ein Pfad zum Wasserfall Valurfossen ab.

**Touristenbüro** im Zentrum von Eidfjord, ✆ 53 66 51 77 (tgl. ganztags geöffnet) hilft bei der Planung mehrtägiger Touren über die Hardangervidda.

**Unterkunft:** Hotel/Pensionen: Vøringfoss Hotel, schönes, altes Holzhotel, direkt am Fjord, ✆ 53 66 55 00; Kvamsdal Pensjonat, außerhalb des Ortszentrums, 1 km Richtung Øvre Eidfjord, ✆ 53 66 52 43, Ingrids Appartements, moderne Appartements mit Holzbalkon zum Fjord, ✆ 53 66 51 54.

Hütten/Camping: Eidfjord Hyttegrend, ✆ 53 66 53 40; Kvernøya Camping, ✆ 53 66 52 11; Bruheim Camping, ✆ 53 66 52 90. Øvre Eidfjord: Eidfjord Gjestgiveri, schönes Holzhaus, auch Hütten und Camping, ✆ 53 66 59 34. Myklatun Camping, ✆ 53 66 59 15; Sæbø Camping, ✆ 53 66 59 27, beide Campingplätze liegen am See Eidfjordvatnet.

## Zum Vøringfossen

Eng, dunkel, unwegsam und steil ist das **Måbødal**, das von Eidfjord zum berühmten Vøringfossen am Rande der Hardangervidda führt. Die erste Straße durch das Måbødal entstand 1887–1914 und wurde regelrecht in den Berg gesprengt. Wanderer, Radfahrer und Passagiere des **Trollzuges** (Trolltoget) können die wild-schöne Landschaft auf der alten Straße (für Autos gesperrt) genießen. Die neue, 1986 fertiggestellte Straße 7 führt heute durch vier lange Tunnel.

Der etwa 10 km von Eidfjord entfernte **Måbøgård** stammt noch aus der zweiten Hälfte des 18. Jh. und gewährte vor allem den Reisenden zwischen Ost- und Westnorwegen Unterkunft und Verpflegung. Der bis 1970 bewohnte Hof bildet einen Teil des **Kulturlandschaftsmuseums** im Måbødal, das in anschaulicher Weise auf insgesamt über 20 Informationstafeln entlang der Straße die Weg- und Kulturgeschichte dieser Region schildert (Führungen Juni–August).

**Wanderung:** Vor dem Bau der Straße mußten Jäger, Sammler, Bauern und Touristen den steilen Berg über die Måbøgaldene (*gald* = Dialektwort für Felsenweg) hinaufklettern. Auf ihren Spuren kann man die 1500 Stufen und 124 Haarnadelkurven zu Fuß bewältigen. Ausgangspunkt ist der Hof Måbøgård.

Der Wasserfall **Vøringfossen**, der heute neben dem Holmenkollen in Oslo und dem Trollstigen zu den drei meistbesuchten Sehenswürdigkeiten Norwegens zählt, gehört zu den für das Sima-Kraftwerk regulierten Gewässern und ist nur in der Touristensaison zu bewundern (1. 6.–15. 9.). Nachdem mehr als 100 000 Menschen schriftlich gegen den Ausbau des Wasserfalls protestiert hatten, einigte man sich darauf, den Touristen im Sommer eine Mindestwasserführung von 12

# Unbekannte Wildnis

## Eine Reise im Jahr 1821

Im Sommer 1821 reiste Professor Christopher Hansteen zum Zwecke astronomischer Beobachtungen über die Hardangervidda, ein Unternehmen, das vor dem Beginn des Touristenzeitalters an Beschwerlichkeit und Abenteuerlichkeit nichts zu wünschen übrig ließ. Die Strecke von Kristiania nach Kongsberg legten der Professor und seine Begleiter auf einer Kutsche zurück. Unterkünfte waren selten und Verpflegung nur schwer aufzutreiben. Schlimmer noch wurde es auf der Vidda selbst, einer gänzlich unbekannten Wildnis, von der es zu jener Zeit noch keine Karten gab.

Eines Abends gelangte er zu einer Almhütte, die von einer jungen Frau mit zwei kleinen Jungen bewirtschaftet wurde. Die Frau zeigte sich wenig begeistert über den Besuch, meinte aber: »Ich kann euch so spät am Abend ja schlecht in die wilden Berge hinausjagen, aber ihr seht ja, wie wir es hier haben.« Kurz nachdem sie sich zu Bett begeben hatten, kamen zwei junge Burschen in die Hütte, deren freches Kokettieren mit der Wirtin der Professor offenbar stark mißbilligte, denn er ließ aufsatteln und zog mitten in der Nacht weiter. Gegen 4 Uhr morgens erreichten der Professor und seine Führer Maurset, wo sie ein schlafendes junges Paar vorfanden, neben deren Bett eine Wiege mit einem Kleinkind stand. Die beiden erhoben sich bereitwillig, machten den Gästen etwas zu essen und boten den Speicher zum Schlafen an. Hansteen legte sich drei Stunden zum Schlafen nieder und nahm vormittags bei herrlichem Wetter einige Messungen vor. Dann machte er sich an den Abstieg ins Måbøtal.

Der Weg war so steil, daß selbst die Pferde scheu wurden und er zu Fuß gehen mußte. Zwei junge, starke Männer boten sich an, das Gepäck des Professors hinunterzutragen. Er nahm dankbar an, obwohl ihm etwas mulmig zumute war und er befürchtete, die jungen Kerle planten, ihn irrezuführen und auszurauben, zumal sie ihm von einem phantastischen Wasserfall erzählten, den er unbedingt sehen müsse: den Vøringfossen. Sein Mißtrauen schienen die beiden zu bemerken, denn sie hielten sich die ganze Zeit auf Abstand, als sie sich der Schlucht näherten. Der Professor war von der Aussicht auf den Vøringfossen überwältigt und machte sich sogleich an die Vermessung des grandiosen Wasserfalls.

m3/sek zu bieten, was während der Schneeschmelze im Frühjahr Einiges weniger, im Sommer aber durchaus mehr als vor der Regulierung ist.

Gegen Ende des 19. Jh. zog es trotz der sehr beschwerlichen Anreise immer mehr Touristen zum Vøringfossen. Um 1890, als sich Ola Garen an den Bau eines Hotels oberhalb des Wasserfalls machte, entstand der erste Reitweg hinauf zur Hardangervidda. Das 1891 fertiggestellte **Fossli Hotell** ist heute wie damals im Besitz der Familie Garen. Das altmodische Hotel (100 Betten) strahlt noch den Charme vergangener Zeiten aus. Aber es hat seine besten Tage hinter sich. Um das Budget aufzubessern, wird für den Hotelparkplatz, von dem aus man Zugang zum schönsten Blick über das Måbødal und den Vøringfossen hat, Eintrittsgeld verlangt (mit Cafeteria 9–19 Uhr, ✆ 53 66 57 77. Wer im Hotel speist, erhält die Parkplatzgebühr allerdings zurück).

**Info:** Aus dem Måbødal kommend, weist ein Schild an der Straße 7 zum Vøringsfossen; Parkstreifen. Von hier aus kann man in einer halben Stunde zum Wasserfall gelangen und ihn – wie dereinst die ersten Touristen im 19. Jh. – von unten bewundern.

Ein Stück weiter Richtung Fossli Hotel bietet sich bei Fossatromma (*foss* = Wasserfall; *trom* = Kante) die Möglichkeit, den Wasserfall kostenlos von oben anzugucken (Souvenirverkauf, Cafeteria).

## Über die Hardangervidda

Die Straße 7, die direkt über die Hardangervidda führt, ist die kürzeste Verbindung (allerdings nicht fährfrei) zwischen Oslo und Bergen. Auch diejenigen, die nicht wandern wollen, können die endlose Weite dieses faszinierenden Hochgebirgsplateaus, in der Europas größter Stamm wilder Rentiere zu Hause ist, erleben. **Wanderern** bieten sich phantastische Möglichkeiten für Touren jeder Länge. Und auch für Angler, Reiter und Mountainbiker ist die Hardangervidda ein Eldorado. Von **Haugastol** (Station der Bergenbahn), auf 1000 m Höhe, führt der **Rallarvegen,** der alte, für Wanderer und Radfahrer instandgehaltene Transportweg der Bergenbahnerbauer, über Finse nach Myrdal (70 km) bis hinunter nach Flåm.

Das nur mit der Bahn zu erreichende, winzige Dorf **Finse** am höchstgelegenen Bahnhof Norwegens (1222 m) mitten in der kargen, arktisch anmutenden Hardangervidda entstand mit dem Bau der Bergenbahn zu Beginn dieses Jahrhunderts, als entlang der Bahnstrecke staatliche Herbergen *(Statens Fjeldstuer)* errichtet wurden. Hier haben die Polarforscher Nansen, Scott und Amundsen für ihre Expeditionen trainiert. Der kleine Ort wurde nach der Eröffnung der Bahnlinie von einer wachsenden Flut von Skitouristen geradezu überrollt und entwickelte sich innerhalb weniger Jahre zu einem in-

Mit dem Fahrrad im Herbst auf dem Rallarvegen durch die Hardangervidda

ternational geschätzten Skiort. Denn Finse kann neun Monate im Jahr mit Schnee aufwarten.

Es heißt, daß sich Europa zu Beginn des 20. Jh. zweier großer Wintersportorte rühmen konnte: St. Moritz in der Schweiz und Finse in Norwegen. Mit dem Zweiten Weltkrieg, als Finse von den Deutschen besetzt wurde, verlor der renommierte Skiort an Glanz. Anfang der 80er Jahre wurde das im Verfall begriffene Hotel restauriert und als »Finse 1222« (✆ 56526711) wieder eröffnet. Inzwischen ist es erneut ein populäres Ziel für Wanderer und Skifahrer. Zunehmender Beliebtheit erfreut sich in den letzten Jahren auch die auf Skiern veranstaltete Parade zum Gletscher Hardangerjøkulen, die am 17. Mai, dem norwegischen Nationalfeiertag, stattfindet. Die Bewohner Finses sind für die Räumung der Bahnstrecke zuständig, die in den Wintermonaten ihren Einsatz rund um die Uhr erfordert. Die einzigartige Geschichte des Bahnbaus und der kleinen Bahnstation Finse ist im Eisenbahnmuseum (Rallarmuseet) dokumentiert (1. 2.–6. 6. und 3. 7.–15. 10. tgl. 10–22 Uhr).

## Ulvik

Zu den schönsten Seitenarmen des Hardangerfjords gehören der Ulvik- und der Osafjord, die sich vom Eidfjord Richtung Norden bis an den Rand des Hochgebirges erstrecken. Der liebliche Fjordort Ulvik (*ulv* = Wolf), dessen Bewohner überwiegend vom Obstbau, der Schafzucht und der Forstwirtschaft leben, ist einer der traditionsreichsten Touristenorte in Norwegen, der sich durch sein mildes Klima, seine blühenden Obstgärten und durch die großzügige Gastfreundschaft bereits gegen Ende des 19. Jh. einen weithin gerühmten Namen gemacht hatte. In Ulvik ist der Dichter Olav H. Hauge zu Hause (s. S. 48).

Die Kirche wurde 1859 fertiggestellt und 1923 mit Bauernmalereien des einheimischen Künstlers Lars Osa dekoriert (im Sommer tgl. 8–20 Uhr). Lohnend ist auch ein Abstecher zur Staatlichen Gartenbauschule in **Hjeltnes,** die 1901 gegründet wurde, deren Ursprünge aber auf Norwegens älteste, bereits im Jahre 1765 ins Leben gerufene Obstbaumschule zurückgehen.

**Unterkunft:** Brakanes Hotel, modern, direkt am Fjord, Tanzbar, ✆ 56 52 61 05; Strand Hotel, modern, am Ortsausgang Richtung Osa, ebenfalls direkt am Fjord, Schwimmhalle, ✆ 56 52 63 05; Ulvik Hotel, modern, durch die Hauptstraße vom Fjord getrennt, Restaurant, ✆ 56 52 62 00; Ulvik Fjord Pensjonat, hübsches Holzhotel, Bootsverleih, ✆ 56 52 61 70

Camping: Ulvik Fjord Camping, am Fjord, Hütten, ✆ 56 52 65 77; Vallavik Fjordhütten, ✆ 56 52 69 20

**Souvenirs:** Mehrere Kunstgewerbe- und Souvenirläden. Im alten Doktorhof (Gamle Doktorgarden) werden von Kunsthandwerk über Fotografien bis zu selbstgemachtem Honig viele schöne Dinge verkauft.

**Touristeninformation:** ✆ 56 52 63 60 (1. 5.–31. 8. Mo–Sa 9–17, So 13–17 Uhr, Rest des Jahres Mo–Fr 8.30–16 Uhr). Hier erhalten Sie auch Informationen zu Flügen über die Hardangervidda.

**Wanderungen:** Es gibt einen deutschsprachigen Führer, überall erhältlich (u. a. im Touristenbüro, in den Hotels), in dem 14 Wanderungen rund um Ulvik beschrieben sind. Außerdem sind zwei ca. 10 km lange Kulturpfade mit je 20 Informationsschildern angelegt, Ausgangspunkt ist Ulvik Zentrum.

Gute Wandermöglichkeiten bis hinauf in die Hardangervidda bieten sich auch von der winzigen Nachbarortschaft **Osa** am gleichnamigen Fjordarm an.

## Granvin

Der ruhige, von Weiden, Ackerland und bewaldeten Berghängen umgebene Ort am Ende des Granvinfjords bietet keine spektakulären Sehenswürdigkeiten. Die Fjordidylle wird gestört durch das Sägewerk am Fjordufer und die E68, die direkt durch den Ort führt; doch in der näheren Umgebung liegen einige schöne Campingplätze mit guten Angel- und Wandermöglichkeiten. Die Hardangerfiedel im Ge-

Räumung der Bahnstrecke bei Finse im Winter

meindewappen weist auf die lange Tradition berühmter Fiedelspieler hin. Sehr bekannt ist heute der aus Granvin stammende Fiedler Knut Hamre, dessen Kassetten überall in Hardanger zu kaufen sind.

Die Kirche liegt, einige Kilometer vom Ort entfernt, sehr idyllisch am Granvinsee. Sie stammt aus dem frühen 18. Jh., das Taufbecken aus dem Mittelalter und das Kruzifix aus dem Spätmittelalter. Die mittelalterlichen Glocken gelten als Norwegens älteste (Juni–Aug. Mo–Mi 9–11 Uhr).

**Verkehr:** Fähre Kvanndal-Utne, 20 Min., bis zu 28 × tgl.; Kinsarvik-Utne-Kvanndal, 50 Min., 6–9 × tgl.; Bruravik-Brimnes, 10 Min., 20–30 × tgl.

**Unterkunft:** Eidestova, Fjordnähe, ✆ 56 52 52 51; Granvin Hytter & Camping, ✆

56 52 52 82, idyllisch am Granvinvatn, 4 km von Granvin Richtung Voss. Soltun Rom og Hytteutleie, ✆ 56 52 57 76, Seim Camping, ✆ 56 52 57 30, beide am Nordende des Granvinvatn gelegen. Espelandsdalen Camping, am See Espelandsvannet, direkt an der Str. 572, die seit der Eröffnung des Granvintunnels sehr ruhig geworden ist. Im Fährort Kvanndal, südlich von Granvin: Kvanndal Kro & Camping, ✆ 56 52 58 80.

**Wanderungen:** Stokksel (südöstlicher Ortsteil von Granvin) durch freundliche Almlandschaft nach **Vallavik,** im letzten Teil steiler Abstieg; 2,5–3 Std. Der bis Anfang des 20. Jh. genutzte **Postweg** von Granvin nach Ulvik dauert 3,5–4 Std. Beide Wanderungen sind in dem Heft »Wanderwege rund um Ulvik« beschrieben.

## Von Kvanndal nach Bergen

Vom Fährort Kvanndal führt die Straße 7 bis Norheimsund immer am Samlafjord entlang. Der Fjord ist weit und von bewaldeten Hügeln gesäumt, die Straße zum Teil kurvig und schmal, Zugänge direkt zum Wasser oder Bademöglichkeiten sind rar.

Zusammen mit Norheimsund (ca. 3000 Ew.) bildet **Øystese** (ebenfalls ca. 3000 Ew.) das relativ dichtbesiedelte Zentrum der Kvamgemeinde im mittleren Hardanger. Øystese liegt im Innern einer breiten Bucht mit Blick auf den Folgefonn-Gletscher. Im **Kvam Bygdemuseum** findet man neben historischen Sammlungen von Gebrauchs- und Schmuckgegenständen auch verschiedene Wohn- und Wirtschaftsgebäude, von denen die ältesten aus dem 17. Jh. stammen (Juni–Aug. Di, Do 10–18 Uhr, Sa 10–14 Uhr). Zum Museum gehört auch eine Möbelwerkstatt aus dem frühen 20. Jh. Noch heute bietet die Möbelindustrie in der Umgebung viele Arbeitsplätze. Im **Ingebrigt Vik-Museum** (an der Straße 7) sind ca. 140 Skulpturen des aus Øystese stammenden Bildhauers untergebracht. Trotz großer Aufträge – etwa die Statue des Musikers Edvard Grieg in Bergen oder die des Malers Hans Gude in Oslo – stand Ingebrigt Vik (1867–1927) wie viele seiner Zeitgenossen im Schatten seines Kollegen Gustav Vigeland (im Sommer tgl. 10–15 und 18–20 Uhr).

Die größte Sehenswürdigkeit **Norheimsunds** ist der Wasserfall **Steindalsfossen,** der etwa 3 km vom Ortszentrum entfernt an der Straße 7 Richtung Bergen liegt. Ein Fußweg führt unter dem Wasserfall hindurch. Im **Hardanger Fartøyvernsenter** am Fjord werden alte Boote restauriert. Offizielle Führungen gibt es nicht, aber wer sich dafür interessiert, kann während der normalen Arbeitszeiten sicherlich viel Wissenswertes erfahren. Zwischen Norheimsund und Bergen liegt **Kvamskogen,** ein schönes Wander-, Ski- und Angelgebiet mit zahlreichen privaten Ferienhäusern, Hütten und Campingplätzen.

**Wandern:** Im »Kvam-Guide«, der in den Touristenbüros ausliegt, werden knapp 20 Wandertouren beschrieben, mit Übersichtskarte.

**Schnellboot** von Norheimsund nach Odda, 3–4 Abfahrten tgl., Rundreise möglich. Fjordtouren in den Fykesund ab Norheimsund.

# Voss

Zwischen den beiden längsten Fjorden Norwegens bietet sich Voss als familienfreundliches Feriengebiet für Spaziergänge und Radtouren an. Idyllisch am Ostende des Sees Vangsvatnet eingebettet, liegt das stadtähnliche Verwaltungs-, Schul- und Handelszentrum (ca. 5000 Ew.), das sich im vergangenen Jahrzehnt zu einem sommers wie winters attraktiven Touristenort entwickelt hat. Der Ortskern wurde im April 1940 durch einen Bombenangriff der Deutschen zerstört und bietet daher wenig Sehenswertes. Schön sind die Grünanlagen am See, an dem auch der Campingplatz liegt. Hier kann man Ball spielen, sich sonnen oder spazierengehen.

Die Vosser sollen im Jahre 1023 von Olav dem Heiligen bekehrt worden sein. Aus dieser Zeit stammt wahrscheinlich das **Olavskreuz** zwischen dem Tinghus (Rathaus) und dem dahinter liegenden Postamt. Die 1277 eingeweihte **Vangs-Kirche** wurde im frühgotischen Stil errichtet, ihre Mauern sind stellenweise über 2 m dick. Außer dem Steinaltar, der ebenso alt ist wie die Kirche selbst, sind keine Zeugnisse aus der Entstehungszeit erhalten.

Imponierend ist die zweistöckige mittelalterliche Halle **Finnesloftet** (etwa 1 km westlich vom Bahnhof direkt an der Straße gelegen) aus der Mitte des 13. Jh., das einzig intakte Gebäude des Hofes Finne. Im Mittelalter war dies ein bedeutender Großgrundbesitz. Finnesloftet ist eines der ältesten profanen Holzgebäude in Norwegen (im Sommer tgl. 10–16 Uhr).

Etwa 1 km südlich vom Zentrum befindet sich das **Dagestad-Museum,** das die vielseitigen Arbeiten des Kunsthandwerkers Magnus Dagestad (1865–1957) zeigt. Dagestad war Leiter einer Tischler- und Holzschnitzerschule in Voss, später Direktor der norwegischen Kunsthandwerksschule (im Sommer tgl. außer Mo 11–15 Uhr, Juli 11–17 Uhr). Ebenfalls südlich vom Zentrum befindet sich das **Troll-Taral-Museum,** eine Sammlung von Arbeiten des 1917 geborenen Trollzeichners und Karikaturisten Arne Taraldsen. Die im Nachbarhaus eingerichtete Trollgrotte mit quietschenden Türen und grotesken Plastikwesen ist Geschmackssache (im Sommer tgl. außer So von 11–16 Uhr).

Mit der Gondel **Hangursbahn**, nördlich vom Bahnhof, gelangt man sehr bequem auf den Gipfel des 660 m hohen Hanguren (im Sommer tgl. alle 15 Min. zwischen 10 und 16 Uhr, in der Hochsaison bis 17 Uhr, Panoramacafé). Die Fahrt hinauf lohnt schon wegen der schönen Aussicht, bietet sich aber auch hervorragend für diejenigen an, die gerne wandern, sich aber einen steilen Aufstieg ersparen wollen (s. Wanderungen). Ausgesprochen sehenswert ist der zum **Voss Folkemuseum** gehörende, bis 1927 bewirtschaftete Hof Mølstertunet, der einen weiten Blick über die landwirtschaftlich genutzten Hänge, bewaldeten Berghöhen und freundlichen Täler eröffnet. Mølster wurde spätestens seit Beginn des 16. Jh. bewirtschaftet. Die insgesamt 16 bis zu 400 Jahre alten Gebäude sind noch original erhalten. Zu jedem Hof gehörten acht mit Grassoden oder Schieferplatten bedeckte Wohn- und Wirtschaftsgebäude. Im Hauptgebäude kann man eine sehr schöne Sammlung mit ca. 18 000 Ausstellungsstücken (Kunsthandwerk) bewundern. Der in Holz geschnitzte »Reitende Hochzeitszug aus Voss« von Gudleik Brekkhus ist sicherlich eines der faszinierendsten Objekte (Mai, Sept. tgl. 10–17 Uhr, Juni–Aug. 10–19 Uhr, Okt.–April 10–15 Uhr). Das Museum ist zu Fuß von Voss (2 km) oder mit dem Auto zu erreichen (3,5 km).

**Verkehr:** Bergenbahn: 8 × tgl. nach Bergen, Fahrtdauer 1,5 Std.; 4 × tgl. nach Oslo, 6 Std. Busverbindung tgl. Geiteryggekspressen Bergen-Voss-Hallingdal-Oslo; Haukeliekspressen Voss-Kristiansand; Øst-Vestekspressen Bergen-Voss-Lillehammer

**Unterkunft:** Hotels (gehobene Preisklasse): Fleischer's Hotel, altes Prachthotel am Bahnhof, ✆ 56 51 11 89; Park Hotell Vossevangen, schöne Lage am See, ca. 300 m zum Bahnhof, ✆ 56 51 13 22; Hotel Jarl, am Ortseingang, ✆ 56 51 19 33. Deutlich preiswerter und zentral: Vang Pensjonat, Uttragt. 31, ✆ 56 51 21 45; Nøring Pensjonat, gegenüber vom Hotel Jarl, ✆ 56 51 12 11; Kringsjå Pensjonat, ✆ 56 51 16 27. Voss Vandrerhjem,

Abendlicht über dem Vikafjell

direkt am Vangvatnet, 5 km auf der E 16 von Voss Richtung Dale, Bootverleih auch Kanus, ✆ 56 51 20 17

Camping: Voss Camping, auch Hütten, direkt am See, 5 Min. zu Fuß ins Zentrum, Bootsverleih, ✆ 56 51 15 97

**Touristeninformation** im Tinghus, ✆ 56 51 00 51 (Juni, Juli, Aug. Mo–Sa 9–19 Uhr, So 14–19 Uhr; Rest des Jahres Mo–Fr 9–16 Uhr)

**Freibad** direkt neben dem Voss Campingplatz (Juni–Aug. tgl. 7.30– 18 Uhr).

**Wintersport:** Im Gebiet des Hanguren (Gondelbahn) führen mehrere Sessellifte in die Berge hinauf, die den ganzen Winter in Betrieb sind; Skiverleih und Skischule.

**Wanderungen:** Im Touristenbüro ist eine preiswerte Loseblattsammlung »Wandervogel Vosse-Troll« mit Wander- und Radtourvorschlägen erhältlich. Als Abstieg vom **Hanguren** werden zwei Routen empfohlen: über Bavallen nach Voss (Zentrum), 3,5–4 Std., und nach Raugstad/Mølster, 2,5–3 Std. Den Weg über Mølster kann man mit einem Besuch im Museum verbinden.

Von Voss Richtung Oppheim/Gudvangen führt die E16 an den Seen Lundarvatnet, Melsvatnet, Lønavatnet (Nes-

»Tierische« Verkehrsbehinderung

heim-Hof, s. u.) und Vetlavatnet vorbei. Lohnenswert ist eine Wanderung oder Radtour an der verkehrsberuhigten Ostseite der Seen. Man kann die Länge der Wanderung variieren, in dem man mit dem Bus ein Stück Richtung Oppheim fährt (4–6 × tgl.) und je nach Laune entsprechend lang zurückläuft. Es ist möglich, Fahrräder in den Bussen zu transportieren. Auch das Wandergebiet **Stølsheimen** lädt zu mehrtägigen Hochgebirgstouren ein.

## Zum Sognefjord

Auf dem Weg Richtung Sognefjord lohnt ein Abstecher zum Museumshof **Nesheimtunet,** der sehr malerisch oberhalb des Sees Lønavatnet, 16 km nördlich von Voss, liegt. Auf dem Nesheimhof mit seinen insgesamt zwölf Gebäuden (das älteste stammt aus dem Jahr 1688) wirtschaftete nur ein Bauer.

**Info:** Die Besichtigung läßt sich gut mit einer Wander-/Radtour von Voss aus verbinden; keine bestimmten Öffnungszeiten.

In **Vinje,** 18 km nördlich von Voss, muß man sich für eine Route zum Sognefjord entscheiden. Die Straße 13 führt in nördlicher Richtung ohne Umwege über das karge, faszinierende **Vikafjell** nach Vik und weiter zum Fährort Vangsnes am mittleren Sognefjord. Die Vikafjellstraße, die gerne von Ziegen belagert wird, erreicht nach grandiosen Serpentinen in 986 m Höhe ihren höchsten Punkt, gleichzeitig die Provinzgrenze zwischen Hordaland und Sogn og Fjordane. In einem Lappenlager werden Souvenirs angeboten. Unvergleichlich schön ist auf der Weiterfahrt die Aussicht über den Sognefjord.

Die andere Route verläuft auf der E16 über Vinje nach **Gudvangen** am Nærøyfjord, einem Arm des Sognefjords. Einige Kilometer hinter Vinje zweigt die Straße zum 300 Jahre alten **Oppheim-Pfarrhof** ab, der zum Voss Folkemuseum gehört. Im Sommer werden an einzelnen Tagen Führungen durch die Hofgebäude angeboten, eine Besichtigung der äußeren Hofanlage ist jederzeit möglich.

Ein Abstecher, der Nerven kostet und Wohnwagenfahrern abzuraten ist, führt in 13 Haarnadelkurven hinauf nach **Stalheim.** Grandios sind die Wasserfälle Stalheimfossen und Sivlefossen. Über der Schlucht thront das 1960 erbaute Stalheim Hotel, von dem aus sich eine atemberaubende Sicht über das enge Nærøytal und den zuckerhutförmigen Jordalsberg eröffnet. Das erste Hotel an dieser Stelle wurde im Jahre 1885 errichtet. Von 1647–1909 passierte die Königliche Postkutsche auf ihrem Weg von Kopenhagen über Christiania (bei Oslo) nach Bergen die Stalheim-Schlucht. Auf Grund der einzigartigen Lage zog das Hotel schon bald Touristen aus ganz Europa an, unter ihnen auch Kaiser Wilhelm II., der 25 Jahre in Folge zu den erlauchten Gästen zählte. Im Stalheim **Folkemuseum** gegenüber vom Hotel sind etwa 25 alte Häuser aus dem 17./18. Jh. zu besichtigen. Führungen nach Absprache mit dem Hotel.

**Wanderungen:** Die alte Poststraße, auch Königsstraße genannt, ist in Teilen noch intakt und eignet sich zum Wandern. Empfehlenswert sind die Abschnitte: Stalheim-Haugsvik, 5 km. Vinje-Oppheim, 4 km.

# Sogn og Fjordane

Sognefjord –
Der längste Fjord der Welt

Der Jostedalsbreen und
seine Gletscherzungen

Westkap –
Windgepeitschte Küste

Selje – Das Kloster der
heiligen Sunniva

Blick von Undredal über den Sognefjord

# Sogn og Fjordane – Am Fuße des Gletschers

Rund um den längsten Fjord Norwegens, zu den Stabkirchen in Vik, Kaupanger, Urnes und Borgund, Abstecher zu den Ausläufern des Jostedalsbreen, Gletschertour auf dem berühmten Nigardsbreen. Entlang der zerklüfteten Westküste von Florø zu den steinzeitlichen Felszeichnungen in Vingen, Ausflug zu den Klosterruinen auf Selje und zum Westkap. Vom malerischen Jølster im Landesinnern zum Nordfjord, Besichtigung des Briksdalsgletschers

## Der Sognefjord

Der König der Fjorde, am Fuße der höchsten norwegischen Gebirgsgipfel und des größten festlandeuropäischen Gletschers gelegen, ein Fjord der Superlative – breit und karg an seinem Ausgang, wild und dramatisch im Inneren.

### Vik

Vik liegt eingebettet zwischen bewaldeten Hügeln und Wiesen in einer geschützten Bucht direkt am Sognefjord. Das alte Strandviertel **Vikøyri** (*øyr, ør* = Sandbank) mit seinen kleinen Holzhäusern, Gärtchen und bunten Bootsschuppen lohnt einen Spaziergang. Vikøyri entwickelte sich im Laufe des 17. Jh. zu einer kleinen Siedlung, in der sich die sog. Strandsassen (Tagelöhner ohne eigenes Land) niederließen, von denen sich viele im Laufe des 19. Jh. auf ein Handwerk spezialisierten. Erst 1985 beschloß man, das bereits recht verfallene Viertel zu erhalten, rund 60 Gebäude wurden unter Denkmalschutz gestellt.

Berühmt ist Vik für seine Kirchen. Oberhalb des Ortszentrums stehen zwei Sakralbauten, die – obwohl zeitlich dicht aufeinander entstanden und nur knapp 1 km voneinander entfernt – unterschiedlicher nicht sein könnten. Daß beide erhalten sind, verdanken sie dem Architekten Peter Blix, der die vom Abriß bedrohten Kirchen gegen Ende des 19. Jh. kaufte und die Restaurierung aus eigener Tasche finanzierte. Die steinerne **Hove-Kirche** (Führungen 20. 6.–20. 8.

10–17 Uhr) aus der zweiten Hälfte des 12. Jh. steht im »Ruhmesschatten« der um 1130 erbauten **Hopperstad-Stabkirche**, einer »klassischen« Stabkirche mit furchterregenden Drachenköpfen an den Firstenden und steilen Schindeldächern, die sich pyramidenartig aufeinandertürmen. Der überdachte Laufgang *(svalgang)* und die weit oben eingelassenen Bullaugen muten düster an. Aus dem Mittelalter stammt der reich verzierte Baldachin über einem der drei Altäre, auf dessen Dachfirst ein Christuskopf thront. (Führungen im Sommer 10–17 Uhr, Hochsaison 9–18 Uhr). Etwa 5 Min. vom Fjord entfernt kann man in der **Borgstova**, einem ehemaligen Wirtschaftshaus aus dem Jahre 1790, gemütlich Kaffee trinken und Waffeln essen. Beim Goldschmied gegenüber vom Hafen gibt es Kopien der in den Hügelgräbern der Gegend gefundenen Schmuckstücke, – einige Nachbildungen sind auch in der Borgstova zu besichtigen.

**Unterkunft**: Hopstock Hotel und Motel, zentral, ✆ 57 69 51 02; Tistel Camping, Hütten, ✆ 57 69 58 86; Vik Camping, zentral, am Fjord, ✆ 57 69 51 25. Mehrere Campingplätze liegen entlang der Uferstraße Richtung Vangsnes (s. dort).

**Touristeninformation** im Gemeindehaus, Nähe Vik Camping, ✆ 57 69 56 86, geöffnet: im Sommer 9–15.30 Uhr.

Jedes Jahr im Mai findet das **Vik Skifestival** statt; im schneereichen Vikafjell kann man bis weit in den Sommer Skifahren.

Detail am Dach der Stabkirche von Hopperstad

## Vangsnes

Der winzige Fährort Vangsnes, dessen Umgebung heute für ihren Erdbeer- und Himbeeranbau bekannt ist, machte bereits in einer um 1300 auf Island niedergeschriebenen Saga als Residenz Fridtjofs des Kühnen (Fridtjof den frøkne) von sich reden. Der mutige Sagaheld, dessen Existenz historisch nicht belegt ist, imponierte dem deutschen Kaiser Wilhelm II. so sehr, daß er ihm 1913 ein Denkmal stiftete. Die 12 m hohe Fridtjof-Statue, die oberhalb vom Dorf auf einem 14,5 m hohen Granitsockel steht, blickt kühn über den Sognefjord nach Balestrand. Mehrere Grabhügel deuten darauf hin, daß es im Vangsnes der Wikingerzeit einen Häuptlingssitz gab.

**Verkehr**: Fähren Vangsnes-Dragsvik, Fahrtdauer 25 Min., 15–20 × tgl.; Vangsnes-Hella 15 Min., 16–20 × tgl.

## Sogn og Fjordane

**Unterkunft** zwischen Vik und Vangsnes am Fjord gelegen: Djuvik Camping, ✆ 57 69 67 33; Fjellheim Camping, ✆ 57 69 66 24; Solvang Vangsnes Camping, ✆ 57 69 66 20; Tveit Camping, ✆ 57 69 66 70

## Gudvangen

Am Ende des 18 km langen Nærøyfjords, des schmalsten Europas, liegt der von über 1000 m hohen Bergen umgebene Fährort Gudvangen am Eingang des wilden Nærøydal. Durch die berühmte Stalheim-Schlucht des Tals verlief von Mitte des 17. Jh. bis zum Beginn des 20. Jh. der Postweg zwischen Christiania und Bergen. So unzugänglich der Fjord mit seinem unwegsamen Hinterland und steilen Uferhängen auch wirken mag, hat es dennoch neben Gudvangen auch einige andere Siedlungen gegeben. In **Bakka**, auf der Westseite des Fjords, wurde 1859 sogar eine kleine Kirche gebaut. Von Gudvangen bietet sich ein Spaziergang dorthin an (etwa 10 km hin und zurück). Interessant ist auch ein Bootsausflug zum Museumshof **Styvi** auf der Ostseite des Nærøyfjords. Zwischen Styvi und Holmo sind noch Abschnitte des alten Postweges aus dem 17. Jh. erhalten.

Am Fährhafen ist es seit der Eröffnung des Tunnels zwischen Gudvangen und Flåm im Jahre 1991 stiller geworden. Das Gudvangen Fjordtell dient heute zugleich als Hotel und Reisezentrum sowie als Touristeninformation (Cafeteria, Souvenirs).

Während tagsüber Touristen für Trubel sorgen, ist es in Gudvangen abends so ruhig, daß mitunter nur das Rauschen des nahen Wasserfalls Kjelsfossen die Stille bricht. Von den Hügeln des Ramsøy-Hofes auf der Ostseite des Fjords bietet sich ein schöner Blick über den Fjord.

**Verkehr**: Zwei 5 und 11 km lange Tunnel (Europas fünft-

Auf dem Zeltplatz von Gudvangen am Sognefjord

längster) verbinden Gudvangen und Flåm. Zwischen den Tunneln befindet sich der Abzweig nach **Undredal.** In diesem winzigen Ort an der Westseite des Aurlandsfjords steht die im Jahre 1147 errichtete kleinste Kirche Skandinaviens (nur 3,7 m breit). Seine jetzige Form erhielt das als Stabkirche errichtete Gotteshaus vermutlich um 1722 (nur im Sommer geöffnet).

Fähren nach Revsnes, Dauer 120 Min., 3 × tgl.; nach Kaupanger, 150 Min. 3 × tgl.; Reservierung in der Hochsaison angeraten

**Unterkunft**: Gudvangen Fjordtell, Cafeteria, edle Architektur, Möbel im Wikingerdesign, ✆ 57 63 39 29. Gudvangen Camping, ✆ 57 63 39 34; Vang Camping, ✆ 57 63 39 26, beide Campingplätze mit Hütten vor dem Ortseingang, nicht am Fjord.

## Flåm

Die Endstation der berühmten Flåmbahn (s. S. 144) befindet sich, eingerahmt von gewaltigen Bergen, am innersten Ende des Aurlandsfjordes. Das sich landeinwärts anschließende Flåmsdal – der Name Flåm kommt von altnordisch *flá* und bedeutet flache Ebene – zog schon lange vor dem Bau der Bahn Touristen an. Zu den großen Attraktionen des Tales gehören die beiden imponierenden Wasserfälle **Rjoandefossen** (Fallhöhe 390 m) und **Kjosfossen** (Fallhöhe 225 m). Flåms Umgebung ist von relativ dichter Streusiedlung, Weiden und Ackerlandschaft geprägt. Die innen reich dekorierte **Kirche** wurde im Jahre 1667 errichtet, schriftliche Quellen erwähnen aber bereits um 1320 ein Gotteshaus in Flåm.

### Treu, tapfer und tatkräftig

## Die Saga von Fridtjof dem Kühnen

Fridtjof, der Sohn Torsteins, Häuptling in Framnes (Vangsnes), war groß und stattlich. Auf Grund seiner Stärke und seines Mutes erhielt er bereits in seiner Jugend den Beinamen: der Kühne. Auf der anderen Seite des Fjords wohnte König Bele mit seinen zwei wenig charakterfesten Söhnen Helge und Halfdan sowie seiner Tochter Ingebjørg, die Schöne genannt. Nach dem Tod seines Vaters begab sich Fridtjof auf Wikingerfahrt, wo er sich großen Ruhm und noch größeren Reichtum erwarb. Nach seiner Rückkehr hielt er siegesgewiß um die Hand seiner Jugendliebe Ingebjørg an, deren gütiger Vater allerdings inzwischen verstorben war und deren herzlose Brüder ihn kalt abwiesen.

Kurz darauf mußten Ingebjørgs Brüder gegen König Ring aus Ringerrike, der ihre Unterwerfung gefordert hatte, in den Kampf ziehen. Sie verloren und waren gezwungen, König Ring ein Drittel ihres Eigentums sowie ihre Schwester Ingebjørg zu überlassen. Diese hatte sich – den Brüdern zum Trotz – mittlerweile Fridtjof versprochen, wurde nun aber gegen ihren Willen mit König Ring verheiratet. Aus Kummer darüber begab sich Fridtjof erneut auf Wikingfahrt, er raubte und mordete, verschonte aber Frauen und Kaufleute und verschaffte sich riesige Reichtümer. Nach vier Jahren kam er unerkannt an den Hof König Rings in Oslo und gewann die Achtung und Freundschaft des Herrschers, der sich ihm bald sehr gewogen zeigte. Fridtjof blieb einen Winter am Hof. Als er sich schließlich zu erkennen gab und abreisen wollte, bat ihn der König, zu bleiben und nach seinem Tod für die Königin zu sorgen: »Ich bin alt und der Tod ist nah, dir gönne ich Ingebjørg und meinen ganzen Besitz«.

Und so geschah es. Fridtjof heiratete seine angebetete Ingebjørg, und sie bekamen zwei Söhne, die sich beide zu tüchtigen Männern entwickelten. Fridtjof wurde später König von Sogn und unterwarf das ganze Hordaland.

## Dunkler Abgrund

### Die Flåmbahn

»Ich stand vor einem Abgrund von mehreren hundert Fuß und sah nieder in den dunklen Schlund eines engen Tales.« So beschrieb der Polarforscher Fridtjof Nansen das wildschöne Flåmsdal im Jahre 1884. Durch dieses enge und steile Tal windet sich die Flåmbahn auf einer Strecke von nur 20 km direkt vom Fjord hinauf nach Myrdal in 867 m Höhe – ein Meisterwerk der Ingenieurkunst. Das größte Gefälle beträgt ca. 20 %, und nicht von ungefähr ist die Bahn mit fünf voneinander unabhängigen Bremssystemen ausgestattet, die jedes für sich in der Lage sein sollen, den Zug zum Stehen zu bringen.

Bereits gegen Ende des 19. Jh. geplant, wurde doch erst Mitte der 20er Jahre mit dem Bau der Bahn begonnen. Die Arbeit war überaus hart und gefährlich, und die Erfahrungen, die viele der Talbewohner schon beim Bau der Bergenbahn gemacht hatten (s. S. 28f.), erwiesen sich als unschätzbar. Über ein Viertel der Strecke (insgesamt 6 km) mußte untertunnelt werden. Von den 20 Tunneln konnten nur zwei, der Vatnahals- und der Nålitunnel (1350 m), mit Maschinen gebohrt werden, die anderen wurden von Hand in den Felsen geschlagen. Die Bauarbeiten dauerten fast 20 Jahre. Am 1. August 1940 wurde der Güterverkehr aufgenommen, kurz danach beförderte die Flåmbahn die ersten Güter, wenig später die ersten Passagiere. Die bescheidenen Kalkulatoren hofften zu Beginn der Bauzeit auf 20 000 Passagiere pro Jahr. 1990 waren es 254 000. Die Flåmbahn, die wie zahlreiche andere Nebenstrecken in Norwegen im Lauf ihrer Geschichte des öfteren von der Stillegung bedroht war, hat sich inzwischen zu einer der meistbesuchten Touristenattraktionen des Fjordlands gemausert.

Die schmale Straße windet sich durch das stetig enger werdende Tal bis hinauf nach **Myrdal**, der Bergstation der Flåmbahn (im letzten Teil für Autos gesperrt). Sie wurde im Rahmen der Arbeiten an der Bergenbahn als Transportweg ausgebaut, um die Bahnarbeiter mit Lebensmitteln, Post und Werkzeugen, die auf dem Wasserwege nach Flåm gelangten, versorgen zu können.

**Ausflüge**: Flåm ist das Zentrum für zahlreiche kombinierte Bus-, Zug- und Bootrundreisen, die eine Kreuzfahrt auf dem Sognefjord und die Flåmbahn einschließen: Sognefjord Cruice Flåm-Aurland-Gudvangen, tgl. gegen 14 Uhr, Dauer 2,5 Std.

Flåmbahn Flåm-Myrdal: ca. 7–8 × tgl. hin- und zurück ca. 2 Std., inklusive Fotostop am Wasserfall Kjosfossen und 15minütige Pause in Myrdal. Es gibt eine ausführliche mehrsprachige Broschüre über die Flåmbahn, in der alle wichtigen Stationen und Aussichten beschrieben sind. Infos im Bahnhofszentrum, ✆ 57 63 21 06 (in der Hochsaison tgl. 8.30–20.30 Uhr).

**Verkehr**: Expressboote nach Aurland, Gudvangen, Kaupanger, Bergen und Balestrand/Fjærland. Eisenbahn: Flåm-Myrdal-Oslo, 5–6 Std; Voss, 2 Std; Bergen, 3 Std; alle Verbindungen mehrmals tgl.

Bus Oslo-Aurland-Bergen, 1 × tgl. in beide Richtungen. Bus Flåm-Aurland, 10 Min. 10–15 × tgl.

**Unterkunft**: Fretheim Hotell (Mittelklasse), ✆ 57 63 22 00; preiswerter: Heimly Pensjonat, ✆ 57 63 21 00; Flåm Vandrerhjem, ✆ 57 63 21 21; Flåm Camping, westlich vom Bahnhof am Hang, ✆ 57 63 21 21

Auf halbem Wege zwischen Flåm und Aurland thront weit oben über der Straße die aus vier Höfen bestehende Siedlung **Otternes Bygdetun**, die einen Abstecher (nicht für Wohnwagenanhänger) allein schon wegen der grandiosen Sicht über den Aurlandsfjord lohnt. Der Hof war vermutlich schon vor der Pest (im 14. Jh.) besiedelt. 1773 wirtschafteten hier oben sechs Bauern, im 19. Jh. nur noch vier, und dabei blieb es. Die dicht beieinanderliegenden, altersgrauen Gebäude haben seit dem 19. Jh. kaum Veränderungen erfahren (im Sommer Mo, Mi, Fr, Sa, So von 11–18 Uhr, Führungen).

## Aurland

Das Verwaltungszentrum Aurland der gleichnamigen Gemeinde ist ein hübscher Fjordort, in dem noch einige schöne alte Häuser unterschiedlicher Stilrichtungen zu finden sind. Das gut erhaltene Hauptgebäude des Lehnsmannhofes (Lensmannsstova), in dem sich heute das **Heimatkundemuseum** befindet, wurde gegen Ende des 18. Jh. im Empire-Stil errichtet. Im Museum gibt es eine Sammlung von Gegenständen, die dem 1857 in Flåm geborenen Schriftsteller Per Sivle gehörten. Zu den historischen Bauten im Zentrum gehört das aufwendig restaurierte Vangen-Motell aus dem Jahre 1770.

Die zu Beginn des 13. Jh. im gotischen Stil erbaute **Kirche**, auch Sognedom genannt, war zunächst vermutlich Privateigentum einer sehr begüterten Aurlandfamilie. Bei der letzten Restaurierung im Jahre 1926 wurden die nach der Reformation übertünchten alten Wandmalereien wieder freigelegt, und Emanuel Vigeland erhielt den Auftrag, die Kirchenfenster mit Glasmalereien zu schmücken (1. 5.–1. 9. tgl. 9–19 Uhr).

Knapp 10 Min. vom Zentrum entfernt, befindet sich das in den Fels gesprengte Vangen **Kraftwerk**. Kostenlose Führungen und ein Diavortrag über den Ausbau der Wasserkraft in Aurland (Öffnungszeiten bei der Touristeninformation erfragen).

**Unterkunft**: Aurland Fjordhotell, modernes, freundliches Hotel am Fjord, relativ teuer, ✆ 57 63 35 05; Vangen Motell og Rorbuer, ✆ 57 63 35 80; Lunde Camping, Hütten, ✆ 57 63 35 40

**Einkaufen**: Am Kai liegt die Aurland Schuhfabrik, in der man den traditionsreichen schwarzen oder naturfarbenen Aurlandschuh zu Fabrikpreisen kaufen kann.

**Touristeninformation** im Zentrum, ganzjährig geöffnet, ✆ 57 63 33 13/57 63 33 00

Die in der Regel von Juni bis Oktober geöffnete, auch **Snøvegen** (Schneeweg) genannte Serpentinenstraße von Aurland Richtung Lærdal bietet im ersten Abschnitt wunderschöne Haltepunkte mit phantastischer Aussicht über den Fjord und führt in eine grandiose, auch im Hochsommer noch schneebedeckte Hochgebirgslandschaft und dann durch das schmale, fruchtbare Horndal hinab an den Lærdalsfjord (45 km). Der höchste Punkt des Weges liegt bei 1306 m mit imponierender Aussicht auf den 1809 m hohen Blåskavlen.

Die Straße 50, die von Aurland Richtung Osten durch das von Wanderfreunden schon im letzten Jahrhundert gepriesene **Aurlandsdal** führt, wurde in den 70er Jahren im Rahmen des Wasserkraftausbaus im Auftrag des Osloer Elektrizitätswerks angelegt und verbindet West- mit Ostnorwegen. Das Tal wurde seit altersher als Vieh- und Handelsweg genutzt (s. S. 148). Als das Elektrizitätswerk Ende der 60er Jahre die Pläne zum Ausbau des bis dahin von Straßen und Stromleitungen unberührten Aurlandsdals vorlegte, hagelte es Proteste, die immerhin bewirkten, daß der unterste Abschnitt des Tales von Østerbø bis Vassbygda von direkten Eingriffen verschont blieb. Insgesamt fünf Kraftwerke produzieren zusammen 2,6 Mrd. kWh pro Jahr. Der Strom wird in riesigen Überlandleitungen durch das Hallingdal nach Oslo geführt und deckt etwa zwei Drittel des Strombedarfs der Hauptstadt.

**Verkehr**: Expreßbus Oslo–Hol–Aurland–Bergen. Im Sommer Bus von Flåm über Aurland nach Hallingdal.

**Unterkunft** an der Str. 50, alle preiswert, mit Cafeteria: Steinbergsdalen Turisthytte, ✆ 57 63 11 90; Stundalen Turisthytte, ✆ 57 63 11 45; Østerbø Fjellstove, ✆ 57 63 11 77; Østerbø Turisthytte, ✆ 57 63 11 41

**Wanderungen**: Im Aurlandsdal bieten sich die Touristenhütten Steinbergsdalen, Østerbø und Stonndalen als Ausgangspunkt für berühmte,

›klassische‹ Wanderrouten an (u. a. Øvstebø-Vassbygdi, ca. 6 Std.). Tourenübersicht auf der vom DNT herausgegebenen Plankarte ›Finse-Bygdin‹, die in allen Touristhütten erhältlich ist.

## Lærdal

Die etwa 2000 Bewohner der Lærdalgemeinde, die auch die »grüne Gemeinde« heißt, weil hier ca. 2 % des gesamten norwegischen Gemüses angebaut werden, leben zum großen Teil in den beiden Zentren Lærdalsøyri und Borgund. An der Mündung des berühmten Lærdalselva, des Königs unter Norwegens Lachsflüssen, liegt **Lærdalsøyri**, das aus dem modernen Geschäftszentrum und dem alten Lærdalsøyri (Gamle-Øyri) besteht. Im 19. Jh. entwickelte sich der kleine Ort am Fjord auf Grund seiner günstigen Lage zu einem Knotenpunkt des Handels zwischen Ost- und Westnorwegen. Viele der alten Boots- und Wohnhäuser sowie die schmalen, in Pastellfarben gestrichenen Krämerläden sind noch erhalten und lohnen einen kleinen Bummel. Die ca. 160 Häuser des historischen Dorfkerns stehen heu-

Fjell-Landschaft zwischen Lærdal und Aurlandsdal

## Vier Monate unter freiem Himmel

### Viehtrieb von West nach Ost

Als sich in der ersten Hälfte des 17. Jh. die Städte Südostnorwegens zu florierenden Holzumschlagplätzen entwickelten und die Silbergrube in Kongsberg ihren Betrieb aufnahm, stieg der Bedarf an Großvieh, vor allem Pferden, sprunghaft an. In Ostnorwegen gab es zwar weite Wälder und gutes Ackerland, aber kaum ausreichende Sommerviehweide, wohingegen das westliche Fjordland, zwar arm an fruchtbarem Ackerboden, über unendliche Fjellweiten als Weidefläche verfügte.

Es waren vor allem Bewohner aus Sogn, Voss und Hardanger, die den Viehhandel und Viehtrieb aufzogen. Der in der Regel von zwei Männern organisierte und begleitete Viehtrieb begann in den ersten Junitagen. Das Vieh, meist Kühe und Pferde, ab Ende des Jahrhunderts auch Schafe, wurde von Sunnmøre über den Nordfjord, den Sognefjord nach Uppsete und weiter nach Hallingskeid auf der Hardangervidda getrieben.

Der letzte Abschnitt war streckenweise gefährlich, da Spalten im Eis durch Schnee verdeckt sein konnten; in der Regel taten sich hier mehrere Viehtreiber zusammen. Einmal fiel ein Mann in eine der Spalten. Daraufhin schlachteten seine Gefährten ein Pferd und fertigten aus dessen Haut ein langes Tau, mit dem sie den Mann wieder hinaufziehen konnten.

In der Gegend um Hallingskarvet verbrachten die Viehtreiber die Zeit von Anfang Juli bis in den September. Im Herbst trieben sie ihr Vieh über Geilo nach Eggedal und weiter an den Oslofjord oder durch das Numedal nach Kongsberg, wo meist schon Käufer auf sie warteten. Bei ihrer Ankunft hatten die Viehtreiber oft über 1000 km Wanderschaft hinter sich, vier Monate, in denen sie die meisten Nächte unter freiem Himmel verbrachten. Bevor es im Fjordland Zeitungen, Radios oder einen nennenswerten Handel über Land gab, verbreiteten sie die Neuigkeiten und führten neue Gerätschaften ein. So soll z. B. der erste Schleifstein um 1770 von einem Viehtreiber nach Voss gebracht worden sein. Mit dem Bau der Bergen- und der Dovrebahn nahte das Ende eines Berufsstandes, der mindestens 300 Jahre lang sein Wissen und seine Erfahrung von Generation zu Generation gemehrt und weitergegeben hatte. Das Vieh wurde fortan mit der Bahn transportiert.

te unter Denkmalschutz. Das neue Zentrum mit Supermärkten und modernen Betonbauten schließt direkt an das alte Lærdalsøyri an.

**Verkehr**: Fährhafen Revsnes 17 km von Lærdalsøyri. Fähre Revsnes–Kaupanger, Fahrtdauer 15 Min., 20–25 × tgl.; Revsnes–Gudvangen, Fahrtdauer 120 Min., 3 × tgl., in der Hochsaison Platz reservieren.

**Unterkunft:** Lindstrøm Hotel, hübsches Holzhotel (Schweizerstil), zentral, ✆ 57 66 62 02; Lærdal Hotell, ✆ 57 66 65 07; Offerdal Hotell, ✆ 57 66 61 01; Lærdal Ferie- og Fritidspark, Camping am Fjord, ✆ 57 66 66 95

**Touristeninformation** im alten Zentrum

**Einkaufen**: In Lærdal werden die bekannten fein gearbeiteten Halbschuhe produziert. Alle norwegischen Teilnehmer der Olympischen Winterspiele in Albertville 1992 trugen Lærdalschuhe.

**Angeln**: Es ist schwierig, aber möglich vom 1. 6.–1. 8. über das Lærdaler Touristenbüro eine Angelerlaubnis für das Lachsangeln im Lærdalsfluß zu erhalten.

## Von Lærdalsøyri nach Borgund

Seit Ende des 18. Jh. verlief der sogenannte Königsweg von Christiania (Oslo) über das **Fillefjell** nach Lærdal, wo Fracht und Passagiere auf Dampfern nach Gudvangen und von dort nach Bergen befördert wurden.

Auf dem Weg durch das Lærdal nach Borgund trifft man auf viele interessante, kulturhistorische Zeugnisse: In Bjørkum finden sich noch Reste der Wassergräben *(vassveite)*, die in den Jahren zwischen 1900 und 1960 zur künstlichen Bewässerung der Felder dienten. Lærdal gehört mit nur 400 mm Regen pro Jahr zu den niederschlagsärmsten Regionen Norwegens. Seit alters her wurden die dank des milden Klimas besonders ertragreichen Felder künstlich bewässert.

Interessant sind auch die Überbleibsel der alten Transportwege, die durch das Lærdal führten, den Einwohnern jahrhundertelang Arbeit boten und Steuerbefreiung einbrachten. Zwischen Seltun (Sælthun) und dem Wasserfall Sjurhaugfossen zwängt sich der Lærdalsfluß durch eine enge Schlucht, die kaum noch Platz für die Straße läßt. In diesem Bereich kann man auf der anderen Seite des Flusses Reste der alten Hauptstraße entdecken. Die für Wanderer instandgehaltene alte Straße führt am 1947 verlassenen Hof **Galdane** vorbei, den man auch von der E 16 aus oben am Hang liegen sieht (Parkplatz).

**Wanderungen**: Von Lærdalsøyri werden im Sommer 2 × pro Woche (Di, Do) geführte Touren nach Galdane angeboten. Wanderung von Seltun nach Galdane, ca. 40 Min.

Die ältesten Straßenabschnitte im Lærdal sind der **Sverrestigen** und **Vindhella** zwischen Husum und Borgund. Unweit vom blendend weiß gestrichenen Husum Hotel, einem typischen und gut erhaltenen Repräsentanten des populären Schweizerstils (um 1900) nehmen die restaurierten Wege Sverrestigen und Vindhella ihren Anfang. Die Rundtour, die man genausogut bei der Stabkirche in Borgund beginnen kann, dauert 1–2 Std.

Die **Borgund-Stabkirche** lohnt den hohen Eintrittspreis und lockt jährlich Hunderttausende von Touristen an. Doch die berühmteste aller norwegischen Stabkirchen ist durch die vielen Besucher, die sich in ihr drängeln, in ihrer Existenz bedroht, so daß es Pläne gibt, das Gotteshaus zu schließen und nur noch eine Kopie zur Schau zu stellen. Der Sakralbau wurde in der Mitte des 12. Jh. errichtet und seither kaum verändert. Der »Geniestreich in Kiefernholz«, zu dessen Bau nicht ein einziger eiserner Bolzen oder Nagel verwendet wurde, gilt (neben der aus Heddal) als bestbewahrte und typischste aller Stabkirchen und diente bei der Restaurierung verschiedener mittelalterlicher Stabkirchen als Vorbild. An den Wänden des Laufganges *(svalgang)*, der um die gesamte Kirche führt, kann man bei genauem Hinsehen mehrere, mit Glasplatten geschützte Runeninschriften und ein in die Holzwand geritztes Bildnis Olav Tryggvasons entdecken. Das Innere der Kirche wirkt heidnisch – am oberen Ende der tragenden Säulen starren Masken von Tieren und einem Einäugigen (möglicherweise der heidnische Gott Odin) hinab in den dämmrigen Kirchenraum. Vom mittelalterlichen Inventar ist nichts erhalten. Der freistehende Glockenturm ist wohl genauso alt wie die Stabkirche selbst (Mai–Sept. tgl. von 8.30–21 Uhr, deutschsprachige Führungen).

Tür der Borgund-Stabkirche

**Unterkunft** zwischen Borgund und Borlaug, preiswert: Borlaug Turistheim og Vandrerheim, ✆ 57 66 87 50; Breistølen Fjellstove, ✆ 57 66 87 51.

Camping und Hütten: Borgund Hyttesenter, ✆ 57 66 81 71; Bjøraker Camping, ✆ 57 66 87 20; Kvamme Hytter, ✆ 57 66 81 26; Steinklepp Hytter, ✆ 57 66 81 59

## Årdal

Die Anreise von Tyin (Straße 53) lockt mit phantastischer Aussicht auf das Reich der Riesen (= Jotunheimen), enttäuscht aber im letzten Abschnitt – nach einigen extremen Serpentinen – mit dem Blick auf den Industrieort **Øvre Årdal** (4000 Ew.), der die Reisenden mit den Fabrikanlagen des Hydro Aluminium/Årdal Verk empfängt. Hier werden jährlich 180 000 t Aluminium produziert. Exportiert wird das Aluminium über den 11 km entfernten Fährort Årdalstangen (6300 Ew.), in dem auch die importierten Rohstoffe gelöscht werden. Årdal war schon zur Wikingerzeit besiedelt. 1964 grub man im Moadalen (etwa 15 Min. zu Fuß bergauf von Øvre Årdal) den **Wikingerhof** Ytre Moa mit Resten von sechs Häusern aus der Zeit um 900 aus.

Im 18. Jh. wurde in Årdal noch Kupferbergbau betrieben. Das **Koparhuset**, eine zweistöckige, aus Holz errichtete Kupferhütte, die klein und verloren vor mächtigen Industrieanlagen in Årdalstangen steht, stammt noch aus dieser Zeit: Hier ist die Geschichte des Kupferbergbaus dargestellt (Führungen bei Interesse, Information im Touristenbüro).

Direkt auf der Nordseite des schmalen Årlandsfjords, liegt der Hof **Indre Offerdal**. Von Mitte des 19. Jh. bis nach dem Zweiten Weltkrieg war hier ein Sägewerk in Betrieb. Der bis 1980 bewohnte Hof soll als Zeugnis der ältesten mit Wasserkraft betriebenen Industrie in Årdal restauriert werden (Anreise: Fjordkreuzer M/S Sognefjell, Buchung im Touristenbüro).

In Hjelle, nordöstlich von Øvre Årdal, zweigt die Straße ab, die durch das für seine schöne und ursprüngliche Natur berühmte **Utladalen** zum Hof **Vetti Gård** führt. Vom Vetti-Hof (Unterkunft) gelangt man in ca. 45 Min. zum **Vettisfossen**, der mit 275 m freiem Fall der längste nicht regulierte Wasserfall Norwegens ist. Im Utladal gibt es mehrere steile, aber faszinierende Einstiege nach Jotunheimen.

**Verkehr**: Fähre Kaupanger–Årdal, Fahrtdauer 80 Min., 6 × tgl. Bis 1994 soll die Straße am Fjord entlang bis Fodnes weitergeführt werden, dann wird der Fähranleger dorthin verlegt.

Die schmale, ab Mai geöffnete, gebührenpflichtige Straße **Turtagrøveien**, die von Øvre Årdal nach Turtagrø oberhalb des Lusterfjords führt, lohnt sich, ist aber wegen der engen Kurven im ersten Abschnitt Wohnwagenfahrern nicht zu empfehlen. Höchster Punkt liegt bei über 1300 m. Die Aussicht auf die Hurrungane im Osten ist phantastisch.

**Unterkunft**: Sitla Hotel, ✆ 57 66 33 44; Årdal Gjesteheim, ✆ 57 66 33 44; Vetti Gard og Turiststasjon, preiswert, ✆ 57 66 30 24; Øvre Årdal Camping, liegt am Weg zum Vettifossen, ✆ 57 66 34 44.

In Årdalstangen: Klingenberg Hotel, direkt am Fjord, veranstaltet Fjordfahrten, ✆ 57 66 11 22; Årdalstangen Camping, Hütten, ✆ 57 66 15 60

**Ausflüge**: Sognefjord-Kreuzfahrten mit M/S Sognefjell von Mitte Juni bis Mitte August. Kutschfahrten im Utladal vom Hjelle Hof zum Vetti Hof. Geführte Wanderungen zu den Wasserfällen Avdalsfossen und Vettisfossen.

**Touristeninformation** im Sitla Hotel/Øvre Årdal und im Klingenberg Fjordhotel/Årdalstangen.

## Luster

Dort, wo der Sognefjord am weitesten ins Land hineinreicht, liegt die Gemeinde Luster, die neben dem gleichnamigen Fjordarm auch die Hälfte von Norwegens größtem Gletschermassiv, dem Jostedalsbreen, sowie den westlichsten und wildesten Teil Jotunheimens, der als Nationalpark geschützt ist, umfaßt. Die Anreise von Lom im Gudbrandsdal über das **Sognefjell** zum Sognefjord (Str. 55) gehört zu den schönsten und auch für Kinder spannendsten Möglichkeiten, ins Fjordland zu gelangen, weil die Straße, deren höchster Punkt bei 1440 m liegt, manchmal auch im Sommer noch von meterhohen Schneewänden gesäumt ist. (Wintersperre von Anfang Dezember bis Mitte Mai.) Im Sognefjell **Sommerskizentrum** kann man Langlaufskier leihen.

**Unterkunft**: Sognefjell-Turisthytte, meist von Skiklubs belegt, ✆ 61 21 29 34; nächste Unterkunft in Turtagrø

**Wanderungen**: Als Ausgangspunkt für Wanderungen im West-Jotunheimen Nationalpark eignen sich am besten die Sognefjell-Turisthytte und Turtagrø.

In **Turtagrø** befindet sich das traditionsreiche Kletterzentrum für Touren in **Hurrungane**, dem alpinen Bereich Jotunheimens mit 24 Gipfeln über 2000 m. Unter Kletterern weithin bekannt ist vor allem das Massiv der Skagastøltindane, dessen höchster Gipfel, der Store Skagastølstind, mit 2405 m dritthöchster Berg Norwegens ist.

Von Turtagrø führt eine 20 km lange, gebührenpflichtige Straße (höchster Punkt in 1135 m Höhe) nach Årdal; phantastische Aussicht auf die alpine Gipfel Jotunheimens.

**Unterkunft**: Turtagrø Hotel, ✆ 57 68 61 16. Kletterkurse, Gletschertouren.

Auf dem Weg nach Skjolden passiert man **Fortun**. Die Stabkirche des Ortes wurde 1883 abgetragen und in Fantoft bei Bergen wieder aufgebaut.

Der kleine Ort **Skjolden** liegt am innersten Zipfel des Sognefjords, der über 200 km lang und damit der längste Fjord der Welt ist. Das quer verlaufende Mørkridsdal ist ein guter Ausgangspunkt für Wanderungen in **Breheimen** – ein mindestens ebenso schönes, aber weit weniger besuchtes Gebiet als Jotunheimen. In Skjolden zweigt die 32 km lange, sehr schmale Fjordstraße zur Stabkirche von Urnes (s. S. 158) ab, die am Wasserfall Feigefossen (218 m freier Fall) vorbeiführt.

**Unterkunft**: Skjolden Hotel, ✆ 57 68 66 06; preiswerter: Skjolden Vandrerhjem, ✆ 57 68 66 15; Vassbakken Kro & Camping, ✆ 57 68 61 88, Kroken Gård, Appartements/Häuser an der Straße nach Urnes, ✆ 57 68 37 50; Stokkenes Gård, ✆ 57 68 37 44

Die Fahrt von Skjolden weiter Richtung Sogndal führt am Fjord entlang. Bewaldete Berghänge wechseln mit grünen Wiesen und kleinen Siedlungen. Im eher unscheinbaren Fjorddorf Luster ist die um 1250 in gotischem Stil erbaute **Dale-Kirche** mit ihren Fresken sehenswert (im Sommer tgl. 9–20 Uhr). Vom kleinen Fjordnest Nes aus (Camping, ✆ 57 68 64 24) bietet sich ein schöner Blick über den Sognefjord zum Wasserfall Feigefossen.

In **Gaupne**, dem Verwaltungszentrum der Lustergemeinde, kann man bequem Besorgungen erledigen: das moderne Zentrum Pyramiden vereint Post, Buchladen, Touristeninformation, Autowerkstatt, Supermarkt, Café, Spielecke für Kinder usw. unter einem Dach (im Sommer 9–17 Uhr, Sa 9–13 Uhr, im Juli auch So 14–17 Uhr). Auf einer kleinen Anhöhe oberhalb des Geschäftszentrums steht die im Innern reich mit Rankenmalereien geschmückte **Gamle Kyrkje** aus der Mitte des 17. Jh. (15. 6.–15. 8. tgl. 10.30–16.30 Uhr).

## Das Jostedalen

Das schmale, in weiten Teilen bewaldete Tal (weniger als 500 Ew.) erstreckt sich von Gaupne am Lusterfjord knapp 40 km Richtung Norden zu den Ausläufern des Jostedalsgletschers, dessen reißendes Schmelzwasser sich im grünen, vom mitgeführten Kies milchigen Jostedalsfluß sammelt. Die Straße durch das Tal wurde als Transportweg für den Ausbau des Wasserkraftwerkes im oberen Jostedal und Jostedalbreen angelegt. In Gjerde zweigt die Straße ins grüne Krundal ab, an dessen Ende sich der steilste Gletscherarm des Jostedalsbreen, der **Bersetbreen**, ins Tal ergießt. Im Krundal und dem quer verlaufenden Røykjedal gibt es gute Möglichkeiten für Familienspaziergänge durch die schöne Almlandschaft.

Die größte Attraktion des Jostedal ist der **Nigardsgletscher**, der beim Näherkommen mit seinen haushohen Spalten, spitzen Eistürmen, schwarz gähnenden Gletschertoren, reißenden Schmelzwasserbächen und unergründlichen blauen Tiefen in den Bann schlägt. Die 3 km lange, gebührenpflichtige Straße führt zu einem Parkplatz am Gletschersee **Nigardsvatnet**. Im ersten Abschnitt verläuft sie durch niedrige Birken- und Kiefernwälder, die zum Teil die beeindruckenden Endmoränen verdecken. Diese entstanden seit Mitte des 18. Jh. durch zeitweiligen Stillstand, Vorrücken und erneuten Rückzug der

Gletscherzunge. Im Juli 1985 wurde der untere Teil des Nigardsbreen sowie der obere Bereich des Nigardstales, insgesamt 28 km², zum Naturschutzgebiet erklärt. Am Eingang zum **Jostedal Nationalpark** befindet sich das architektonisch reizvolle Breheimsenteret, in dem sehr anschaulich und vielseitig das Naturphänomen Gletscher erläutert wird (1. 5.–31. 9. tgl. 9–20 Uhr, sonst tgl. 10–17 Uhr, ✆ 57 68 32 50; Cafeteria, Touristeninformation).

Vom 1. 6.–15. 9. werden auf dem Nigardsbreen geführte Wanderungen veranstaltet. Empfehlenswert mit Kindern ab 6 Jahren sind die ca. 1,5 stündigen Touren im Juli/Aug. Eine Herausforderung bietet die 3-Tagestour quer über den Jostedalsbreen. Warme Kleidung, festes Schuhwerk sind erforderlich, der Rest der Ausrüstung wird gestellt.

**Bus** von Gaupne zum Nigardsbreen, Mitte Juni–Ende Aug., morgens hin, abends zurück.

Über den See verkehrt das **Boot** Jostedalsrypa (im Sommer

tgl. 10–18 Uhr), von dort gelangt man in etwa 15 Min. zu Fuß an die Gletscherzunge, zu Fuß am See entlang sind es etwa 40 Min. zum Gletscher.

Auf dem Nigardsbreen

### Lang befürchtet und doch überraschend

## Das Vorrücken des Nigardsgletschers

Zu Beginn der »kleinen Eiszeit« um 1700 begann sich der Nigardsbreen auszudehnen und wuchs bis 1748 um fast 3 km. Die Eismassen wälzten sich – einer Woge gleich – in das Tal, in dem seit Jahrhunderten Menschen auf dem Nigardshof siedelten. Das bedrohliche Vorrükken des Gletschers wurde von Mathias Foss – von 1741 bis zu seinem Tod im Jahre 1792 Gemeindepfarrer im Jostedal – ausführlich dokumentiert. Um 1742 notierte er, daß sich das Eis bis auf hundert Armlängen an die Felder des Nigardshofes herangeschoben hatte.

Im August des folgenden Jahres war es dann soweit. Lang befürchtet und am Ende doch überraschend, erfaßte die Gletscherzunge den Hof und »riß die Häuser fort, warf sie herum und wälzte sie vor sich her mit einer ungeheuren Menge von Erde, Kies und großen Felsbrocken . . . die Hofbewohner mußten mit ihren Besitztümern hastig das Feld räumen und Unterkunft suchen, wo immer es möglich war.«

Um 1748 hatte der Gletscher seine größte Ausdehnung erreicht und begann sich zunächst nur langsam wieder zurückzuziehen. In manchen Jahren kam es dennoch erneut zu Vorstößen der Eismassen, so 1845, 1873, 1910 und 1930. Die Geschichte des Rückzugs dokumentieren die Endmoränen auf dem Weg durch das Gletschertal. Von 1750–1975 schmolz der Nigardsbreen um insgesamt 4,5 km. Mehr als die Hälfte davon in der Periode zwischen 1930–1960, damals lagen die Sommertemperaturen weit höher als in den 200 Jahren zuvor. Durch das Schmelzwasser bildete sich zwischen Gletscherrand und dem vorerst letzten größeren Moränenrücken von 1930 ein See, der Nigardsbrevatnet. Seit etwa 1975 ruht der Gletscherarm, der sich allerdings im letzten Jahrzehnt verdickt, das heißt, an Eismasse zugelegt hat, so daß in Kürze sein erneutes Vorrücken zu erwarten ist. Anfang der 90er Jahre hat es denn auch erste Anzeichen dafür gegeben.

**Unterkunft** im Jostedalen: Nigardsbreen Pensjonat, preiswert: ✆ 57 68 32 07; Solvang Kafe & Pensjonat, Gjerde, ✆ 57 68 31 19; Gjerde Camping, Flußnähe, Hütten, ✆ 57 68 31 54; Nigardsbreen Camping, Hütten, etwas karger Zeltplatz, ✆ 57683135

**Ausflüge**: Interessant ist ein Besuch im Wasserkraftwerk Myklemyr, **Jostedal Kraftstasjon**, das 1200 m im Berg liegt (nur im Sommer Führungen, 17 km von Gaupne, Str. 604).

## Hafslo

Auf dem Weg von Gaupne nach Hafslo zweigt in **Marifjøra**, einem alten Handels- und Marktplatz, Norwegens kürzeste Nationalstraße (245 m) ab. Die Seitenstraße führt einige Kilometer am Fjord entlang (Sackgasse) und bietet sich für einen Spaziergang abseits der Hauptstraße an.

Weiter Richtung Hafslo geht es zur Abwechslung einmal durch eine dicht bewaldete Region, bevor sich die Landschaft wieder öffnet in ein freundliches, weites Bauernland mit Höfen, Wiesen und grasenden Kühen an sanftabfallenden Hängen. Bereits in den ersten Jahrhunderten nach Christi Geburt war diese Gegend dicht besiedelt. Oberhalb des langgestreckten Dorfes liegen in etwa 500 m Höhe die Almgebiete der Höfe im Tal. Grabfunde und Häusermauern deuten darauf hin, daß die Wikinger das ganze Jahr dort oben wohnten.

Jedes Jahr Ende August zieht das **Angelfestival** viele Petrijünger an. Im See Hafslovatnet, der bis zu 130 m tief ist, sind schon 6 kg schwere Forellen gefangen worden.

**Unterkunft:** Eikum Hotel, ✆ 57 68 41 09; Hafslo Gjestehus, ✆ 57 68 44 01; Hafslotun Kro og Hyttesenter, ✆ 57 68 41 78; Lyngmo Ungdomssenter og Camping, ✆ 57 68 43 66

Von Hafslo führt eine 35 km lange Straße, immer am langgestreckten Veitastrondvatnet entlang, nach **Veitastrond** und weiter (auf gebührenpflichtiger Straße) zur Tungestølen Turisthytte, dem Ausgangspunkt für Touren zu einem weiteren Gletscherarm des Jostedalsbreen, dem **Austerdalsbreen**, den der englische Kletterpionier W. C. Slingsby als »the finest ice scenery in Europe« beschrieb. In ca. 2 Std. kann man zu den Gletscherzungen Thor und Odin wandern. Die Bewohner des Tals waren vor dem Bau des Tunnels im Winter durch Lawinen oft mehrere Wochen (bis zu 100 Tagen!) von der Außenwelt abgeschnitten.

**Verkehr**: Tgl. Busse von Sogndal und Hafslo.

**Unterkunft**: Tungestølen Turisthytte, ✆ 63 98 05 56 (im Sommer an Wochenenden Führungen zu den Gletscherzungen).

## Urnes

Der idyllische Fährort **Solvorn**, den so mancher Reisende nur ansteuert, um zur Stabkirche nach Ornes/Urnes überzusetzen, überrascht durch seine malerische Lage und seine hübschen Holzhäuser. Gegenüber

Die Urnes-Stabkirche

vom Fähranleger befindet sich das Walaker Hotell ✆ 57684207), das seit neun Generationen von der gleichen Familie geführt wird. Zum Hotel gehört die Galerie Walaker 300, in der man Bilder einheimischer Künstler besichtigen (und kaufen) kann (im Sommer tgl. 12–17 Uhr, Eintritt).

Die Straße vom Fähranleger führt durch Kirsch- und Apfelplantagen mit weitem Blick über den Lusterfjord in etwa 15 Min. zur Urnes **Stabkirche**. Hier muß einst ein reiches, mächtiges Bauerngeschlecht gewohnt haben, das den Bau der Kirche in Auftrag gegeben hat. Das in den Jahren 1130–1150 errichtete Gotteshaus mit den drei übereinander gebauten Holzschindeldächern und den winzigen Giebeln wirkt von außen eher bescheiden. Für den Bau griff man zum Teil auf das Material einer älteren Kirche zurück, so auch für das berühmte Nordportal, das oben und unten mit der Axt zurechtgestutzt und um etwa 80 cm verkürzt wurde. Auf ihm ringen schmale, ineinanderverschlungene Fabeltiere in einem zornigen Kampf. Im Innern überraschen die warmen goldbraunen Töne, die zahlreichen Schnitzereien und Kunstschätze.

Das Kirchengestühl, das Altarbild, die Kanzel sowie die gedrechselte Chor-Abtrennung stammen aus dem 17. Jh. Im selben Jahrhundert wurde auch ein folgenschwerer Eingriff in die Konstruktion vorgenommen. Man sägte zwei tragende Pfeiler in der nordöstlichen Ecke des Hauptraumes einfach ab, um an dieser Stelle Platz für eine geschlossene Loge der einflußreichen Familie Munthe aus Kroken zu schaffen. Zur Stabilisierung setzte man Schrägstreben an der Ostwand ein, die die stolz aufwärtsragende Stabkonstruktion bis heute verunstalten. Die Stabkirche steht auf der UNESCO-Liste der schützenswerten Kulturdenkmäler (Ende Mai–Ende Aug. Führungen).

**Verkehr**: Fähre M/S Urnes fährt in der Hochsaison Mo–Fr 9 × tgl. von Solvorn nach Ornes, am Wochenende für Fußgänger ebensooft, aber nur 1 × tgl. um 18.30 Uhr von Solvorn und um 18.50 Uhr von Ornes Autotransport.

**Sightseeing**: Solvorn – via Feigum Wasserfall – Urnes Stabkirche, 5 Std., 2 × pro Woche. 5–6 × tgl. Fähre Solvorn–Ornes.

## Sogndal/Kaupanger

Die wichtigsten primären Erwerbszweige der Sogndal-Gemeinde sind die Landwirtschaft (Obstanbau, Schafzucht) und die Forstwirtschaft. Die Umgebung der beiden Hauptorte Sogndal und Kaupanger repräsentieren zwei unterschiedliche Kulturlandschaftstypen. Während Sogndal für seine großen Obstgärten bekannt ist, umgeben Kaupanger endlose Kiefernwälder.

**Sogndal**, das auf Grund seiner günstigen Lage am Fjord schon relativ früh dicht besiedelt war, ist die Versorgungs-, Ausbildungs- und Kulturmetropole für den gesamten Inneren Sogn. Moderne Beton- und Glasbauten dominieren das Ortsbild entlang der Hauptstraße, unten am Fjord sind dagegen mehrere alte Holzgebäude erhalten. Im benachbarten, heute mit Sogndal zusammengewachsenen **Stedje** befand sich im 11. Jh. die erste Kirche, die im Mittelalter vermutlich von Gläubigen aus der gesamten Region besucht wurde. Die Nachfolger-Kirche stammt aus der zweiten Hälfte des 19. Jh. Etwa 500 m vor dem Gotteshaus steht ein schmaler, knapp 2 m hoher **Runenstein** aus der Zeit um 1100, dessen Inschrift lautet: »König Olav schoß zwischen diesen Steinen.« Die Zeilen könnten im Zusammenhang mit dem Bau der ersten Kirche stehen, als der König den Standort mit Pfeil und Bogen auswählte.

Die Stedje-Mühle auf der Südseite des Sogndalflusses, die von 1893–1960 in Betrieb war, wurde 1980 vom Sogn Folkemuseum übernommen und soll restauriert werden.

**Verkehr**: Fähre s. Kaupanger. Flughafen: Flüge nach Bergen und Oslo. Expreßbusse:

Oslo–Sogndal–Førde, 2 × tgl.; Otta–Lom–Sogndal (im Sommer) 1 × tgl.; Lillehammer-Fagernes–Sogndal–Voss–Bergen, 1 × tgl.; Voss–Sogndal 3 × tgl.; Sogndal–Førde 1–4 × tgl. 1994/95 soll die Straßenverbindung von Sogndal nach Fjærland fertiggestellt werden.

**Unterkunft**: Inter Nor Sogndal Hotell, teuer, ✆ 57 67 23 11; Hoflsund Fjord Hotel, (Mittelklasse), ✆ 57 67 10 22; Sogndal Hotell, ✆ 57 67 23 11; preiswerter: Sogndal Vandrarheim, ✆ 57 67 20 33; Sogndal Sommerhotell, ✆ 57 67 30 40; Kollsete Hyttegrend, ✆ 57 67 99 14; Loftesnes Hytter, ✆ 57 67 21 96; Stedje Camping, ✆ 57 67 10 12; Vesterland Feriepark, 6 km außerhalb an der Str. Richtung Kaupanger, ✆ 57 67 83 30

**Touristeninfo** im verglasten Kulturhaus, ✆ 57 67 30 83 (1. 6.–1. 9. Mo–Fr 9–20 Uhr, Sa 10–13 Uhr, So 13–18 Uhr, Rest des Jahres Mo–Fr 11–16 Uhr).

Zwischen Sogndal und Kaupanger liegen die sehenswerten kulturhistorischen Sammlungen des Gutsbesitzers Gert Falch Heiberg (1871–1944) und das Freilichtmuseum **Sogn Folkemuseum**. Beide dokumentieren in beeindruckender Weise das Leben der Sogndaler seit dem 16. Jh. Im fast 3000 m² umfassenden Hauptgebäude befindet sich u. a. eine Kopie des berühmten **Eggumsteins**, in den fast 200 Runenzeichen vermutlich zu magischen Zwecken eingeritzt wurden; das Original ist im Bryggen-Museum in Bergen zu besichtigen. Auf dem großen, mit lichtem Kiefernwald bewachsenen Museumsgelände sind außerdem über 20 Gebäude aus der Sogn-Region aufgestellt, selbst die zu einem Hof gehörenden Tiere wie Fjordpferde, Schafe, Schweine und Hühner findet man hier (im Sommer Mo–Fr 10–18 Uhr, Sa/So 12–18 Uhr, Mai und Sept. 9–15 Uhr, Sa/So 12–18 Uhr, Picknickplätze, Kinderspielplatz).

Kurz vor Kaupanger zweigt die Straße zum Sogndaler Flughafen ab. Der Flughafen liegt 500 m über dem Meeresspiegel auf der **Haukåsen Halbinsel**, einem beliebten Freizeit- und Wandergebiet. An der nordwestlichen Spitze liegt **Fimreite**. Hier fand eine der bedeutendsten Schlachten der norwegischen Geschichte statt: Im Jahre 1184 trafen die Schiffe von Sverre Sigurdsson und Magnus Erlingsson aufeinander. Beide stellten den Anspruch, König von Norwegen zu sein. Magnus fiel in der Schlacht und mit ihm ein Großteil des norwegischen Adels. Durch seinen Sieg wurde Sverre Alleinherrscher über Norwegen.

Die Höfe in Fimreite – auf einer breiten Terrasse unterhalb der abrupt abfallenden Hänge gelegen – haben bis heute keine Straßenanbindung. Wer dorthin wandern möchte (Tagestour), sollte vorher für den Rücktransport per Boot sorgen (Touristeninformation).

Seine wohl bedeutendste Zeit erlebte das im Innern der Amlabucht gelegene **Kaupanger** (*kaupang* = Handels- und Umschlagplatz) im Mittelalter. Im 16. Jh. geriet es als Markt- und Handelsort immer mehr in den Schatten von Lærdalsøyri auf der anderen Seite des Fjords. In der um 1200 errichteten **Stabkirche** werden heute noch Gottesdienste abgehalten. Die Kirchenschiff und -chor schmückenden Malereien mit dem interessanten Notenband stammen aus dem beginnenden 17. Jh. (im Sommer tgl. 9.30–18.30 Uhr). Direkt am Fähranleger befindet sich das **Sognefjord Bootsmuseum**. Die Sammlung umfaßt neben Frachtseglern, Fischkuttern auch Kirchruderer und Eisboote mit Kufen aus der Zeit von 1800 bis ca. 1920 (Juni–Aug. Mo–Fr 9–17 Uhr, Sa/So 12–18 Uhr).

**Verkehr**: Fähre Kaupanger/Revsnes, 15 Min., 20–25 × tgl.; Kaupanger-Gudvangen, 150 Min., 3 × tgl.; Kaupanger-Årdal, 80 Min., 6–7 × tgl.

**Unterkunft**: Husum Hotell, ✆ 57 66 81 48; Timerlids Hytter, ✆ 57 67 83 56

## Von Sogndal nach Hella

Mit seinen über 80 000 Obstbäumen zählt die Leikanger-Gemeinde zu den sechs größten Fruchtproduzenten Norwegens. Ab Mitte Mai sind die Orte Hermansverk und Leikanger von einem Blütenmeer umgeben. Das Klima ist so mild, daß hier sogar Pfirsich-, Aprikosen- und Walnußbäume gedeihen. Die Straße zum Fährort Hella führt immer direkt am Fjord entlang.

**Unterkunft**: Sognefjord Turisthotel, ✆ 57 65 34 44; Leikanger Fjord Hotel, ✆ 57 65 36 22

In **Hella** endet die Straße. In dem winzigen Fährort im Herzen des Sognefjords gibt es wenig mehr als einen Kiosk und den Fähranleger. Hier kann man nur auf die Fähre warten, Eis und Würstchen *(Pølser)* verdrücken und sich auf die Überfahrt freuen, die – egal wohin – mit grandioser Fjordlandschaft aufwartet.

**Verkehr**: Fähre Hella-Vangsnes, 15 Min., 16–20 × tgl.; Hella–Dragsvik, 10 Min., 23–30 × tgl.; Hella–Fjærland, 90 Min.; 5–6 × tgl.

## Balestrand

Balestrand wird als das beliebteste Fremdenverkehrsziel am Sognefjord gepriesen. Schon im 19. Jh. zog der hübsche Fährort Maler aus ganz Europa an. Bei einem Spaziergang durch den Ort findet man noch einige der meist im Schweizerstil erbauten **Künstlervillen**. Sehenswert ist auch das im Schweizerstil errichtete **Kvikne's Hotel**, Nordeuropas größtes Holzgebäude, dessen ältester Teil aus dem Jahre 1894 stammt. Es lohnt sich, die imponierende Fassade des in Hafennähe direkt am Fjord gelegenen Hotels näher zu betrachten. Nur

Der Sognefjord bei Balestrand

wenige Gehminuten vom Fähranleger entfernt befindet sich die 1897 im »Drachenkopfstil« erbaute **St. Olavs Church**. Sie wurde auf Initiative einer englischen Pfarrerstochter, die nach Balestrand geheiratet hatte, für die zahlreichen englischsprechenden Touristen errichtet.

Einen faszinierenden Überblick der Geschichte des Tourismus bietet das Vestnorsk Reiselivsmuseum (Öffnungszeiten im Touristenbüro erfragen).

Viele archäologische Funde, vor allem in den zahlreichen Grabhügeln deuten darauf hin, daß Balestrand in der Völkerwanderungs- und der Wikingerzeit dicht besiedelt war. Die üppigen Grabbeigaben (darunter eine Weinkaraffe aus dem Frankenreich) lassen auf wohlhabende und einflußreiche Familien schließen, die Kontakte zu verschiedenen Ländern Europas unterhielten. Beeindruckend sind die **Belehaugane**, zwei Grabhügel an der Fjordstraße Richtung Süden, 5–10

Min. zu Fuß vom Hafen. Auf einem der Grabhügel thront der legendäre Wikingerkönig Bele, die Statue wurde im Jahre 1913 vom sagabegeisterten Kaiser Wilhelm II. gestiftet.

Allen historisch Interessierten ist ein Besuch im **Sognefjord Wikingerzentrum** oberhalb des Fähranlegers in **Dragsvik** sehr zu empfehlen. Neben einem Informationszentrum stehen ein rekonstruierter Wikingerhof und ein Bootshaus im Mittelpunkt der Darstellung. Erklärtes Ziel der Aussteller ist es, den Besuchern vor Augen zu führen, daß die Wikinger keineswegs die ersten Norweger waren und nicht nur räubernd und brandschatzend durch die Lande zogen (im Sommer, tgl. Mai–Sept. 10–18 Uhr; Handgefertigte Souvenirs, deutschsprachige Infobroschüren).

Wer von Balestrand Richtung Sunnfjord/Nordfjord reisen möchte und schon genug Fjord gesehen hat, sollte die Straße (5/13) wählen. Sie führt von Balestrand zunächst Richtung Norden am schmalen Vetlefjord entlang, dann weiter über das wilde Gaularfjell.

**Verkehr:** Fähre Balestrand/Hella-Fjærland, 90 Min., 5–6 x tgl., Expreßboot: Flåm – Balestrand – Fjærland. Dragsvik: Fähre Dragsvik – Vangsnes, 25 Min. 15–20 x tgl., Dragsvik – Hella, 10 Min., 23–30 x tgl. Sommerbus Balestrand – Moskog – Sandane/Stryn, 6 1/4 Std.

**Unterkunft:** Kvikne's Hotel, altes Prachthotel am Fjord, relativ teuer, ✆ 57 69 11 01; preiswerter: Kringsjå Hotell/Vandrerhjem, ✆ 57 69 13 03; Midtnes Pensjonat, ✆ 57 69 11 33; Bøyum Pensjonat, preiswert, ✆ 57 69 11 14; Sjøtun Camping, schöne Lage am Fjord mit Bademöglichkeit, ✆ 57 69 12 23;. In Dragsvik: Dragsvik Fjordhotell (gehobene Mittelklasse), ✆ 57 69 12 93; Dragsvik Fjordhytter, ✆ 57 69 13 83

**Touristeninformation** am Hafen, ✆ 57 69 12 55 (im Sommer Mo–Fr 8–13 und 16–19 Uhr, So 11–15 Uhr)

**Einkaufen:** In Dragsvik Haukås Emaillewerkstatt, Mo–Fr 10–19 Uhr

## Fjærland

Die Fährfahrt durch den 25 km langen Fjærlandsfjord ist ein Genuß! Schon von weitem leuchten die Gletscherzungen des Jostedalbreen, die bis hinab in die fruchtbaren, grünen Täler reichen. Am Ende des schmalen Fjordarmes, nur etwa 10 km vom Gletscher entfernt, liegt der kleine Fährort Fjærland, der erst 1986/87 durch den 6 km langen Tunnel, der unter dem Gletscher hindurch nach Jølster führt, Straßenanbindung erhielt. Fjærland entwickelte sich schon früh zu einem Zentrum des Gletschertourismus. Der Eintritt zum architektonisch interessanten **Norwegischen Gletschermuseum** (Bremuseum, 3 km von Fjærland) ist teuer, aber lohnenswert und auch für Kinder lehrreich (tgl. von Juni–

Aug. 9–19 Uhr, April, Mai, Sept., Okt. 11–17 Uhr, Café, Rabatt für kinderreiche Familien). Phantastisch ist der Panoramafilm, der so raffiniert gedreht ist, daß die Zuschauer glauben, tatsächlich im Hubschrauber zu sitzen und in schwindelerregender Höhe über die furchteinflößenden Eisspitzen und durch die Eisschluchten des Jostedalbreen zu fliegen.

Von Fjærland aus sind zwei Gletscherarme bequem mit dem Auto zu erreichen. Zum **Suphellebreen** gelangt man über eine 5 km lange Seitenstraße zu einem Parkplatz mit Café, von dort sind es nur wenige Minuten zu Fuß am kiesigen, verzweigten Fluß entlang zum breiten Vorgletscher. Weit oben türmen sich die gewaltigen und wilden Eismassen des Hauptgletschers. Von der Flatbrehytta, die in gut 2 Std. vom Parkplatz aus zu erreichen ist, nehmen geführte Gletschertouren auf den **Flatbreen** ihren Anfang. Von der Hütte bietet sich ein phantastischer Blick über den Fjærlandsfjord. Information im Gletschermuseum oder Infokiosk in Fjærland.

Der **Bøyabreen** liegt unmittelbar neben der Hauptstraße, die hier in den Tunnel führt. Im Sommer kommt es hier häufig zu Schnee- und Eisabbrüchen, deren dumpfes Grollen durch das friedliche grüne Tal dröhnt. Vom Parkplatz an der Brævasshytte mit Restaurant/Souvenirladen gelangt man in etwa 10 Min. auf schmalen, durch Birkenwald führenden Trampelpfaden bis zum Gletschersee.

**Verkehr:** Fähre Fjærland – Balestrand/Hella, 90 Min.; 5–6 x tgl., solange die Straßenverbindung nach Sogndal noch nicht fertiggestellt ist (1994/95). Tunnel von Fjærland nach Jølster, 21 km zum Jølstravatnet.

**Unterkunft:** Hotel Mundal, relativ teuer, schönes altes Hotel, meist ausgebucht, ✆ 57 69 31 01; Hütten: Distad, Einar, ✆ 57 69 31 55; Distad, Erik, ✆ 57 69 32 05; Distad, Steinar, ✆ 57 69 32 51

**Informationen:** Informationskiosk am Fähranleger.
**Ausflüge:** Sightseeing mit dem Bus. Gletschermuseum, Bøyabreen, Suphellebreen, Juni–Aug., 2 x tgl. Abfahrt am Fähranleger.

## Von Florø zum Westkap

Dieser Abschnitt der zerklüfteten, wenig frequentierten Westküste lockt mit vielen Sehenswürdigkeiten wie etwa dem Kloster in Selje, den Felszeichnungen in Vingen und faszinierenden Leuchttürmen. Vom Sognefjord gelangt man über Førde, ein durch moderne Betonbauten und große Straßenkreuzungen geprägtes Verkehrs-, Handels- und Industriezentrum, auf der Straße 5 nach Florø, das sich von dem Schärengürtel am offenen Meer im Westen zum schneebedeckten Hochfjell im Osten erstreckt.

**Florø**, Norwegens westlichste Stadt wurde 1860 auf königlichen

Beschluß gegründet. Wenig später blieben die großen Heringsschwärme plötzlich aus. Die Florø-Fischer mußten fortan nach Møre und Nordland segeln, um Hering und Kabeljau zu fangen. Nach mageren Zwischenkriegsjahren kehrte der Hering nach dem Zweiten Weltkrieg zurück: zehn Jahre lang verzeichnete man traumhafte Fangquoten. Doch danach sah es schlecht aus. Als Ausgleich wurde die Entwicklung neuer Industriezweige gefördert, vor allem der Schiffsbau, der sich heute auf den Offshore-Bereich spezialisiert hat. Durch die reichen Erdgas- und Erdölvorkommen vor der Küste ist Florø zur Ölstadt der Provinz Sogn og Fjordane avanciert und dient den Feldern Statfjord, Gullfaks, Troll, Snorre und Veslefrikk als Versorgungsbasis.

Im Zentrum von Florø gibt es noch viele in traditionellem Weiß gestrichene Holzgebäude. Alte Lagerhäuser und Bootsschuppen säumen den Hafen, in dem Fischkutter und Versorgungsschiffe vor Anker liegen.

Gemütlich und urig mit alten Fischereigerätschaften ausgestattet ist das in einem 150 Jahre alten Speicher eingerichtete Café Kake-Bua. Schräg gegenüber wurde Anfang der 90er Jahre in dem zweistökkigen Gebäude einer ehemaligen Salzerei der Gastronomiebetrieb Hjørnevik bua eröffnet mit einem stilvollen Restaurant (oben) und einer netten Café/Kneipe (unten). Hier läßt es sich trefflich speisen (Fischspezialitäten) und die Aussicht über den Hafen genießen (auch abends geöffnet).

Etwa 15 Min. vom Zentrum entfernt befindet sich das **Küstenmuseum Sogn og Fjordane**, in dem u. a. eine große Bootssammlung, rekonstruierte Fischerhütten, Fanggeräte einen Überblick über das Leben entlang der Küste gewähren (im Sommer Di–Fr 12–18 Uhr, Sa/So 12–15 Uhr, Rest des Jahres Mo–Fr 9–15 Uhr, So 12–15 Uhr, Sa geschl.). Einen Besuch wert sind auch die Felszeichnungen in **Ausevik**, 45 Autominuten südöstlich von Florø. 1935 wurden hier über 300 Tierfiguren und Jagdsymbole etc. entdeckt, die vermutlich aus der Übergangszeit zwischen Stein- und Bronzezeit stammen. Von der schlecht ausgeschilderten Einfahrt an der Straße sind es knapp 5 Min. zu Fuß zu den beeindruckenden Malereien.

**Verkehr:** Fähre Florø – Smørhamn, 90 Min., 1 x tgl.; Hurtigrutenanlauf. Flug- und Expreßverbindung nach Oslo, Bergen, Ålesund und Trondheim. Kostenloses Parken nur am Ortseingang auf dem Parkplatz des Snorre Einkaufszentrums.

**Unterkunft:** Victoria Hotel, Markegt. 43, teuer, ✆ 57 74 10 33; Misjonsheimen, Markegt. 28, relativ preiswert, ✆ 57 74 15 09; Krokane Camping, komfortable Hütten, Ortseinfahrt Str. 5, wenig Platz für Zelte, ✆ 57 74 22 20

**und Tips:** Touristeninformation in der Strandgata (Parallelstraße zum Hafen), nur zu Fuß erreichbar. Selten Führungen zu den Felszeichnungen in Ausevik. Infos im Tourismusbüro.

**Wanderungen:** Der Flora Turlag hat ein detailliertes Heft mit Wandervorschlägen in Flora samt Kartenausschnitten herausgegeben (bisher nur auf Norwegisch), erhältlich im Tourismusbüro. Knapp 40 km östlich von Florø beginnt in Grøndal der anspruchsvolle, etwa 6stündige Aufstieg zum **Ålfotgletscher**. Die Tour führt an einer Hütte des Flora Turlag vorbei, Blåbrebu (800 m), gute Skiverhältnisse bis in den Juli.

## Bootsausflüge von Florø

Westlich von Florø liegt die kleine, grasbewachsene Insel **Kinn**, die unter Seefahrern durch die markante Kinnaklova, eine wie durch einen gewaltigen Axthieb eingekerbte Felskluft, seit altersher bekannt ist. Auf der Nordwestseite der Insel steht die berühmte **Kinnakyrkja**, eine aus massiven Steinquadern gebaute romanische Kirche auf einer grünen, baumlosen Ebene, den Stürmen des Nordmeers schutzlos ausgeliefert. Das Kirchenschiff stammt vermutlich aus der Mitte des 13. Jh., der Chor ist möglicherweise noch 200 Jahre älter. An die Entstehung der Kinnakyrkja sind viele Sagen geknüpft: So soll beispielsweise zum Gefolge der irischen Königstochter Sunniva (s. S. 169) auch ihre Schwester Borni (Borgny) gehört haben. Borni rettete sich in Kinn an Land und errichtete aus Dankbarkeit für ihre Errettung mit Hilfe eines Einsiedlers eine Kirche. Seit 1986 wird hier jedes Jahr im Juni das Historienspiel Kinnaspelet aufgeführt. Es handeltvom Widerstand der Küstenbevölkerung gegen die Einführung der Reformation im Jahre 1537.

**Verkehr:** Bootstour ab Fugleskjærskai/Florø, 2 x pro Woche (Di, Do, So auf Bestellung), Führungen.

Etwa 30 Min. südöstlich von Florø entfernt, liegt die kleine Insel **Svanøy**, die wegen ihrer idyllischen Natur auch Perle des Sunnfjords genannt wird. Seit 1685 befindet sich der Svanøy-Hof auf der Insel, ein Adelssitz, zu dessen Besitz einst riesige Landgebiete gehörten. Die Svanøy-Stiftung hat das Hauptgebäude, das in einem gepflegten Park mit hohen, schönen Bäumen steht, restauriert. Auch die stillgelegten Kupfergruben und ehemaligen Herings-Salzereien sind von Interesse.

**Verkehr:** Von Florø werden 2–3 x pro Woche (Mo, Fr) Bootsfahrten mit Führer nach Svanøy angeboten, Besichtigung einer Fischaufzuchtanlage sowie Information über Grubenbetrieb inklusive.

## Måløy und Umgebung

Der Ort Måløy liegt auf der Insel Vågsøy , die durch eine 1274 m lange Brücke mit dem Festland verbunden ist. Wichtigster Wirtschaftszweig ist der Fischfang und die damit zusammenhängende Industrie. Das Zentrum des Ortes, von dem ein Teil im Dezember 1941 in Flammen aufging, verteilt sich auf acht parallel zum Sund verlaufende Straßen.

Im Hafenort **Raudeberg**, nördlich von Måløy, kann man ins Inselinnere abzweigen, um zu dem phantastisch weiten Sandstrand bei **Refvik** zu gelangen, wo die Gemeinde einen Campingplatz eingerichtet hat, dessen Benutzung kostenlos ist.

Am Hendanes Leuchtturm: Blick vom Berg auf das Leuchtturmhaus

Auf der Insel Vågsøy gibt es mehrere sehenswerte Leuchttürme. Das Skongsnes fyr (*fyr* = Feuer) an der Nordspitze ist nur zu Fuß zu erreichen, lohnt aber den 2–3stündigen Spaziergang. Im Nordwesten, 22 km von Måløy entfernt, befindet sich der Leuchtturm **Kråkenes fyr**, zu dem eine schmale Straße über ein karges Hochland mit grandioser Sicht über die Kvalheimsbucht führt. Um zum dritten Leuchtturm zu gelangen, fährt man die Straße von Måløy Richtung **Vågsberget**, einem der besterhaltenen alten Handelsplätze an der Westküste, in dem noch sieben Häuser aus der Mitte des 17. Jh. bewahrt sind. Hier wurden Passagen aus dem Film »Die Landstreicher« gedreht, der auf dem gleichnamigen Roman von Knut Hamsun basiert. In dem

idyllischen, an einer grünen Bucht gelegenen Fischerdörfchen Torskangerpoll gabelt sich die Straße. Nach rechts geht es zum berühmten Kannestein in Oppedal, nach links zum Hendanes Leuchtturm. Der **Kannestein**, der sämtliche Måløy- und Vestkapp-Broschüren schmückt, ist ein pilzförmiger Fels, der von der Meeresbrandung im Verlauf der Jahrtausende geschliffen wurde.

Ebenfalls spannende Fotomotive bietet der **Hendanes Leuchtturm**. Unmittelbar hinter dem Wohn- und Leuchtturmhaus führt eine Eisenleiter den steilen, mit Heidekraut bewachsenen Berg hinauf. Der Blick ist phantastisch – ein weißer Brandungsgürtel säumt die steilabfallende, weitgestreckte Küstenlinie.

**Verkehr:** Expreßbus Oslo – Stryn – Måløy, 1 x tgl. Fähre: Måløy – Oldeide, 30 Min., 6–10 x tgl.

**Unterkunft:** Kaptein Linge Hotel, Gate 1 Nr. 25, gehobene Preisklasse, Restaurant »Aquarius«, ✆ 57 85 18 00: Måløy Gjestgiveri, Gate 1, relativ preiswert, ✆ 57 85 12 96. Im idyllischen Torskangerpoll, Fischerhütten/Appartments am Fjord: Vikabu, ✆ 57 85 44 84; Vestro, ✆ 57 85 45 10

**und Tips:** Touristenbüro an der Hauptstraße. Dort gibt es Informationen über Ausflüge zu den Felszeichnungen in Vingen.

**Bootsausflug:** Lohnenswert ist ein Ausflug auf die Insel **Silda** in das gleichnamige, malerische Fischerdorf. Boote von Måløy und von Selje, Information im Tourismusbüro.

## Vingen

In Bremanger, einer von Touristen bislang kaum beachteten Küstengemeinde zwischen Florø und Måløy, liegen einige idyllische Fischerdörfer (besonders schön ist Kalvåg) und in Vingen Nordeuropas größtes Feld mit steinzeitlichen Felszeichnungen. Vingen ist nur mit dem Boot zu erreichen. Hier wurden – vermutlich in der jüngeren Steinzeit – über 1000 Abbildungen, überwiegend Hirsche, aber auch einige Fische und Menschen in flache Felsen geritzt. Die Zeichnungen waren bis zu ihrer Entdekkung mit Gras bewachsen und sind seit ihrer Abdeckung sehr stark Witterungseinflüssen ausgesetzt. Die Felszeichnungen dienten vermutlich magischen Zwecken. Sie sollten eine erfolgreiche Jagd sichern.

**Verkehr:** Ausgangspunkt für die Bootstouren nach Vingen im nordöstlichen Teil der Insel Bremangerlandet. Im Sommer fährt an 2 Tagen (Mi, So) pro Woche von dem kleinen Hafen Klubben ein Boot nach Vingen. Es stoppt auch in Leirgulen, auf dem Festland. Vor Ort wartet eine Führerin. Aufenthalt ca. 2 Std.
Fähren nach Bremangerlandet: Måløy – Oldeide, 30 Min., 6–10 x tgl.; Florø – Smørhamm, 90 Min., 1 x tgl.; Kjelkenes – Smørhamm, 40 Min., 6–8 x tgl.

## Selje

Der kleine Ort Selje mit dem schönen weißen Sandstrand mitten im

## Die Legende von der heiligen Sunniva

Im 10. Jh. lebte in Irland die gottesfürchtige Sunniva, Tochter des irischen Königs. Sunniva ermunterte ihre Untertanen zu einem christlichen Leben und wurde für ihre Barmherzigkeit, ihre Schönheit und ihren Reichtum weit über die Landesgrenzen bekannt. Dies kam auch einem heidnischen Wikingerhäuptling zu Ohren, und er beschloß, die Insel zu unterwerfen. Nachdem er raubend, mordend und brandschatzend durch das Land gezogen war, versuchte er die Königstochter mit einschmeichelnden Worten zu überreden, mit ihm das Bett zu teilen. Gleichzeitig drohte er, ihr Land dem Erdboden gleichzumachen, wenn sie sich seinem Willen nicht fügen wolle. Sunniva beriet sich mit ihrem Volk und beschloß, mit denen, die es wünschten, Irland zu verlassen. Zusammen mit einer großen Schar von Frauen, Kindern und Männern begab sich Sunniva in Gottes Hand und ließ sich mit ihren Getreuen in drei kleinen ruderlosen Schiffen aufs Meer hinaustreiben. Nach einer langen Seereise gelangten sie nach Norwegen. In einem Sturm wurden die Boote auseinandergetrieben. Der kleinere Teil der Iren wurde in Kinn (bei Florø) an Land gespült, Sunniva aber landete auf Selja, das zu jener Zeit unbesiedelt war und nur als Viehweide genutzt wurde. Dort lebte sie ein frommes und keusches Leben, bis der ungläubige Håkon Ladejarl, Herrscher über Norwegen, beschloß, sie auf Grund falscher Beschuldigungen von der Insel zu vertreiben. Bis an die Zähne bewaffnet, begab er sich nach Selja. Sunniva und ihre Freunde flüchteten in eine Höhle und flehten zu Gott, er möge sie vor den heidnischen Männern erretten. Gott zeigte Erbarmen: er ließ die Höhle einstürzen. Sunniva und ihr Gefolge waren sofort tot.

Später sollen über der Insel immer wieder strahlende Lichtsäulen gesichtet worden sein, und als ein paar Handelsmänner neugierig an Land gingen, entdeckten sie dort den Kopf eines Menschen, von dem ein Leuchten ausging und der einen herrlichen Duft verströmte. Als König Olav in Trondheim von dem Wunder hörte, suchte er die Insel auf und fand duftende Knochen zwischen den Steinen und später auch den gänzlich unversehrten Körper der Märtyrerin Sunniva. Daraufhin ließ Olav auf Selja eine Kirche errichten, in deren näherer Umgebung sich viele Wunder ereignet haben sollen. Knapp 200 Jahre später, um 1170, ließ der Bergenser Bischof Pål die Überreste der heiligen Sunniva zur Ehre Gottes und der Domkirche nach Bergen überführen.

Zentrum befindet sich am südlichen Ende der von Seefahrern gefürchteten Halbinsel Stadlandet (s. S. 170). Landwirtschaft, Fischfang und Bootsbau machen die wichtigsten Wirtschaftszweige aus.

Die bekanntesten Baudenkmäler sind die **Klosterruinen** auf der vorgelagerten Insel Selja, ca. 15 Bootsminuten vom Seljehafen entfernt. Im Mittelalter befand sich hier der erste Bischofssitz Vestlands, der vermutlich um 1170 nach Bjørgvin (Bergen) verlegt wurde. Das dem angelsächsischen Heiligen Albanus geweihte Benediktiner-Kloster wurde zu Beginn des 12. Jh. gegründet. Der mittelalterliche trutzige Kirchturm ist noch intakt und überragt weithin sichtbar die imponierenden Ruinen. Auf einer Terrasse oberhalb der Anlage befinden sich die Überreste einer Kirche, die der heiligen Sunniva geweiht war und etwa um die gleiche Zeit wie das Kloster errichtet wurde. An der Kirche vorbei, führt die steinerne Treppe zu einer Höhle, in der – laut Legende – die heilige Sunniva mit ihrer treuen Gefolgsschar Schutz suchte (s. S. 169). Über die wechselvolle Geschichte des Selje Klosters, das vermutlich nie mehr als 30 bis 35 Glaubensbrüder beherbergte, ist wenig überliefert, da das Klosterarchiv bei einem Brand vernichtet wurde.

**Verkehr:** Expreßboot Bergen – Selje, 1–2 x tgl. Im Hochsommer tgl. mehrere Ausflugsfahrten mit Führung zur Klosterinsel.

**Unterkunft:** Selje Hotell, gehobene Mittelklasse, Superlage am Sandstrand, ✆ 57 85 61 07; Hütten: Rundereim Rorbu, ✆ 57 85 82 12; Selje-Bua, direkt am Wasser, ✆ 57 85 62 49. Selje Camping, an der Str. 619, Hütten, ✆ 57 85 62 43

## Das Westkap

Der äußerste Zipfel der Halbinsel **Stadlandet** ist zwar nicht der westlichste Punkt Norwegens, wird aber mit Blick auf die anzulockenden Touristenscharen dennoch Vestkapp genannt. Wie dem auch sei: ein Ausflug in die einzigartige Landschaft, die in ihrer Kargheit an das schottische Hochland erinnert, lohnt sich.

Das ursprünglich Kjerringa (= Weibsbild) genannte Westkap fällt 496 m senkrecht ins Meer ab und bildet oben ein flaches, leicht abschüssiges Plateau. Die Aussicht – über das offene Meer wie auch landeinwärts – ist phantastisch, selbst bei schlechtem Wetter kann man sie vom Panoramacafé **Vestkapphuset** aus genießen. Weniger erbaulich sind die im Gelände verteilten Reste deutscher Bunkeranlagen.

Die Fahrwasser vor Stadlandet waren seit altersher gefürchtet. Um das gefährliche Kap zu umgehen, wurden die Schiffe noch bis weit ins 20. Jh. hinein über Land, über den Paß Dragseidet, gezogen. Der Weg über den Paß zweigt in **Leikanger**, dem größten Ort auf Stad-

### Das ist das Ende …

## Das gefürchtete Meer vor Stad

Bis ins Zeitalter der Automobile und Eisenbahnen wurden in Norwegen Personen und Waren auf dem Wasserweg entlang der langgestreckten, zerklüfteten Küste befördert. Das ganze Land erhielt seinen Namen vermutlich nach eben jener Verkehrsader: Norwegen: der Weg nach Norden. Über lange Strecken verläuft er gut geschützt zwischen Inseln und Schären hindurch; an anderen Stellen ist er den Unbilden des offenen Meeres ausgeliefert. Zu den berüchtigsten Strekken gehört die Fahrt um Stadlandet, die bei Sonnenschein ein Genuß war, sich bei einem Wetterumschwung aber blitzschnell in ein lebensgefährliches Unternehmen verwandeln konnte. Selbst Könige lernten hier das Fürchten. Über Harald Schönhaar beispielsweise schreibt Snorri: »Der König und seine Männer wollten so spät im Herbst nicht in Richtung Süden an Stad vorbeisegeln.«

Kapitäne, die es vorzogen, auf besseres Wetter zu warten, sammelten sich im Norden und im Süden von Stad. Auch der Ursprung des Namens Stad könnte mit der erzwungenen Pause zusammenhängen, die viele hier einlegen mußten. Die meist vertretene Meinung ist, daß Stad von altnordisch *stadr* abzuleiten ist, was soviel wie *stoppen, halten* bedeutet.

In vielen Sagas wird Schiffbruch vor Stad erwähnt, so z. B. in der Håkon Håkonsson Saga: »Es waren sieben Handelsschiffe, die um Stad herumsegelten… Sie gingen alle unter, und jeder einzelne, der an Bord war, verlor das Leben.« In der Saga der Leute vom Lachstal wird über Geirmund berichtet, der von Island nach Norwegen fuhr. Da heißt es: »Eines Nachts segelten sie auf ein Riff außerhalb von Stad. Da kamen Geirmund und seine ganze Schiffsmannschaft um. Und das ist das Ende, von dem, was über Geirmund zu erzählen ist.«

Von hier aus brachen viele Schiffe in den Westen auf bzw. landeten hier von Westen kommend. Nachdem Olav, der spätere König von Norwegen, 1015 nach vielen Jahren Wikingsfahrt zurückkehrte, gelangte er glücklich an Stad vorbei zu der kleinen Insel Sæla (= Selje). Als er an Land sprang, versank er tief im Boden und mußte sich mit dem Knie abstützen. Auf seine Feststellung, daß er gefallen sei, widersprach ihm sein Begleiter: »Du bist nicht gefallen, Herr, du hast nur fest Fuß gefaßt in Norwegen.«

landet, in Richtung Westen ab. Kurz vor der höchsten Stelle des Bergübergangs weist ein 1913 errichtetes, hohes Steinkreuz darauf hin, daß Olav Tryggvason im Jahre 997 die vier Regionen Firda, Sygna, Møre und Raumdøla bekehrt haben soll.

## Von Jølster nach Stryn

Diese Strecke führt durch eine traumhaft schöne Landschaft im Landesinneren: vom malerischen Jølster über Byrkjelo in den Bereich des inneren Nordfjords, einem günstigen Ausgangspunkt für die Weiterfahrt zum Geirangerfjord.

Rund um den 30 km langen See **Jølstravatnet**, der für seinen Forellenreichtum bekannt ist (Bootsverleih in den Übernachtungsbetrieben), erstreckt sich die Gemeinde Jølster, die als einzige des Fjordlands keinen Zugang zum Salzwasser hat. Der See ist umgeben von fruchtbaren Wiesen, Bauernhöfen und bewaldeten Hügeln. Im Süden und Osten erheben sich gewaltige Berge mit den Ausläufern des Jostedalbreen – eine Bilderbuchlandschaft, die viele Künstler inspiriert hat. In Vassenden, am Westende des Sees, befindet sich das **Jølstra-Museum**, eine inmitten eines zarten Birkenwaldes angelegte Sammlung alter Hofgebäude sowie von Gegenwartskunst und Kunsthandwerk (im Sommer Mo–Sa 12–17, So 12–19 Uhr; Kunstwerke stehen auch zum Kauf). Einen Besuch lohnt auch die 3 km von Vassenden auf der Nordseite des Jølstravatnet gelegene Galerie Målarskrinet.

**Unterkunft:** Jølster Hotell, hübsches altes Holzhotel, vom See nur durch die Straße getrennt, ✆ 57 72 73 00; Jølstraholmen Camping, riesiger Campingplatz mit Hütten, Laden, Tankstelle nebendran, ✆ 57 72 71 35; Øvrebø Hytter, nur Hütten (mit Grasdach), ✆ 57 72 71 26

Auf der Südseite des Sees liegen die zwei idyllischen Höfe Midttunet und Astruptunet (2 km voneinander entfernt). Zum **Midttunet** gehören zwölf Gebäude, die aus der Zeit von 1600 bis 1850 stammen (im Sommer Führungen).

Der bis etwa 1950 bewirtschaftete Hof **Astruptunet** bietet eine schöne Aussicht auf den Jølstrasee. Wie der Name schon sagt, handelt es sich um den Sitz des bekannten westnorwegischen Malers Nikolai Astrup (1880–1928), dessen Bildmotive fast ausschließlich in der Umgebung von Jølster zu finden sind. Die verschiedenen Wohn- und Wirtschaftsgebäude des Hofs samt liebevoller Einrichtung geben einen guten Eindruck vom beengten Leben der neunköpfigen Familie. Einige der Zimmer mitsamt Inventar sind noch im Originalzustand erhalten,

Mit der Pferdekutsche in das malerische Briksdal

wie man auf den Gemälden von Astrup erkennen kann (im Sommer, So–Fr 10–18 Uhr, Sa 10–16 Uhr, Führungen, Film, Café).

Am Ostende des Sees liegt **Skei**, vor hundert Jahren ein beliebtes Ziel ausländischer, vornehmlich englischer Touristen. Skei ist für sein seit Jahrhunderten überliefertes und gepflegtes Kunstgewerbe bekannt. Bereits zu Beginn des 19. Jh. begann die Weberin Olina Fossheim alte Muster zu sammeln, die später in der **Audhild Vikens Vevstove** (direkt an der Straße nach Byrkjelo) als Vorlage dienten. Heute stricken und weben ca. 150 Frauen in Heimarbeit für diese Webstube. In dem Eldorado des Kunsthandwerks wird dem Touristen alles offeriert, was er sich unter »echt norwegischem« Souvenir nur vorzustellen vermag.

**Unterkunft:** Skei Hotell, Mittelklasse, mit Schwimmbad, Seenähe, ✆ 57 72 81 01; Dvergsdal Feriehytter, komfortable Hütten an der Südseite des Sees ✆ 57 72 81 26

## Byrkjelo

Die schon zur Wikingerzeit dicht besiedelte Umgebung von Byrkjelo gehört zu den fruchtbarsten Landwirtschaftsgebieten in Fjordane. Große Bauernhöfe, saftiges Weideland und Heuwiesen prägen die grünen Höhen. Unten im Tal befindet sich das Zentrum direkt an der Kreuzung der Straßen 1 und 60. Die Straße 1 führt in Richtung Westen via Sandane nach Nordfjordeid und weiter nach Måløy, die Straße 60 über die Berge nach Stryn.

**Unterkunft:** Preiswert: Gjesteheimen, ✆ 57 86 72 14; Byrkjelo Vandrerhjem, ✆ 57 86 73 21; Byrkjelo Camping, an der Str. 1, Hütten, ✆ 57 86 74 30/57 86 71 54. Karistova Hotell, relativ preiswert, auf dem Weg Richtung Utvik, weiter Blick über den Innvikfjord, ✆ 57 87 65 13

Von Byrkjelo nach Stryn steigt die Straße 60 zunächst zum **Utvikfjell** hinauf, das einen grandiosen Blick über den Nordfjord bietet. Bis in das späte Frühjahr gute Schneeverhältnisse gewähren hervorragende Wintersportmöglichkeiten. Durch Kiefernwald geht es vom Utvikfjell in Serpentinen hinab zum Fjord in das verträumte **Utvik**, dessen Häuser sich um die aus dem 19. Jh. stammende Kirche drängen. Auch das 7 km entfernte, am gleichnamigen Fjord liegende **Innvik** ist ein eher verschlafener Fjordort, der nur im Sommer, wenn die Touristen den malerischen Fjordarm erobern, aus seiner Ruhe erwacht.

**Unterkunft:** IMI-Hotel, Misjonsheim, ✆ 57 87 42 52; Viking Camping, ✆ 57 87 41 75

## Olden

Das am südlichsten Fjordzipfel gelegene Olden ist vor allem als Ausgangspunkt für Ausflüge zu einem der schönsten Gletscherarme Norwegens, dem **Briksdalsbreen,** bekannt. In dem fruchtbaren, etwa 20 km langen Oldendalen, das bis unmittelbar an die Ausläufer des Jostedalsbreen heranreicht, liegen zahlreiche Bauernhöfe. Seit Menschengedenken werden im Tal Fjordinge, ruhige stämmige Nordfjordpferde, gehalten, die nicht nur als Arbeitstiere in der Landwirtschaft von Nutzen waren, sondern bereits im vorigen Jahrhundert im Rahmen des florierenden Gletschertourismus eine bedeutende Rolle spielten. Noch heute kann man sich von hier aus mit einachsigen Pferdekutschen bis kurz vor den Gletscher fahren lassen oder sich auf der gleichen Route zu Fuß aufmachen (etwa 1 Std.). Vom oberen Parkplatz sind es noch ca. 20 Min. durch Birkenwald zu den imponierenden Eismassen oberhalb des Gletschersees.

Die Briksdalsbre Fjellstove am Ende der Straße versucht mit Souvenirverkauf, Cafeteria und Unterkunft dem Massenandrang Herr zu werden.

**Verkehr:** Im Sommer 1 x tgl. Bus von Olden nach Briksdal und zurück, 3 Std. Aufenthalt.

**Unterkunft:** Olden Fjordhotel, teuer, Aussicht auf den Fjord, ✆ 57 87 34 00; Olden Krotell, relativ preiswert, ✆ 57 87 34 55. Alda Camping, am Ortseingang, ✆ 57 87 31 38; Løken Camping, am ersten See im Oldetal, ✆ 57 87 31 53; Oldevatn Camping, idyllische Lage zwischen zwei großen Seen, ✆ 57 87 59 15; Melkevoll Camping, am Talende, Gletscherblick, ✆ 57 87 38 47/57 87 38 64; Briksdalsbre Fjellstove, relativ preiswert, Gletschernähe, ✆ 57 87 38 11

## Loen

Im Touristenort Loen (nur 6 km von Olden entfernt) endet der 106 km lange Nordfjord. Eine schöne Aussicht bietet sich von der 1837 errichteten **Kirche**. Sie ist bereits die dritte an dieser Stelle. Das alte Steinkreuz daneben diente möglicherweise als Mittelpunkt der unter freiem Himmel veranstalteten Gottesdienste. Die Gedenktafel vor dem Gotteshaus erinnert an die Opfer, die bei den Bergrutschkatastrophen im Loendal (s. S. 179) umkamen.

Von Loen gelangt man zu zwei Gletscherarmen des Jostedalsbreen, dem leicht zugänglichen **Kjenndalsbreen** und dem etwas entlegeneren **Bødalsbreen**. Beide sind – im Vergleich zum benachbarten Briksdalsgletscher – weniger frequentiert. Majestätisch schön erstreckt sich der See Lovatnet, über den im Sommer täglich das Ausflugsschiff M/B Kjenndal (45 Min.) dampft, durch die gesamte Länge des Tales.

**Info:** Das letzte Stück des Weges zur Kjenndalsbreen Fjellstove am See (die Autostraße führt noch weiter bis kurz vor den Kjenndalsgletscher) und nach Bødalsseter (von hier ca. 30 Min. zum Bødalsbreen) sind gebührenpflichtig.

**Wanderungen:** Von Bødalsseter auf den Gipfel des **Lodalskåpa** (2083 m), Tour insgesamt 10–12 Std.

Schafherde am Oldenvatn ▷

Von Tjugen am Eingang des Loentals (ausgeschildert) führt eine ca. 9stündige Tour zum **Skålatårnet**. Dieser runde Steinturm wurde 1891 von Einheimischen als Schutzhütte errichtet. Im Bergverein Stryn Fjell- og Breførerlag werden geführte Gletscher- und Hochgebirgstouren veranstaltet.

**Unterkunft:** Hotel Alexandra, gehobene Mittelklasse, moderner Betonkomplex, Fjordblick, ✆ 57 87 76 60; Gjestehuset Loen, preiswert, neben der Kirche, ✆ 57 87 76 63; Loen Pensjonat, preiswert, ✆ 57 87 76 24; Loenvatn Feriesenter, vor allem Hütten, ✆ 57 87 76 61; Lo-Vik Camping, Riesenplatz an der Str. 60, ✆ 57 87 76 19; im idyllischen Lodalen: Sande Camping, Superlage am See, ca. 5 km von Loen, mit Laden, ✆ 57 87 76 59; Tjugen Camping, guter Ausgangspunkt für Wanderungen (u. a. auf den Skåla), ca. 2 km von Loen, ✆ 57 87 76 17

## Stryn

Am Ende des nördlichsten der drei inneren Fjordarme liegt das Verwaltungs- und Einkaufszentrum Stryn. Als Verkehrsknoten- und Ausgangspunkt zur Erkundung der phantastischen Landschaft blickt der Ort, der selbst kaum über Sehenswürdigkeiten verfügt, auf eine lange Fremdenverkehrstradition zurück. Wunderschön sind die westlich und östlich von Stryn gelegenen Bilderbuchseen Strynsvatnet und Hornindalsvatnet.

Letztgenannter ist 25 km lang und mit bis zu 514 m der tiefste Binnensee Europas. Er wird auch als der klarste See Norwegens gepriesen, weil in ihn keine Gletscherwasser hineinfließen, die Kies und Sand mit sich führen.

Den von Bergen und Wiesen umgebenen 15 km langen und knapp 200 m tiefen See **Strynsvatnet** passiert man auf der Straße 15 Richtung Strynefjell und Geiranger. Malerische Bootshäuser und winzige Dörfer säumen das Ufer. In Oppstryn lohnt sich ein Besuch im **Jostedalsbreen Nationalparkzentrum** mit Ausstellungen und Panoramafilm über Natur und Landschaftsformen (April und Okt. 12–16 Uhr, Mai und Sept. 11–16 Uhr, Juni und Aug. 10–18 und Juli 10–20 Uhr; Familienrabatt).

**Info**: Café mit Blick auf den See, warme Gerichte, Verleih von Booten, Kanus, Kajaks und Ausrüstung für Gletschertouren.

**Unterkunft** King Oskar's Hall, Mittelklasse, ✆ 57 87 19 53; Stryn Hotel, Visnesweg 1, relativ teuer, ✆ 57 87 11 66; Stryn Vandrerhjem, Mai bis September geöffnet, ✆ 71 61 13 01; Hjelle Hotel, hübsches Holzhotel am Strynsvatn, gar nicht mal so teuer, ✆ 57 87 52 50. Camping direkt am Strytnsvatn: Strynsvatn Camping, an der Str. 15, 12 km von Stryn, ✆ 57 87 75 43; Mindresunde Camping, ✆ 57 87 75 32

**Sport**: Unbedingt erlebenswert – auch für Nicht-Skifahrer – ist das rauhe **Strynefjell**. Unterhalb von Videseter zweigt die alte, schmale Strynefjellstraße ab (im Winter gesperrt). Sie führt durch eine Hochgebirgslandschaft in die schneereichen Höhen am Stryn **Sommerskizentrum**. Dort bringen Sessel- und Schlepplifte die Skifahrer hinauf zum Gletscherplateau des Tystigbreen. Neben Abfahrten gibt es auf dem Gletscher auch Langlaufloipen.

**Info**: Vormittags Skibus ab Stryn. Sommerskizentrum mit Skiverleih, Ski-Shop, Skischule und Cafeteria (tgl. 10–16 Uhr, Hochsaison 10–17 Uhr).

**Unterkunft:** Videseter Høyfjellshotel, teuer, Superlage an der alten Stynefjellstr., nur wenige Kilometer vom Skigebiet entfernt, ✆ 57 87 52 42

## Krachen vom Rabenberg

### Die Katastrophen von 1905 und 1936

Am Sonntagabend des 15. Januar 1905 erklang ein lautes Krachen vom Ramnefjell (*ramn* = Rabe). Ein etwa 100 m hohes, 50 m breites und 10 m dickes Bergstück löste sich in 500 m Höhe und stürzte in einer Lawine von Gesteinsschotter in den See Lovatnet. Die dadurch ausgelöste Flutwelle überflutete und zerstörte die am See liegenden Ortschaften Bødal und Indre Nesdal. 58 Menschen fanden den Tod. Das Dampfschiff Lodalen wurde 350 m weit über den See geschleudert. Die ebenfalls dicht am Ufer gelegene Hofansiedlung Ytre Nesdal blieb wie durch ein Wunder verschont, da die Höhe der Flutwelle in verschiedenen Bereichen des Sees sehr stark variierte. Die Überlebenden machten sich daran, ihre Häuser wieder aufzubauen, nun aber – den Geologen zum Trotz, die behaupteten, das Tal sei jetzt völlig sicher vor neuen Erdrutschen – ein ganzes Stück vom Seeufer entfernt. Das Wrack des Dampfschiffes Lodalen wurde überdacht und als Denkmal instand gehalten.

Der Rabenberg verhielt sich, bis auf einige kleinere Steinlawinen, ruhig. Im Herbst 1931 schrieben einige Bauern aus Bødal und Nesdal dennoch an die Regierungsbehörde und forderten die Senkung des Wasserspiegels, um ein neues Unglück zu verhindern. Dieser Forderung wurde nicht nachgegeben, und die Antragsteller hakten nicht nach, weil niemand ernsthaft an eine weitere Katastrophe glaubte. Doch 1936 begann es im Berg wieder zu grollen. Am Sonntagmorgen des 13. September 1936 geschah dann, was man im Stillen befürchtet hatte. Aus 800 m Höhe stürzte eine Gesteinsmasse von etwa 1 Mio. Kubikmetern vom Rabenberg in den See. Die Flutwelle schlug bis zu 74 m hoch. Sie verwüstete ganz Bødal und diesmal auch das 1905 verschonte Indre Nesdal. Das weiter oben wiederaufgebaute Ytre Nesdal entging der zerstörerischen Flut, die höchsten Wellen erreichten gerade noch den untersten Hof.

T.BERSET

# Møre og Romsdal

## Verlassene Höfe am Geirangerfjord

## Adlerstraße und Trollstigen

## Ålesund – Stadt des Jugendstils

## Kristiansund – Venedig des Nordens

Jugendstilhäuser im Zentrum von Ålesund

# Møre og Romsdal – Der Norden des Fjordlands

Kreuzfahrt auf dem Geirangerfjord, auf der Goldenen Route über die Adlerstraße und den Trollstigen zu den Romsdalsalpen, Streifzug durch die Stadt des Jugendstils, Ålesund, auf den Spuren der Wikinger und Schatzsucher zur Vogelinsel Runde, von Molde zum offenen Meer, auf der atemberaubenden Atlantikstraße in die Stadt des Klippfisches, Kristiansund, Ausflug zur Fischerinsel Grip

## Von Geiranger nach Åndalsnes

Es gibt verschiedene Wege zum Geiranger: Sowohl die Anreise von **Hellesylt** per Schiff durch den Geirangerfjord als auch die über die Straße 63 von Süden her, mit einem Abstecher auf den berühmten Aussichtspunkt **Dalsnibba**, 17 km von Geiranger entfernt, ist beeindruckend und empfehlenswert.

**Info**: Der Nibbeveien, der sich um 13 enge Kurven zum Gipfel des Dalsnibba (1495 m) hochwindet, ist gebührenpflichtig und von Anfang Juni bis Ende September geöffnet.

Der s-förmige **Geirangerfjord,** ein Arm des Sunnylvsfjords, gilt mit seinen schroff abfallenden Felswänden, den weißen Kreuzfahrtschiffen und dem kleinen Nest Geiranger als der schönste und faszinierendste aller Fjorde. Schön sind vor allem die sagenumwobenen Wasserfälle, die so romantische Namen wie »Der Brautschleier« (Brudesløret), »Die sieben Schwestern« (De Syv Søstre) und »Der Freier« (Friaren) tragen. Faszinierend die Geschichte seiner Bewohner, die über Jahrhunderte auf schmalen Plateaus und abschüssigen Hängen am Berg über dem Fjord siedelten. Die meisten Fjordhöfe wurden nach dem Zweiten Weltkrieg verlassen (s. S. 184f.) und dem Verfall preisgegeben. Heute bemühen sich die Freunde des Storfjords (Storfjordens Venner) um die Instandsetzung der Höfe. Im Winter ist Geiranger trotz seiner wenig charmanten Hotelklötze ein liebenswürdig verschlafenes Dorf. Im Sommer ist

Kreuzfahrtschiffe am Ende des Geirangerfjords

der Ort hoffnungslos überlaufen, dann herrscht hier ein Gedränge wie im Schlußverkauf.

Vom **Flydalsjuvet** (*juv* = Abgrund), wenige Kilometer oberhalb von Geiranger, hat man die berühmte Kalenderblatt-Aussicht auf den Fjord aus der Vogelperspektive (Parkplatz an der Straße).

**Verkehr**: Fähre Geiranger–Hellesylt, Juni–Aug. 9 × tgl., Mai und Sept. 4 × tgl., ca. 70 Min. Es gibt ein speziell konstruiertes Ausflugsschiff, die M/S Geirangerfjord, mit verglasten Seitenwänden, auf dem man auch bei schlechtem Wetter unter Deck den viersprachigen Informationen folgen kann (im Sommer 4–6 × tgl., ca. 1,5 Std.).

**Unterkunft**: In der Hochsaison kann es in Geiranger knapp werden mit den Unterkünften, man sollte sich am besten schon nachmittags auf Quartiersuche begeben. Hotel Geiranger, Toplage oberhalb des Fähranlegers, ziemlich teuer, ✆ 70 26 30 05; Grande Fjord Hotell & Hytter, Mittelklasse, ✆ 70 26 30 90; Hotel Utsikten Bellevue, 300 m über Geiranger, Topaussicht auf den Fjord, ✆ 70 26 30 03.

## Erloschene Feuer

### Die verlassenen Fjordhöfe

Es waren nicht nur eine Handvoll verschrobener Einsiedler, die sich auf schmalen Terrassen entlang der steil abfallenden Bergwände am Fjord niederließen, sondern auch Hunderte von Familien, die hier unter Bedingungen ihr Auskommen suchten, die unser heutiges Fassungsvermögen weit übersteigen. Der Hof Skageflå, hoch über dem Geirangerfjord gelegen, war lange Zeit nur über eine Leiter zu erreichen, die eingezogen wurde, wenn der Steuereintreiber kam, um zu kassieren. Kaum vorstellbar, wie die Fjordbewohner das Material für ihre Häuser oder Heu, Mühlsteine und Feuerholz hinaufschleppten, – und dies auch im Winter, wenn der Berg verschneit und vereist war. Lawinen und Erdrutsche bedrohten fast alle Höfe.

Die Geschichte der Bewohner von Furnes, einer Farm auf der Ostseite des Sunnylvsfjords, mag die ständig drohende Gefahr verdeutlichen: An einem Wintertag war ein Vater mit seinen zwei Söhnen auf dem Weg hinunter zum Fjord. Der sechsjährige Rasmus wollte mit und lief einfach hinterher. Plötzlich verschwanden sein Vater und Bruder in einer Schneewehe. Sekunden später sah er die beiden weit unten leblos im Fjord treiben. Als Rasmus viele Jahre später zusammen mit seiner Frau in ihrer Hütte in den Bergen saß, riß eine Lawine die Hütte samt Bewohnern mit sich fort in den Fjord.

Eine Vielzahl von Arbeiten auf den Einödhöfen konnte nur von Schwindelfreien bewältigt werden. Beim Heumachen an besonders

Geiranger Camping, direkt am Fjord, ✆ 70 26 31 20; Fjorden Camping, ✆ 70 26 30 77; Fossen Camping, 3 km vor Geiranger an der Str. 63 Richtung Grotli, ✆ 70 26 30 47; Grande Fjordhytter og Camping, Superlage am Fjord, ruhig, etwas außerhalb, ✆ 70 26 30 90.

**Tip**: Zum Kaffeetrinken lohnt es sich auch zum Utsikten Bellevue Hotel hochzufahren, das von seiner überdachten Terrasse einen wunderschönen Blick über den Fjord bietet.

**Touristeninformation** (nur im Sommer) direkt am Kai, ✆ 70 26 30 99. Informationen über Touren (unregelmäßig) zu den verlassenen Höfen am Storfjord im Touristenbüro, besser von Eidsdal und Valldal, s. S. 186.

### Die Adlerstraße

Von Geiranger führt die Anfang der 50er Jahre fertiggestellte, knapp 9 km

riskanten Stellen banden sich die Menschen ein Seil um den Bauch. Jeder Grashalm war wertvoll, denn nur so konnte die oftmals erstaunlich große Anzahl von Vieh über den Winter gebracht werden. Das fruchtbare Weideland an den Berghängen – im Frühjahr von der Sonne erwärmt und früh schneefrei – war der wichtigste Grund, warum sich die Menschen trotz der extremen Bedingungen hier niederließen. In Matvik, einem Hof in Ufernähe am Ausgang des Geirangerfjords, konnten sogar Aprikosen und Tomaten angebaut werden.

Die Kinder wurden früh zur Mitarbeit herangezogen. Bereits Zehnjährige waren für das Melken der Kühe und Ziegen sowie das Buttern und Käsemachen zuständig. Kleinkinder wurden die ersten Jahre ihres Lebens wie das Vieh eingezäunt und angebunden, die Gefahr, in den Fjord zu fallen, war zu groß.

Krankheitsfall, Geburt und Tod stellten die Fjordbewohner vor große Probleme. Auf Berghöfen, zu denen man nur gelangte, indem man sich streckenweise mit beiden Händen am Fels und an Baumwurzeln festklammerte, war das Sterben eine gefürchtete Angelegenheit. Denn fast alle hegten den Wunsch, in geweihter Erde begraben zu werden, der Transport eines Sarges stellte aber ein Ding der Unmöglichkeit dar. Die Alten, die auf solch unzugänglichen Höfen wohnten und ihr Ende nahen fühlten, verließen die Berge. So zog ein alter Mann aus Gomsdal an einem stürmischen Spätherbsttag, als er glaubte, daß er den Winter nicht überleben würde, hinunter in eine leere Hütte am Fjord. Als das Frühjahr kam und das Blut immer noch warm in seinen Adern pulsierte, schlug er sich den Gedanken ans Sterben aus dem Kopf und wanderte wieder hinauf zu seinem alten Berghof.

lange Adlerstraße (Ørneveien) Richtung Norden. Sie bietet grandiose Blicke auf den Geirangerfjord. Vom höchsten Punkt der Straße bei Korsmyra (624 m) gelangt man in eine ruhige Almlandschaft. In der näheren Umgebung des Sees Eidvatn gibt es mehrere Campingplätze mit guten Möglichkeiten zum Fischen.

Von Eidsdal lohnt sich ein Ausflug nach Herdalsseter, der größten Ziegenalm in Møre og Romsdal mit ca. 450 Ziegen, aber auch Kühen, Schafen und Pferden.

**Info**: In der Kaffistova werden Almspezialitäten serviert. Bootsverleih, Angel- und Reitmöglichkeit (tgl. ab 14 Uhr). Markierte Wanderrouten, u. a. zur stillgelegten Alm Kaldhusseter (3 Std.).

**Verkehr**: Fähre Eidsdal–Linge, bis zu 40 × tgl., ca. 10 Min. Ausflugsfahrten zu verlassenen Höfen, siehe Valldal.

**Unterkunft**: Mehrere schöne Campingplätze (auch Hütten- und Zimmervermietung) liegen am ruhigen Eidsvatnet. Ytterdal Camping, am Ortsrand, ✆ 70 25 90 13; Stenvåg Hytteutleie, 3 km vom Zentrum, ✆ 70 25 90 32; Hjelle Camping, Hütten, Zimmer, ✆ 70 25 91 46

## Valldal

Weiter geht es auf der Straße 63. Der Fährort Linge ist wie das benachbarte Valldal für sein mildes Klima bekannt und laut Werbung sogar die nördlichste Region der Welt, in der Obstanbau betrieben wird. Valldal (Sylte), 4 km von Linge entfernt, ist außerdem der einzige größere Ort auf dem Weg zum Trollstigen und das Zentrum der ca. 2000 Einwohner zählenden Norddal-Gemeinde, deren Wappen drei Erdbeeren schmücken. Im Valldal werden 10 % von Norwegens Erdbeeren geerntet. Hier wird jedes Jahr der St. Olavs-Tag (29. Juli) mit einem Dorffest gefeiert.

**Ausflüge**: Von Valldal werden im Sommer Ausflüge zu den verlassenen Höfen Osvika/Kastet (4 Std.), Ospehjellen (5–6 Std.), Skrenakken und Smoge (beides Tagestouren) angeboten. Auf allen Touren, bis auf die nach Osvika/Kastet, kann man auch im Fährort Eidsdal zusteigen. Auskunft im Touristenbüro direkt am Fjord (in der Hochsaison tgl. 9–22 Uhr, ansonsten: 10–18 Uhr, ✆ 70 25 77 67).

**Unterkunft**: Valldal Vandrarheim (Jugendherberge)

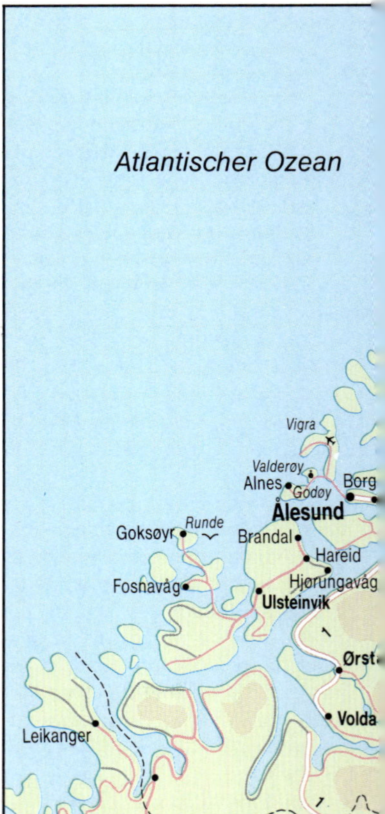

zentral, ✆ 70 25 75 11; Fjellro Pensjonat, relativ preiswert, ✆ 70 25 75 13. Camping im wildschönen Valldalen: Gjerde Camping, ca. 8 km von Valldal, ✆ 70 25 78 30; Gudbrandsjuvet Camping, ca. 13 km von Valldal, hier zwängt sich der reißende Fluß durch eine nur 5 m breite Schlucht, ✆ 70 25 86 31; in unmittelbarer Nähe auch Haugtun Camping, ✆ 70 25 86 14

**Wanderungen**: Von Anf. Juli bis Mitte Aug. werden täglich außer montags geführte Touren auf verschiedene Gipfel angeboten, Information im Touristenbüro. Es gibt eine Broschüre mit ca. 70 Wanderungen der Umgebung

Empfohlen wird ein Abstecher nach **Tafjord**, einem kleinen, dicht-

bebauten Ort am Ende des gleichnamigen Fjordarmes. Direkt am Fjord befindet sich ein beheiztes Freiluftbad, leider mit dem nicht eben attraktiven Elektrizitätswerk im Rücken (Kraftwerkmuseum im Sommer tgl. 12–18 Uhr). Schön und einsam ist die Weiterfahrt zum **Sakariasdammen**. Hier wird das Wasser des dunkelgrünen, von steil abfallenden Uferhängen umgebenen Sakariasvatnet zur Energiegewinnung gestaut.

**Unterkunft**: Fjordheim Turistsenter, ✆ 70 25 80 48; Kaldhusseter Turisthytte, ✆ 70 25 81 18

**Wanderung**: Noch vor dem Damm zweigt die steile Straße zu der Hütte Kaldhusseter ab (Kaffee, Mittagessen). Vom Kraftwerk am Ende der Straße führt ein markierter Pfad zur bewirtschafteten Hütte Reindalseter, Ausgangspunkt für mehrtägige Wandertouren.

Die Weiterfahrt von Valldal durch das fruchtbare, von Erdbeerplantagen durchzogene gleichnamige Tal bietet viele schön gelegene Unterkünfte mit guten Angelmöglichkeiten (Unterkunft s. Valldal) und führt am Ende durch eine stille, baumlose Landschaft zum Paß hinauf. Der höchste Punkt der Paßstraße liegt bei 853 m. Hier kann man bis weit in den Sommer hinein skifahren. Jedes Jahr Ende Juni findet auf dem nahen Gletscher ein Skirennen statt. Von der Paßhöhe sind es noch etwa 3 km bis zum Trollstigen.

## Der Trollstigen

Die Fahrt auf dem berühmten Trollweg über elf schwindelerregend enge Kurven ist ein Erlebnis. Entlang der gesamten Strecke sind genügend Buchten zum Ausweichen, Halten und Fotografieren vorhanden. Etwa auf der Mitte passiert man die steinerne Brücke über den

Wasserfall **Stigfossen** mit einer freien Fallhöhe von fast 180 m. An mehreren Stellen kreuzt der alte, für Spaziergänger mit weißen Steinen markierte Saumpfad die Autostraße. Die spannende Geschichte des Straßenbaus (1916–1936) wird in dem kleinen **Weg-Museum** auf dem Plateau oberhalb des Trollstigen dokumentiert (im Sommer tgl. 11–15.30 Uhr).

Neben dem Museum befindet sich die moderne Trollstigen Fjellstue (Souvenirs, Cafeteria). Von hier gelangt man in 5 Min. zu Fuß zum Aussichtspunkt **Utsikten**. Auf dem Weg dorthin bietet sich die Gelegenheit, Trolle und Touristenkitsch in allen nur denkbaren Variationen zu bewundern. Die Aussicht auf das wilde Zickzack des Trollstigen, das Isterdalen und die imponierenden Romsdalgipfel lohnt dennoch.

## Åndalsnes

Das Verwaltungs- und Dienstleistungszentrum der Rauma-Gemeinde (ca. 3000 Ew.) liegt sehr schön an der Mündung der Rauma in den Isfjord, einem Seitenarm des Romsdalsfjords. Am Ortseingang befinden sich Gewerbegebiete. Viele Arbeitsplätze bieten die Möbel-, Holz- und Bekleidungsfirmen sowie die Off-Shore-Industrie. Im Zentrum, das im April 1940 von den Deutschen bombardiert wurde, überwiegen neue Geschäftshäuser und belebte Straßen.

Åndalsnes ist Endstation der Raumabahn (von Dombås), die nicht zu Unrecht Norwegens schönste Eisenbahnstrecke genannt wird, denn die Umgebung des Ortes ist ausgesprochen reizvoll. Bereits in den 60er Jahren des 18. Jh. ankerten die ersten Touristenschiffe im Romsdalsfjord. Es war vor allem die englische High Society, die hierher kam, um im Rauma-Fluß Lachse zu fangen. Aber auch als Wander- und vor allem als Klettergebiet erlangten die Romsdaler Alpen u. a. mit der gewaltigen Trollwand und dem markanten Romsdalshorn internationale Berühmtheit. 1860 wurde das **Aak Hotel** errichtet, das seine Blütezeit gegen Ende des 19. Jh. erlebte. Alle bekannten Kletterpioniere Norwegens haben hier gewohnt.

**Info**: Das Aak Fjellsportsenter (4 km von Åndalsnes Richtung Dombås) bietet Kletterkurse, Gipfelbesteigungen, Gletscherbegehungen und Skifahrten an.

Etwa 2 km vom Stadtzentrum entfernt (Richtung Dombås), befindet sich das **Norsk Tindemuseum** (Norwegisches Gipfelmuseum), in dem die Sammlungen des reiselustigen Kletterers Arne Randers Heen, der aus Åndalsnes stammte, zu besichtigen sind. 1928, im Alter von 23 Jahren, bestieg Heen das erste Mal in seinem Leben das Romsdalshorn (1550 m), auf dem er dann als 80jähriger zum 233. Mal stand.

**Unterkunft** in Åndalsnes und Umgebung: Grand Hotell Bellevue, Åndalsgt. 5, Mittelklasse, ✆ 71 22 10 11; Romsdal Gjestegård, preiswert, ✆ 71 22 13 83; Åndalsnes Vandrerhjem (Jugendherberge), Setnes, 2 km vom Zentrum entfernt, Str. 9 Richtung Innfjorden, ✆ 71 22 13 82; Soggebru Camping, 5 km von Åndalsnes an der Str. 63 Richtung Trollstigen, direkt am Fluß Romsdalselv, ✆ 71 22 14 82; Mjelva Camping og Motell, ✆ 71 22 64 50

**Touristeninformation**: etwas oberhalb vom Zentrum, an der E 69, die direkt in den Hafen führt, ✆ 71 22 16 22 (Mo–Fr 9.30–21.30 Uhr, So 15.30–21.30 Uhr).

**Wanderungen**: In der Ortschaft Isfjorden nordöstlich von Åndalsnes zweigt die Straße nach Grøvdal ab, von hier bieten sich wunderschöne Wanderungen an: u. a. zum See **Eikesdalsvatnet** und zum regulierten **Mardalsfossen,** mit 297 m freiem Fall einer der höchsten Wasserfälle Europas (nur vom 20. 6.–20. 8. zu sehen).

## Ausflüge von Åndalsnes

Wer an der abenteuerlichen Welt der Kletterer und Erstbesteiger interessiert ist, sollte einen Abstecher zur Trollveggen (*vegg* = Wand) im Romsdal machen. Bei Horgheim (ca. 12 km von Åndalsnes Richtung Dombås, Str. 9) befindet sich direkt unterhalb der steilen Trollzinnen ein Rast- und Aussichtsplatz mit Touristeninformation.

Imponierend ist die gewaltige, 1000 m senkrecht abfallende **Trollwand.** Auf einer Informationstafel sind die verschiedenen Routen und Erstbesteigungen der Trollveggen und Trolltindane verzeichnet. In die Schlagzeilen geriet die Trollwand 1980, als sich der Finne Jorma Øster oben vom Grat mit dem Fallschirm in die Tiefe stürzte. Sein abenteuerlicher, todesmutiger Sprung lockte Fallschirmspringer aus aller Welt ins Romsdal. Nach einem Todesfall und mehreren aufwendigen Rettungsaktionen wurde das Springen 1986 per Gesetz verboten. Wer dabei erwischt wird, muß tief in die Tasche greifen.

Landschaftlich reizvoll ist auch die Gegend nördlich von Åndalsnes. Die Fahrt am Isfjord führt durch eine liebliche, fruchtbare Landschaft mit vielen Höfen und Weiden. Bei Lerheim, etwa 24 km hinter Åndalsnes, zweigt die Straße zur Stabkirche nach **Rødven** (ca. 12 km) ab. Neben dem neuen Gotteshaus steht die alte Kirche aus dem 12. Jh., die zu Beginn des 19. Jh. mit einer Reihe großer, neuer Fenster versehen wurde und daher nicht mehr das typische Bild einer Stabkirche bietet (tgl. 11–13 und 14–17 Uhr, Führungen).

# Ålesund

Zu Beginn des 19. Jh. war die durch ihre Lage im Fjord und ihre einzigartige Architektur bezaubernde Fischereistadt nur ein kleines

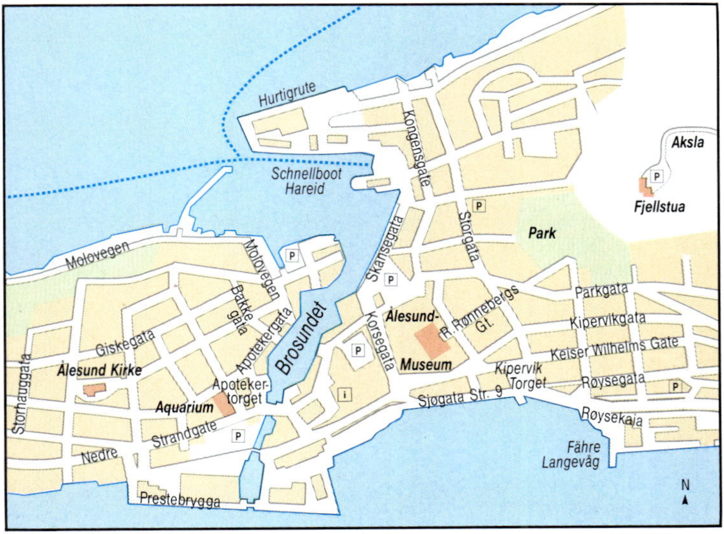


Ålesund

Dorf mit knapp 300 Einwohnern. Aufgrund üppiger Fischfänge und des florierenden Exports von Klippfisch begann der Ort zu expandieren und erhielt im Jahre 1848 die Stadtrechte. 1884 war Ålesund mit 12 000 Einwohnern einer der größten Orte Norwegens.

Einen Rückschlag erlebte die Stadt, als im Januar 1904 ein gewaltiges Feuer ausbrach. Über 800 Häuser brannten ab, 10 000 Menschen wurden obdachlos. Kaiser Wilhelm II. sandte vier große Schiffe mit Lebensmitteln, Kleidung und Baumaterialien. Um gegen solch verheerende Brände gewappnet zu sein, wurde ein Gesetz erlassen, das nur Steinbauten im Stadtbereich zuließ. Innerhalb von drei hektischen Jahren sollte Ålesund im Jugendstil wieder aufgebaut werden. Und obwohl durchaus nicht alle Ålesunder von der Idee begeistert waren, machten sich die jungen, im Ausland ausgebildeten Architekten, die für den Wiederaufbau verantwortlich waren, daran, eine reine Jugendstilstadt zu entwerfen, die heute Touristen aus aller Welt anzieht.

Das Stadtzentrum liegt dichtgedrängt auf den drei Inseln Hessa,

Blick vom Aksla auf Ålesund um Mitternacht im Juni ▷

Sprite

SCANDIC HOTEL

Nørvøy und Aspøy, die durch Brücken miteinander und mit dem Festland verbunden sind. Als auch der kleinste Platz ausgenutzt war, hat man kurzerhand einige Hügel mitten in der Stadt gesprengt. So mußte der Vogelfelsen Rønneberghaugen dem Rathaus und dem Einkaufszentrum Kremmergården weichen. Ålesund ist heute Verwaltungs- und Dienstleistungszentrum der Provinz Møre og Romsdal und immer noch einer der führenden norwegischen Fischer- sowie der größte Versandhafen für Klippfisch.

## Stadtspaziergang

Ålesund kann man gut zu Fuß »erobern«. Im Touristenbüro erhält man eine ausgezeichnete Broschüre: »Zu Fuß in Ålesund«, die einen zweistündigen Spaziergang durch die Stadt beschreibt. Ausgangspunkt ist der **Stadtpark** am Fuße des Aksla, des Hausbergs von Ålesund. Im Stadtpark steht die Statue des kriegerischen Wikingerfürsten **Gange-Rolv**, bei uns besser bekannt als Rollo.

Vom Park aus führen 418 Treppenstufen hinauf zum **Aksla**, von dem aus sich ein phantastischer Blick auf die Stadt und die benachbarten Inseln bietet. Oben befindet sich die Fjellstua, ein verglastes Café mit Aussichtsterrasse, das auch mit dem Auto zu erreichen ist (ausgeschildert).

Vom Park aus sind es nur wenige Minuten ins Zentrum. Spannend ist ein Besuch im **Ålesund Museum** (Rønnebergsgata 16, tgl. 12–15 Uhr, Juni–Aug. 11–18 Uhr). Die 1919 errichtete Villa ist bis zur Decke vollgestopft mit Dokumenten und Gegenständen aus Ålesunds Geschichte. Sehr ausführlich wird der große Brand von 1904 dokumentiert. Ein Modell zeigt die Stadt, wie sie vor der Katastrophe aussah. Interessant ist auch die Polarabteilung: Der Eismeerfang auf Robben, Walrösser und Eisbären war einmal eine wesentliche Einnahmequelle für Ålesund.

Das Herz von Ålesund ist der Binnenhafen **Brosundet**. Vom Apotheker-Markt besticht die Aussicht über die pastellfarbenen Jugendstilfassaden der Lagerhäuser und die bunten Fischerboote. Auf dem offenen Platz direkt am Wasser steht die von den Einheimischen »Fischerjunge« genannte Figur, eine von Knut Skinnarland geschaffene Statue, die den offiziellen Namen »Der Jungvogel« trägt. In der nahen Nedre Strandgate 4 befindet sich das **Aquarium**, in dem sich hauptsächlich Fische und Meerestiere aus der Nordsee tummeln (Mo–Fr 10–17 Uhr, Sa 10–15 Uhr, So 12–16 Uhr).

Vom Zentrum am Brosundet aus bietet sich ein Spaziergang durch die Apotekergata und Bakkegata zur **Hafenmole** in eines der ältesten noch erhaltenen Viertel Ålesunds an. Hier stößt man auf alte, verblichene, zum Teil heruntergekommene Holzgebäude, die vom Brand verschont blieben. Einige

# Flucht in den Krieg

## Die Englandfahrten

Am 9. April 1940 marschierten die Deutschen in Norwegen ein und okkupierten bis zum 1. Mai den gesamten südlichen Teil des Landes. Die Flüchtlingswelle über die Nordsee nach England, vor allem zu den günstig gelegenen Shetland-Inseln und Orkneys, setzte bereits in den ersten Wochen nach dem Einmarsch ein. Noch im Mai 1940 stachen 35 Boote mit Flüchtlingen an Bord in See. Von den etwa 3300 Menschen, die nach England entkamen, stellten Jugendliche den weitaus größten Anteil, junge Männer zwischen 16 und 23 Jahren, die auf alliierter Seite gegen die Besatzungsmacht kämpfen wollten.

In Norwegen selbst hielt sich der aktive Widerstand gegen die Deutschen zunächst in Grenzen. Das Leben während der Okkupation verlief relativ ruhig, denn die Soldaten waren angehalten, die Norweger, die nach Hitlers Rassenlehre ein hochstehendes Kulturvolk, eine besonders reine nordische Rasse verkörperten, respektvoll zu behandeln. Tatsächlich blieben Gewaltübergriffe von deutschen Soldaten auf die zivile Bevölkerung die Ausnahme. Viele Norweger verurteilten die Englandfahrten in Anbetracht der vergleichsweise freundlichen Behandlung durch die Deutschen als reine Abenteuerlust, durch die unnötig Menschenleben aufs Spiel gesetzt wurden. An jedem Bootsschuppen entlang der norwegischen Küste hing ein Plakat: »Erschossen wird, wer versucht, zu einem Feind Deutschlands zu reisen oder sich mit ihm in Verbindung zu setzen.«

In manchen Gebieten Møres brach ein regelrechtes Englandfieber aus. Aus einem Dorf mit etwa 400 Einwohnern flohen 40 Jugendliche, aus der Gegend von Vigra in Sunnmøre mit ca. 1200 Bewohnern reisten etwa 80 junge Menschen nach England. Gelang die Flucht, kamen Bekannte und Freunde nach. Die meisten bereiteten ihre Flucht aus Angst vor Verrat und Entdeckung nicht vor. Es wäre zu auffällig gewesen, Proviant und Benzin auf Vorrat zu besorgen. Erst spät unterstützten und organisierten Widerstandsgruppen die Fahrt nach England. Von 1940–1942 operierten fünf illegale Gruppen zwischen Bergen und Ålesund, die ohne Ausnahme durch Denunzianten und Spitzel der Gestapo aufflogen. 70 Widerstandskämpfer wurden durch Folter und Hinrichtung umgebracht. Insgesamt kamen bei den Englandfahrten durch Schiffbrüche oder Verrat 321 Menschen um.

Minuten entfernt liegt die **Kirche** Ålesunds. Ihre Vorgängerin, erst 1855 eingeweiht, wurde während des großen Brandes 1904 zerstört. Die Glasgemälde im Giebel hinter der Orgel sind ein Geschenk Kaiser Wilhelms II. zur Einweihung des Gotteshauses im Jahre 1909 (im Sommer Di–So 10–14 Uhr).

**Verkehr**: Vestlandsbus Ålesund–Nordfjord–Bergen, 2 × tgl. Vestlandsekspressen: Ålesund–Molde–Kristiansund, 1 × tgl. Ålesund–Valldal–Ørneveien (Adlerstraße)–Geiranger, Mo–Fr 4 × tgl., Sa 2 × tgl.
Schnellboot: Ålesund–Hareid, ca. 10 × tgl., 25 Min., von Hareid Bus zur Vogelinsel Runde. Fähre Ålesund–Langevåg, ca. 12 × tgl.

**Unterkunft**: Hotel Atlantica, Rasm. Rønnebergsgt. 4, zentral, ✆ 70 12 91 00; Bryggen Home Hotel, Apotekegt. 1, zentral am Brosundet, ✆ 70 12 64 00; Rica Skansen Hotel, Kongensgt. 27, Nähe Hurtigrutenkai, ✆ 70 12 29 38. Volsdalen Camping, Hütten, 2 km vom Zentrum, Nähe Str. 9, ✆ 70 12 58 90; Prinsen Strandcamping, Gåseid, 6 km vor Ålesund, ✆ 70 15 52 04

**und Tips**: Auf dem kleinen Kipervik Torget zwischen Kaiser Wilhelms Gate und der E 9 kann man Gemüse und Obst kaufen; in der Skansegate am Hafen gibt es frischen Fisch und Krabben. **Touristeninformation** im Rathaus, ✆ 70 12 12 02 (Mo–Fr 9–16 Uhr, im Sommer: Mo–Fr 9–18 Uhr, Sa 9–15 Uhr, So 12–17 Uhr, Rest des Jahres Mo–Fr 9–16 Uhr). Gebührenpflichtiger Parkplatz hinter dem Rathaus, sehr guter Ausgangspunkt für einen Stadtbummel.

**Sport**: Fahrradverleih, im Touristenbüro. Schwimmen: Prinsen Seebad, beim Campingplatz; Schwimmbad in Moa (Mo–Fr 13.30–18 Uhr, Sa 10–14 Uhr, geschlossen von 1. 6.–15. 7.). Tauchen: Ålesund Dykkersenter, Storgt. 38, ✆ 70 12 34 24, Verleih von Ausrüstung.

## Borgund

4 km östlich vom Stadtzentrum liegt Borgund mit dem vielseitigen **Sunnmøre Museum** (Anreise mit dem Bus aus Ålesund, Nr. 13, 14, 18 oder 24). Das idyllisch oberhalb der Bucht Katevågen gelegene Freilichtmuseum umfaßt etwa 50 Gebäude aus fünf Jahrhunderten. Imponierend ist auch die große Bootssammlung. Am Museumskai dümpelt die 18 m lange Kopie eines Wikingerschiffes aus dem 8. Jh. sowie die Heland, ein im Jahre 1937 gebauter Fischkutter, der im Zweiten Weltkrieg Flüchtlinge nach England brachte (im Sommer Mo–Fr 10–17 Uhr, Sa–So 12–17 Uhr; 24. 5.–20. 6. und 23. 8.–3. 10. Mo–Fr 11–15 Uhr, So 12–15 Uhr, Sa geschl., Café im Hauptgebäude).

In unmittelbarer Nähe des Sunnmøre Museums liegen die 1907 eingeweihte **Borgund-Kirche** sowie das Mittelaltermuseum auf dem Gelände des Handelsortes **Borgundkaupangen**. Als 1349 die Pest von England eingeschleppt wurde, starb etwa drei Viertel der Bevölkerung Borgunds. Der schon im 10. Jh. bekannte Handelsort geriet in Vergessenheit. Von der auf ca. 45 000 $m^2$

geschätzten Größe der Ansiedlung wurden bisher nur 5200 m$^2$ archäologisch untersucht. Über den ausgegrabenen Resten einer Årestue (= ein Blockhaus mit offener Feuerstätte, Rauchabzug durch ein Loch im Dach) ist das **Mittelaltermuseum** errichtet (im Sommer Mo–Fr 11–15 Uhr, Sa–So 12–16 Uhr).

## Giske

Auf den vier nordwestlich von Ålesund gelegenen Inseln, Valderøy, Vigra, Giske und Godøy, die zur Gemeinde Giske gehören, tummelte sich zur Wikingerzeit alles, was Rang und Namen hatte, u. a. soll hier der kriegerische Wikinger Gange-Rolv geboren sein. Zahlreiche Funde belegen einen engen Kontakt der Inselbevölkerung mit England und dem Kontinent ab etwa 200 n. Chr. Prachtvolle Waffen, Luxusgegenstände und erlesene Schmuckstücke in den Gräbern lassen vermuten, daß viele, die ausfuhren, sei es auf Handels- und Plünderungsfahrt gen Westen oder auf Pilgerfahrt nach Jerusalem und Rom, mit großen Reichtümern zurückkehrten. Abgesehen von den abenteuerlichen Berichten in den Isländersagas sind die Zeugnisse aus der Geschichte Giskes bis auf ein paar Grabhügel eher mager. Dennoch lohnt ein Besuch: die insgesamt ca. 40 km$^2$ umfassenden Inseln sprechen durch ihre schöne Natur mit ausgedehnten Stränden, baumlosen Schärenküsten und vogelreichen Sumpfgebieten für sich. Auf der Südwestseite der Insel Valderøy liegt die Höhle **Skjonghellaren**, die spätestens seit der Jüngeren Steinzeit bewohnt war. Hier wurden die ältesten Tierspuren Norwegens gefunden, die möglicherweise bis zu 30 000 Jahre alt sind. Vom Parkplatz führt ein steiler Pfad in etwa knapp 10 Min. zum Eingang der Höhle (Taschenlampe nicht vergessen!).

Auf der Insel **Giske** steht eine kleine, in ihrer Schlichtheit schöne Marmorkirche aus der ersten Hälfte des 12. Jh. Sie befand sich ursprünglich im Besitz der mächtigen Giske, die vom Beginn des 11. bis zum Ende des 15. Jh. zu den einflußreichsten Familien des Landes gehörten und enge Beziehungen zum norwegischen Königshaus hatten.

Auf **Godøy** sollte man Alnes einen Besuch abstatten, einem kleinen Fischerort mit bunten Bootshäusern, Krämerladen und viereckigem, rot-weiß-gestreiften Leuchtturm inmitten von saftiggrünen Wiesen, die sich bis zum steinigen Strand hinziehen. Hier kann man schön picknicken und spazierengehen.

**Info:** Seit 1986 sind alle Inseln durch lange, unterseeische Tunnels (3500 und 4200 m) und mehrere Brücken untereinander und mit Ålesund verbunden (ca. 15 Min. mit dem Auto, erster Tunnel gebührenpflichtig).

**Unterkunft**: Godøy Hytter, ✆ 70 18 50 26; Alnes Rorbuer, Alnes, ✆ 70 18 51 92

# Zur Vogelinsel Runde

Wer nach Runde möchte, muß die Fähre von Sulesund nach Hareid nehmen (bis zu 30 × tgl.). In der Ortschaft Brandal, 4 km nördlich vom Fährort Hareid, liegt das **Eismeermuseum** (Ishavsmuseum). Brandal war neben Tromsø das größte Zentrum für den norwegischen Seehundfang.

In der Bucht von **Hjørungavåg**, südöstlich von Hareid, soll im Jahre 986 der norwegische Håkon Jarl die dänischen Jomswikinger siegreich geschlagen haben. Weder Ort noch Datum gelten als gesichert, daß ein Kampf stattfand ist indes unbestritten. Dieser berühmten Schlacht kommt eine große Bedeutung zu, denn dabei gelang es den Norwegern, ihre Unabhängigkeit gegenüber der dänischen Königsmacht zu behaupten. Zum tausendjährigen Jubiläum wurde am **Overåsand** ein weithin sichtbares Nationalmonument – vier hochkant gegeneinandergelehnte Wikingerschiffsbuge – aufgestellt. Gleich nebenan liegt ein phantastischer, weißer Sandstrand, im Sommer beliebtes Ausflugsziel für Sonnenanbeter, Schwimmer und Surfer.

**Ulsteinvik** auf der anderen Seite der Insel hat sich vor allem in der Schiffsbauindustrie einen Namen gemacht. Der kleine Ort ist ein attraktives Wassersportzentrum, in dem auch echte Landratten ihre ersten Angel-, Segel- und Taucherfahrungen machen können.

**Unterkunft**: Inter Nor Ulstein Hotell, etwas oberhalb der Stadt, beliebter Tauchertreff, ✆ 70 01 30 00; Sunnmøre Folkehøgskule, ✆ 70 01 03 32; Vikhaugen Gjestehus, ✆ 70 01 11 14. Camping: Einar Harald Sundnes, ✆ 70 01 39 12.

**Wassersport**: Anmeldung für Angel-, Segel- und Tauchfahrten im Inter Nor Ulstein Hotell, ✆ 70 01 30 00 (auch Verleih von Booten, Surfbrettern, Taucher- und Angelausrüstung). 3 × pro Woche werden Angeltouren mit dem alten, liebevoll restaurierten Holz-Segelschiff Charming Ruth angeboten. Abstecher zur Vogelinsel Runde inbegriffen.

Auf den Straßen 61 und 654 geht es weiter Richtung Runde. In einer zunehmend von stürmischen Küstenwinden geprägten Schärenlandschaft zweigt (etwa 18 km nach Ulsteinvik) eine schmale Straße von der 654 ab, die in knapp 10 Min. zum **Herøy-Küstmuseum** (im Sommer tgl. 13–18 Uhr) auf der alten Thinginsel Herøy führt. Eine dramatische, in den Sagas festgehaltene Begegnung zwischen König Olav (dem Heiligen) und dem Møre-Häuptling Karl samt Liebesgeschichte mit der Tochter des Häuptlings liefert den Stoff für das erstmalig 1992 aufgeführte Herøy-Spiel.

Nach der Einführung des Christentums wurde die Insel Kirchort und Handelszentrum. Mit der Verlegung der Kirche im Jahre 1916 verlor der kleine Handelsort seine Bedeutung. 1974 übernahm die Gemeinde Herøy den alten Grundbesitz samt Pfarrhof, dessen ältester

Badeleben auf der Insel Hareid bei Ålesund

Teil aus dem Jahre 1752 stammt, sowie das Bootshaus mit einem rekonstruierten Wikingerschiff aus der Zeit um 700 n. Chr. Ein etwa 1 km langer Spazierweg führt über die Insel mit herrlichem Blick über die Schären. Nur zu Fuß erreichbar (etwa 10 Min.) liegt ein schöner Badeplatz am entgegengesetzten Ende der Insel.

Seit die Vogelinsel **Runde** im Jahre 1981 durch eine 432 m lange Brücke landfest wurde, wird die nur 6,4 $km^2$ große, unter Naturschutz stehende Insel von einem ständig wachsenden Touristenstrom aufgesucht. Ungefähr 160 Menschen leben in den zwei Dörfern Runde und Goksøyr. Vor der Küste der Vogelinsel hat es viele sagenumwobene Schiffbrüche gegeben. Im Jahre 1725 ging der niederländische Ostindien-Segler Akerendam mit 200 Menschen und einem Schatz von 230 000 Goldgulden an Bord unter. Fast 250 Jahre später, im Jahre 1972, fanden drei ein-

heimische Sporttaucher ungefähr 6000 Gold- und an die 40 000 Silbermünzen. Die erfolgreichen Taucher durften 75 % des gehobenen Schatzes behalten, 15% ging an den norwegischen Staat, die restlichen 10 % erhielten die Niederlande. Seither nennt sich Runde nicht ohne Stolz »Schatzinsel« und zieht Sporttaucher aller Nationen an, deren heimliche Hoffnung auf einem Kriegsschiff der spanischen Armada ruht: Die schwer mit Gold beladene Castillo Negro zerschellte im Jahre 1588 auf dem Heimweg von England nach Spanien an den Schären vor Runde.

Doch in erster Linie zieht es immer noch Vogelliebhaber nach Runde. Neben dem schmalen bewohnten Küstenstreifen nimmt das mit saftigem Weidegras bewachsene Hochplateau den weitaus größten Teil der Inselfläche ein. Im Westen der Insel fällt es bis zu 300 m senkrecht zum Meer ab. An diesen unzugänglichen Felswänden nisten etwa eine halbe Million Seevögel: Tausende von Dreizehenmöwen, Papageientaucher, Baßtölpel und Trottellummen.

**Info**: An den Campingplätzen liegt eine Broschüre aus, in der die bevorzugten Brutplätze der verschiedenen Vogelarten sowie die markierten Pfade eingezeichnet sind. Ein etwa halbstündiger Aufstieg führt vom Campingplatz in Goksøyra auf das Hochplateau. Oben angelangt, kann man in beiden Richtun-

Möwenkolonie auf dem Vogelfelsen von Runde

gen am Rand der Steilküste weiterwandern. Faszinierend sind auch Bootstouren zu den Vogelfelsen (tgl. Dauer ca. 2,5 Std.). Dabei kann man auch die bis zu 120 m tiefen Grotten am Fuße der Steilwände in Augenschein nehmen.

**Verkehr**: Von Ålesund: Schnellboot nach Hareid, von Hareid tgl. außer So Bus nach Runde. Von Ulsteinvik: Mit dem alten Segler Charming Ruth, Zwischenstop auf Borgaøya, einem ehemaligen Handelsplatz aus dem 16. Jh.; 2 × pro Woche, Dauer ca. 4 Std.

**Unterkunft**: Christineborg Kysthotel, Mittelklasse, relativ teuer, ✆ 70 08 59 50; Goksøyr Camping, ✆ 70 08 59 05; Runde Camping, auch Zimmer, ✆ 70 08 59 16.

Wildcampen ist auf Runde absolut unerwünscht.

## Molde

Bereits gegen Ende des 19. Jh. war Molde wegen seiner schönen Lage direkt am Romsdalsfjord und dem Panoramablick auf die bis zu 2000 m hohen Gipfel der Romsdalsalpen ein beliebtes Touristenziel, das auch Kaiser Wilhelms Zuspruch fand. Er besuchte Molde zwischen 1890 und 1913 fast jeden Sommer. Die Berge der Moldeheia schützen den Ort gegen die scharfen Nord- und Westwinde und gewährleisten ein für den 62° nördlicher Breite ungewöhnlich mildes Klima. Bjørnstjerne Bjørnson, der hier zur Schule ging, hat Molde wegen seiner schönen Gärten »Stadt der Rosen« genannt.

Die kleine Küstensiedlung Molde fjære (*fjære* = Meeresstrand, Watt) war bereits seit dem 14. Jh. ein wichtiger Umschlagplatz für den Holzhandel mit England, vor allem aber mit Holland. In der Mitte des 17. Jh. stagnierte die Ausfuhr, weil Romsdal so gut wie abgeholzt war. Der Fischhandel gewann an Bedeutung. Auf dem Gemeindewappen von Molde erinnert ein Wal mit einer Heringstonne an die ertragrei-

Auf dem Jazzfestival von Molde

chen Zeiten in der Mitte des 19 Jh., als der Wal noch riesige Heringsschwärme in den Fjord jagte.

Im April 1940 wurde die nach einem Großbrand im Jahre 1916 wieder aufgebaute Stadt von den Deutschen bombardiert und zerstört. In der Hauptstraße, Storgata, stand nur noch ein einziges gemauertes Haus. Das Zentrum um die Storgata und den Marktplatz wurde mit breiteren Straßen und modernen Geschäftshäusern neu errichtet.

Heute ist Molde (ca. 22000 Ew.) vor allem eine Handels- und Dienstleistungsstadt mit einem breiten Schul- und Ausbildungsangebot. Das seit 1960 jährlich Ende Juli stattfindende **Internationale Jazzfestival** hat den Ort weit über die Landesgrenzen hinaus bekannt gemacht. In der Festivalwoche werden vor dem Rathaus jeden Tag ab 12 Uhr Gratiskonzerte geboten.

Unweit vom Rathaus liegt die moderne, 1957 eingeweihte **Domkirche** (tgl. 10–15.30 Uhr). Lohnenswert ist ein Spaziergang zum **Romsdalsmuseum**. Es befindet sich oberhalb des Reknes-Parks, ungefähr 15 Min. vom Stadtzentrum entfernt, und vermittelt einen Eindruck von der Lebens- und Arbeitsweise der Menschen seit dem 15. Jh. bis in die heutige Zeit (im Sommer Mo–Sa 10–18 Uhr, So 12–18 Uhr, Volkstanzvorführungen).

Im Westen der Stadt liegt bei Glomstua die berühmte **Königsbirke**. An diesem Ort suchten Haakon VII. und Kronprinz Olav Schutz, als Molde im April 1940 bombardiert wurde. Das Foto, das ein Journalist vom König und seinem Sohn vor der Birke machte, geriet zum nationalen Symbol für den Widerstandswillen der Norweger gegen die Okkupationsmacht. Die junge Birke wurde 1982 von König Olav gepflanzt, nachdem die alte Birke im Jahr zuvor mutwillig zerstört worden war.

Sehr empfehlenswert ist eine Fahrt zum **Varden** (407 m) hinauf. Auf diesem Hausberg Moldes bietet sich ein phantastischer Blick über die Romsdalsalpen, und man kann hier auch schön spazierengehen.

**Info**: Das Restaurant Vardestua ist den ganzen Sommer über täglich geöffnet. Fahrzeit auf den Varden etwa 10 Min., der Weg dorthin ist unten mit »Varden« ausgeschildert, weiter oben mit »Fjellstua«. Zu Fuß braucht man gut eine Stunde (steil)!

Einen Besuch lohnt auch das **Fischereimuseum** auf der Insel **Hjertøya** (Herzinsel) direkt vor der Stadt. Hier bekommt man einen Einblick in die Lebensverhältnisse der Menschen ab etwa 1850. Das Schnellboot zur Insel fährt mehrmals täglich am Kai ab, der gegenüber vom Rathaus direkt hinter dem Marktplatz liegt; die Überfahrt dauert 10 Min. (im Sommer tgl. Führungen nach Ankunft der Boote). In einem alten Bootsschuppen ist ein Restaurant eingerichtet. An heißen Tagen an Badezeug denken, auf der Insel gibt es einen schönen Strand.

**Verkehr**: Seit 1991 führt der Skålavegen über eine 555 m lange Brücke und durch einen 2743 m langen Tunnel bis unmittelbar vor Molde. Die Straßengebühr ist so teuer wie vorher die Fähre. Fähren: Molde – Vestnes, ca. 35 Min., bis zu 20 × tgl.; Molde – Vikebukt, z. T. über Vestnes, 50 Min., ca. 5 × tgl.

**Unterkunft**: Alexandra Hotell, Storgt. 1–7, Luxusklasse, ✆ 71 25 11 33; Hotell Molde, Storgt. 19, Mittelklasse, ✆ 71 21 58 88; Norøna Pensjonat, Storgt. 77, preiswert, ✆ 71 25 18 24. Kviltorp Camping, 3 km östl. vom Zentrum, Str. 1, ✆ 71 21 17 42

**Touristeninformation** im Rathaus am Markt (im Sommer Mo–Sa 9–18 Uhr, So 10–16 Uhr), ✆ 71 25 71 33/ 71 21 92 00; keine Parkmöglichkeit in unmittelbarer Nähe.

In der Kringstadbucht, westlich der Stadt, liegt ein öffentlicher Badestrand.

## Zwischen Molde und Kristiansund

Zwischen Molde und Kristiansund lohnt neben der ›Trollkirche‹ vor allem das faszinierende Küstengebiet.

Die **Trollkirche** (Trollkirka), eine dreigeteilte Kalkhöhle mit unterirdischen Bächen, Wasserfällen und glattgeschliffenen Marmorwänden, liegt etwa 25 km nördlich von Molde. Direkt an der Straße 64 befindet sich der Parkplatz, von dem aus die etwa 1,5-stündige, steile, aber ungefährliche Wanderung ihren

Trockengestell mit Klippfisch

Anfang nimmt. Oberhalb der Grotten liegt ein kleiner See, auch hier kann man weißen, feinen Marmor bewundern. Die zackigen, spitzen Gipfel hinter der Trollkirche sind sogenannte Nunatak. Das Eskimowort bezeichnet Bergspitzen, die während der letzten Eiszeit aus dem Eis hervorragten und nicht glattgeschliffen wurden.

**Info**: Unbedingt Gummistiefel und Taschenlampe oder Fackel mitnehmen. Fackeln können in Sportgeschäften in Molde und Elnesvågen (dort auch Touristeninfo, ✆ 71 26 81 00) gekauft werden.

## Bud

Das hübsche Dorf Bud liegt direkt am Meer, 47 km nordwestlich von Molde. Die etwa 1000 Einwohner leben in der Hauptsache vom Fischfang und der Fischverarbeitung. Die alte Bebauung des Ortes konzentriert sich um den Hafen. Sehr gemütlich ist das **Bryggjen Sommerkafé** in einem alten Seehaus direkt am Hafen (tgl. 11–19 Uhr). Nebenan befindet sich ein Fischereimuseum **Bryggjen Utstilling** (tgl. 11–19 Uhr).

Im Jahr 1533 rief Norwegens letzter Erzbischof, Olav Engelbrektsson, den norwegischen Reichsrat sowie Repräsentanten der Bürger und Bauern in Bud zur Königswahl zusammen, um Norwegens Unabhängigkeit von Dänemark zu behaupten und damit die katholische Kirche vor der Reformation zu bewahren. Die Bemühungen des Erzbischofs waren nicht von Erfolg gekrönt. Zur Erinnerung an die Reichsversammlung wurde zum 400jährigen Jubiläum oberhalb des Ortes ein Gedenkstein errichtet. Der Hügel **Ergan,** auf dem der Stein steht, war im Zweiten Weltkrieg Sitz einer deutschen Festung mit Bunkern, einem Feldlazarett sowie einem weiten Netz von unterirdischen Gängen. Die restaurierte Befestigungsanlage gewährt als **Kriegshistorisches Museum** Einblick in das düstere Kapitel der deutschen Besatzungszeit in Norwegen (tgl. 10–18 Uhr).

**Unterkunft**: Blåhammer Camping, ✆ 71 26 17 03; Bud Camping, ✆ 71 26 10 23

**Touristeninformation** in Bud, ✆ 71 26 19 15 (tgl. 10–16 Uhr).

**Ausflüge von Bud**: Ein Paradies für Angler und Vogelliebhaber sind die malerischen Fischerinseln **Bjørnsund** und **Ona**. Von Harøysund (südlich von Bud) fährt im Sommer das Boot nach Bjørnsund: an 5 Tagen in der Woche 2 × tgl. (vormittags, nachmittags), 30 Min. Anschluß an Busse von/nach Molde. 1 × pro Woche (Sa vormittags) geht ein Boot über Bjørnsund weiter nach Ona (2 Std. Aufenthalt). Auf der Insel Ona, die im Gegensatz zu Bjørnsund ganzjährig bewohnt ist, ist es möglich zu übernachten (Information über Privatunterkünfte im Touristenbüro in Bud oder Molde).

## Die Atlantik-Küstenstraße

Auf der phantastischen, etwa 8 km langen Strecke über die durch Brücken miteinander verbundenen Inseln und Schären zwischen Vevang auf dem Festland und der Insel Averøya südlich von Kristiansund gelangt man mit dem Auto bis ans offene Meer heran. Um 1900 wohnten auf diesen Inseln noch etwa 120 Menschen, die vom Fischfang lebten, inzwischen sind die Inseln verlassen, aber an der Küste wimmelt es von Fisch. Und auf den Brücken an der Atlantikküste stehen zahlreiche Freizeitangler.

Der bereits 1935 beschlossene Bau der Atlantik-Küstenstraße wurde erst 1983 in Angriff genommen und 1989 beendet. Die Gesamtkosten lagen mit 122 Mio. NOK (1989) niedriger als erwartet; ein Viertel des Geldes soll durch die Brückengebühr finanziert werden.

**Verkehr**: Bus zwischen Molde und Kristiansund fährt über die Atlantik-Küstenstraße und Averøya.

Ein Touristenmagnet ist das Tauch- und Wassersportzentrum **Strømsholmen** bei Vevang (Bootsverleih, Tauchkurse, -führungen, Café, ✆ 71 29 81 74). Westlich von hier beginnt der Küstenabschnitt **Hustadvika**, berüchtigt für seine zahl-

## Frauen auf dem Berg

# Die Klippfischproduktion

Vermutlich konservierten die Norweger ihren Fisch schon in vorhistorischer Zeit, indem sie ihn in Wind und Wetter ein paar Monate zum Trocknen aufhängten. Der Trockenfisch entwickelte sich ab dem späten Mittelalter zum wichtigsten norwegischen Exportartikel. Anders sah es mit dem Klippfisch aus, der, entgegen allen Vermutungen, keineswegs eine norwegische Erfindung und vielen Norwegern bis heute ein wenig fremd geblieben ist. Wahrscheinlich waren es baskische Fischer, die im Verlauf des 16. Jh. diese Konservierungsmethode »erfanden«, indem sie ihre Fische salzten, sie auf Bootsplanken ausbreiteten und regelmäßig wendeten. Der Klippfisch gelangte bereits als fertig entwickeltes Produkt nach Norwegen, und die Produktion wurde mit dem Gedanken an den Export in Gang gesetzt. Im 18. Jh. gelang dann schottischen Kaufleuten, die sich in Kristiansund etablierten, der große Durchbruch. Die Zeit war günstig: Fisch gab es reichlich, er erzielte aber so niedrige Preise, daß trotz riesiger Fangmengen in fast allen Fischerfamilien große Armut herrschte.

Der Alltag war hart: Während die Männer auf See waren, versorgten die Frauen Kinder, Haushalt und Hof. Im Frühling, wenn die Fischer den Fisch vom Winterfang auf den Lofoten heimbrachten, kam die Arbeit auf den Klippen dazu, die in der Regel bis September andauerte. Der Arbeitstag der Frauen auf dem Berg war lang. Viele von ihnen hatten zuvor schon Kühe gemolken, Essen vorgekocht und waren mehrere Kilometer über den Fjord gerudert. Nur an trockenen Tagen breiteten die Frauen den Fisch von 6 Uhr morgens bis zur Mittagspause dicht an dicht auf dem Felsen aus. Auf dem größten Berg in Kristiansund hatten – je nach Größe – bis zu 15 000 Fische Platz. Über

reichen, gefährlichen, im Sturm unpassierbaren Stellen. Hier sind unzählige Schiffe untergegangen, die neben der reichen Pflanzen- und Tierwelt interessante Tauchobjekte bieten.

Mitten in baumloser Schärenlandschaft liegt die kleine Insel **Håholmen** mit einem winzigen restaurierten Fischerort. Hier kann man wohnen und delikat essen.

**Verkehr**: Nach Håholmen fährt zwischen 11 und 18 Uhr im Sommer zu jeder vollen Stunde ein Boot, die Überfahrt dauert nur 5 Min.

Mittag, wenn die Sonne am höchsten stand, konnte es an wolkenlosen Tagen leicht geschehen, daß der Fisch »verbrannte«. Um das zu verhindern, lüfteten sogenannte Sonnenfrauen die Fische, die zur Kühlung auch paarweise spitzdachartig aneinander gelehnt wurden. Nach der Mittagspause begannen die Frauen mit dem Wenden der Fische, die dann am späten Nachmittag übereinandergeschichtet und für die Nacht in einem Lagerschuppen untergebracht wurden. Der Trocknungsprozeß dauerte mit wechselweisem Trocknen und Pressen normalerweise etwa einen Monat, in ausgedehnten Schlechtwetterperioden, wenn der Fisch nicht ausgelegt werden konnte, aber auch gut doppelt so lang.

Der fertige Klippfisch wurde zusammengebündelt – nur die feinsten Qualitäten gelangten in Kisten – und ins Ausland verschickt. Mitte des 19. Jh. lagen die traditionellen Abnehmer in Spanien, Portugal und Italien. Einigen norwegischen Exporteuren gelang es aber auch, ihren Klippfisch nach Brasilien, Venezuela und Cuba zu verkaufen. An den Mauern der alten Klippfischbrücken kann man noch verblichene Probedrucke der Schablonen entdecken, mit denen die Transportkisten markiert wurden. Fremd klingende Namen wie Rio de Janeiro, Havanna, Buenos Aires, New York und Valparaíso haben sicherlich so manchen jungen Arbeiter zum Tagträumen verlockt.

Im Verlauf der 50er Jahre gaben die letzten Klippfischproduzenten die traditionelle Zubereitungsart auf, man ging dazu über, den Fisch drinnen zu trocknen; Ölheizungen ersetzten die Sonne. Damit ging eine Ära zu Ende, der die Frauen trotz harter Bedingungen auch ihre positiven Seiten abgewinnen konnten. Eine Arbeiterin erinnert sich: »Das Trocknen auf dem Berg. Das hat viel Spaß gemacht . . . Auf einer der Klippen stand eine kleine Bretterbude, in der wir uns Kaffee kochen konnten. Es war ein kleiner Ofen drin. Das war wirklich nett. Da kochten wir uns Kaffee, saßen draußen, aßen und erzählten.«

**Unterkunft**: Håholmen Havstuer mit Restaurant (Fischspezialitäten), Gästehafen, ✆ 71 51 24 12

## Averøya

Von der Atlantik-Küstenstraße führt die Straße 64 durch die Insel zum Fährort Bremsnes im Norden. Landschaftlich reizvoller ist die Strecke am Kvernesfjord im Südteil von Averøya. Im eher kargen Nordwesten wurde 1989 bei Langøya eine Skulptur aufgestellt, die an die friedliche Lösung des Konflikts und die Zugeständnisse zwischen Magnus dem Guten und den Bauern an der Küste aus dem Jahr 1040 erinnern soll. In die aus grauem Granit gehauene, 6 m hohe und etwa 26 t schwere, vierkantige Skulptur sind vier Pfeilspitzen geschlagen – das Motiv stammt vom Averøyer Gemeindewappen.

An der äußersten Südspitze Averøyas liegt Håkkårøysa, Nordmøres größter Grabhügel aus der Wikingerzeit. In Kvernes passiert man das **Freilichtmuseum** (Gamle Kvernes Bygdemuseum, im Sommer 14–16.30 Uhr, das ganze Jahr über So 14–18 Uhr) und die 1432 erstmals erwähnte **Kvernes-Stabkirche**. Der mehrmals umgebaute Sakralbau wirkt von außen schlicht. Um so beeindruckender ist dann das schön dekorierte Innere, das in der ersten Hälfte des 17. Jh. neu gestaltet wurde (im Sommer 12–17 Uhr).

Südwestlich von Bremsnes liegt der **Bremsneshatten**, ein 130 m hoher Bergrücken, in dessen unmittelbarer Umgebung zahlreiche Spuren aus der Steinzeit (8000–1500 v. Chr.) gefunden wurden. Nicht allein wegen der weiten Aussicht lohnt der Aufstieg zur steinzeitlichen Wohnhöhle **Bremneshula**. Im hinteren Bereich kann man eine schwindelerregend hohe Leiter zu einer Seitenhöhle hinaufklettern (Taschenlampe erforderlich). Durch das Gebiet um den Bremsneshatten führt ein markierter Pfad.

**Verkehr**: Fähre Bremsnes–Kristiansund, ca. 20 Min., ca. 20 × tgl.

**Unterkunft**: Nördlich von Bremsnes: Sandvoll Camping, ✆ 71 51 12 27; Sveggvika Feriesenter, ✆ 71 51 17 90.

**Touristeninformation**: An der Straße 64 wenige Kilometer südlich von Bremsnes, ✆ 71 51 15 98 (Mo–Sa 9–21 Uhr, So 12–21 Uhr).

## Kristiansund

»Die Stadt am Meer« ist auf drei Inseln verteilt – Kirklandet/Gomalandet, Innlandet und Nordlandet –, die durch Sunde voneinander getrennt sind. Zwischen den durch Brücken miteinander verbundenen Inseln verkehrt – heute wie vor 100 Jahren – das Sundboot (Sundbåtan). Trotz der felsigen Natur, der äußerst kargen Vegetation und der mitunter gewaltigen Küstenstürme liegen auf diesen Inseln einige der ältesten bekannten Siedlungen Norwegens. Funde der berühmten **Fosnakultur** belegen, daß hier schon vor über 9000 Jahren Menschen wohnten.

Im 16. Jh. wuchs ein kleiner Fischerort um den geschützten Naturhafen **Vågen**. Gegen Ende des 17. Jh., als die umliegenden Wälder abgeholzt waren und damit dem einst blühenden Holzhandel mit den Holländern ein Ende gesetzt war, entwickelte sich Kristiansund zu einem Zentrum für die Klippfischproduktion (s. S. 206f.) und erhielt 1742 die begehrten

**Kristiansund** 1 Milnbrygga 2 Klippfischmuseum 3 Gomalandet Friedhof 4 Mellemwerft 5 Brodtkorpgården/Christiegården 6 Kirkelandet Kirche 7 Kringsjå 8 Vanndammene 9 Vardetårnet 10 Nordmøre Museum 11 Lossiusgården

Stadtrechte sowie den Namen Christiansund nach dem damals regierenden dänisch-norwegischen König Christian VI.

Kristiansunds Wirtschaft basiert auch heute noch vornehmlich auf dem Fisch, obwohl große Anstrengungen unternommen werden, weitere Einnahmequellen aufzutun. Neue Arbeitsplätze bietet die Zulieferindustrie für die Ölbohrungen vor der Trøndelagküste.

## Stadtspaziergang

Im April 1940 wurden große Teile Kristiansunds von den Deutschen in Schutt und Asche gelegt, 724 Häuser gingen in Flammen auf. Am südöstlichen Zipfel von Kirkelandet, im eigentlichen Geschäftszentrum der Stadt, überwiegt moderne, nüchterne Architektur. Die Klippfischfrau am Pier wurde zur 250-Jahrfeier der Stadt im Jahr 1992 dort aufgestellt.

Das Besondere an Kristiansund sind die alten, noch intakten Kaianlagen, die Handwerksbetriebe, Lager- und Wohnhäuser um den Vågen. Zwischen den alten Brükken, Fischverarbeitungsanlagen und Werften, auf den Klippfischfelsen und Fischannahmestellen hat man die einzigartige Gelegenheit, das alte Kristiansund zu erleben. Es bietet sich an, das Sundboot vom Pier im Zentrum nach Gomalandet zu nehmen und ca. 2 km um den Hafen zurück ins Zentrum zu laufen.

Von der Haltestelle auf Gomalandet folgt man zunächst der Strandgate nach links zum **Milnbergan** hinauf. Hier wurde von etwa 1740–1960 Klippfisch getrocknet. Auf einem Großteil der Klippen stehen jetzt moderne Wohnblocks und Terrassenhäuser. Die Kaianlage **Milnbrygga** unten am Wasser stammt aus dem Jahre 1749. In dem restaurierten Gebäude befindet sich das 1992 eröffnete Klippfischmuseum (im Sommer Mo–Fr 11–16 Uhr, So 12–15 Uhr). Die **Woldbrygga**, eine ehemalige Fischannahmestelle aus dem Jahr 1822, beherbergte von 1875–1965 eine Böttcherei, die noch weitgehend unverändert ist (im Sommer Mo–Fr 14–16 Uhr, So 13–16 Uhr). Wer mag, kann einen Abstecher zum **Gomaland-Friedhof** machen. Die Ballasterde, welche die Klippfischschiffe auf dem Rückweg von Spanien häufig an Bord nahmen, um Stabilität und günstige Schwimmlagen zu erzielen, fand hier Verwendung, um die Toten zu begraben. Viele der alten Kristiansunder ruhen in spanischer Erde.

Auf der anderen Seite des Vågen gelangt man schließlich zur einzigartigen **Mellomwerft**, die heute zum Nordmøre Museum gehört und seit 1867 in Betrieb ist. Die wichtigste Aufgabe der Werft waren Bau und Wartung der großen Flotte von Segelschiffen, die in den Glanzzeiten der Klippfischproduktion von Kristiansund aus unterwegs waren. Heute werden in der Museumswerft immer noch alte Boote restauriert. (Wer nicht den gesamten Spaziergang um den Vågen machen möchte, kann vom Parkplatz am Gästehafen in 5 Min. zur Werft gelangen.) Auf dem weiteren Weg zurück in das Stadtzentrum passiert man die prächtigen, unter Denkmalschutz stehenden Kaufmannshöfe **Brodtkorbgården** und **Christiegården** aus den Jahren 1786 und 1835. Die Familien Brodtkorb und Christie verdienten ihr Vermögen mit Klippfischhandel und Schiffsbau.

Klippfischfrau im Hafen von Kristiansund

An der vielbefahrenen Hauptstraße Langveien liegt die moderne, mit einer Front von über 300 bunten Glasfenstern ausgestattete **Kirkelandet-Kirche**. Sie wurde 1964 als Ersatz für den 1940 von den Bomben zerstörten Vorgängerbau errichtet (im Sommer tgl. 10–19 Uhr, ansonsten 10–14 Uhr). Hinter der Kirche zweigt die Straße nach **Kringsjå** ab. Hier befinden sich die alten Wassersammelstellen der Stadt *(Vanndammene)* in einem Park mit Spazierwegen, die bis hinaus zu den kahlen Klippen am Meer führen. Vom alten Wachtturm **Varden** (78 m ü.d.M.), dem höchsten Punkt der Stadt, hat man eine schöne Aussicht über die Hafeneinfahrt bis zur Fischerinsel Grip.

Auf Gomalandet, etwa 1,5 km vom Zentrum entfernt, liegt das **Nordmøre Museum**. Im Hauptgebäude sind besonders die archäologische Abteilung mit einer ausführlichen Dokumentation der Fosnakultur sowie die Fischereiabteilung, in der die Geschichte des Klippfisches aufgezeigt wird, interessant (Di–Fr 10–14 Uhr, So 12–15 Uhr).

Sehenswert sind auch die anderen Stadtinseln Innlandet und Nordlandet. Auf **Innlandet**, in der Nähe der Bootsanlaufstelle, liegen die ältesten Gebäude Kristiansunds. Hier befinden sich verfallene Lagerhäuser, verblichene, noch bewohnte Holzhäuser, ein Zollhaus aus dem 17. Jh. sowie das erste Krankenhaus der Stadt. Dieser Ortsteil, der restauriert werden soll, hat einen melancholischen Charme. Das unter Denkmalschutz stehende Lossius-Haus *(Lossiusgården)* stammt etwa von 1780 und ist eines der wenigen Patrizierhäuser, die 1940 nicht den Bomben zum Opfer fielen.

Auf **Nordlandet** liegt die 1914 im Jugendstil erbaute Steinkirche. Von der Kirche hat man einen weiten Blick über den Hafen und die dichtbebauten hügeligen Inseln der Stadt, die auch »Venedig des Nordens« genannt wird.

**Verkehr**: Seit 1992 Festlandsanbindung. Hurtigrute. Bus: Vestlandsekspressen. Kristiansund – Molde – Ålesund Mo–Fr 1 × tgl. Kristiansund – Surnadal – Trondheim 2 × tgl. Der Busbahnhof liegt vor dem Kai, von dem die Hurtigrutendampfer, die Fähre nach Averøya (ca. 20 × tgl.) sowie die Schnellboote nach Smøla und Aure ablegen.

Sundboot: Mo–Fr von 6.40–16.35 Uhr, Sa 8.40–13.40 Uhr. Anlegestellen: Innlandet, Nordlandet, Gomalandet; die Rundtour dauert ca. 20 Min.

Wochentags sind alle Parkplätze im Zentrum gebührenpflichtig. Nur am Gästehafen *(Gjestebrygge)* gibt es einen kostenlosen Parkplatz, knapp 10 Min. zu Fuß ins Zentrum.

**Unterkunft:** Rica Hotell, Restaurant, Storgt. 41–43, Luxusklasse, ✆ 71 67 64 11; City Bed & Breakfast, Vågev, 5, preiswert, ✆ 71 67 38 23; Atlanten Vandrerhjem, hotelähnliche Jugendherberge, entsprechend hohe Preise, ✆ 71 67 11 04. Gleich nebenan Atlanten Camping, Hütten, beim Nordmøre-Museum, auf Gomalandet, Busverbindung ins Zentrum, ✆ 71 67 11 04.

**Einkaufen**: Gegenüber vom Pier im Stadtzentrum befindet sich der Wochenmarkt, auf dem vormittags Gemüse, Obst und Blumen verkauft werden. Am Hafenkai liegen Fischerboote mit frischen Fischen und Krabben.

**Touristeninformation** in der Kapt. Brødtkersgt. 19, ✆ 71 67 72 11 (tgl. Mo–Fr 8–16 Uhr; im Sommer: Mo–Fr 8–18, Sa 10–14 Uhr, So geschlossen)

**Sport**: Schwimmhalle auf Gomalandet, neben dem Campingplatz. Windsurfing in Skjerva auf Innlandet, dort liegt auch ein schöner Badeplatz. Mehrere Tauchzentren, Broschüre im Touristenbüro.

## Die Fischerinsel Grip

Mitten im Meer, 14 km nordwestlich von Kristiansund, liegt die Inselgruppe Grip mit über 80 baumlosen, flachen Inselsplittern und Holmen. Die größte der Felsinseln, Gripøya, war ihrer exponierten Lage und den gewaltigen Nordmeerstürmen zum Trotz bereits seit dem 9. Jh. dauerhaft bewohnt. Zu erklären ist der eiserne Wille, auf diesem Flecken auszuharren, nur mit der Nähe guter Fischgründe. Als während des Fischfangs im Winter 1625 überraschend ein Schneesturm hereinbrach, ertranken fast alle männlichen Bewohner der Insel; kein einziger der ausgefahrenen Fischer kehrte zurück.

In guten, fischreichen Zeiten wohnten bis zu 400 Menschen auf Grip, doch zwischen 1780 und 1820 ging es den Bewohnern schlecht. Der Fisch blieb aus, orkanartige Stürme verheerten die winzige Insel. Im Jahre 1796 rissen meterhohe Flutwellen fast 100 Häuser ins Meer. 1818 notiert der Gemeindepfarrer Hans Grøn Bull: »Nie zuvor haben so wenig Menschen auf Grip gelebt wie jetzt. Hier wohnen nur zwölf Fischer, davon einige Lotsen, außerdem einige Witwen. Die meisten sind äußerst arm . . .«

Die kleine rote Stabkirche, die mitten zwischen den dichtgedrängten bunten Holzhäusern auf dem höchsten Punkt der Insel steht, hat alle Schrecken, die guten wie die schlechten Zeiten überdauert und den Bewohnern Grips Zuflucht gewährt. Das Innere der aus dem 15. Jh. stammenden, um 1621 umgebauten Kirche bezaubert durch die goldene Tönung der Holzwände, Balken und Bänke. Die Wände sind mit Rankenmustern und Motiven aus der Bibel bemalt. Einen Friedhof gab es nicht, weil der Boden zu felsig, die Erdkrume zu karg war. Die Inselbewohner mußten ihre Toten in Bremsnes oder Kristiansund begraben.

Von 1897 bis 1964 bildete Grip eine eigene Gemeinde. 1964 wurde die Insel, auf der noch 104 Menschen lebten, eingemeindet und mit Kristiansund vereint. 10 Jahre später war die Insel verlassen. Die meisten der ehemaligen Grip-Bewohner zogen nach Kristiansund. Ihre Häuser halten sie als Ferienhäuser weiterhin in Stand. Im Sommer herrscht hier munteres Leben, überall wird gehämmert, restauriert und gestrichen, um die Spuren der Winterstürme zu beseitigen.

**Verkehr:** Boot nach Grip vom Pier in Kristiansund, von Mitte Mai bis Ende Aug. Mo–Do 11 Uhr, Fr 11 und 17 Uhr, Sa 14/15 Uhr, So 11 und 17 Uhr, Dauer 45 Min. Bei starker Nachfrage fährt das Boot mehrere Male. Die Tour dauert insgesamt 2 1/2 Std. Aufenthalt auf der Insel 1 Std. Gemütlich ist das kleine Post-Café in der ehemaligen Schule.

Am Sognefjord bei Vangsnes ▷

## Abbildungsnachweis

Claudia Banck, Groß Boden S. 46, 49, 54, 102, 113, 120, 134, 167, 202
K. H. Bornmüller, Borgteheide S. 1, 43, 135
Fridmar Damm, Köln S. 33, 64/65, 97, 108, 111, 180/181, 192/193, 200/201, 204
Udo Haafke, Ratingen S. 10, 80
Hans Klüche, Bielefeld S. 183
Wulf Ligges, Flaurling, (Österreich) Umschlaginnenklappe vorne
Joe McDonald / OKAPIA, Frankfurt/Main S. 26
Peter Mertz, Innsbruck S. 12/13, 66, 98
Schlegelmilch / Mainbild, Frankfurt/Main S. 162
Martin Schmidt, Bad Oldesloe S. 154/155
Wilkin Spitta, Loham S. 73, 117, 150
Kjell Ove Storvik, Kabelvåg (Norwegen) S. 52, 56, 188, 211, Umschlagrückseite unten
Christioph Strom, München Umschlagrückseite oben
Helge Sunde, Bergen (Norwegen) S. 2/3, 18, 20/21, 30, 36/37, 38, 53 u., 59/59, 74/75, 82/83, 88/89, 94, 106/107, 122/123, 123 o., 123 u., 129, 132/133, 147, 158, 173, 176/177, Umschlaginnenklappe hinten
Andreas Werth, Celle Umschlagvorderseite, S. 17, 127, 136/137, 139, 142, 199, 214/215
Klas Winter, Meschede S. 53 o.

Zitat S. 11 aus Olav H. Hauge, Der Traum trägt das blaue Segel, mit freundl. Genehmigung © Horst Heiderhoff Verlag, Eisingen 1987

Karten und Pläne: DuMont Buchverlag, Köln

# Tips und Adressen

# Reisevorbereitungen

## Diplomatische Vertretungen

**... in der BRD**
Königlich Norwegische Botschaft
Mittelstraße 43
53175 Bonn
✆ 02 28/81 99 70
Fax: 02 28/37 34 98

**... in Österreich**
Königlich Norwegische Botschaft
Bayerngasse 3
A-1030 Wien
✆ 02 22/7 15 66 92/93/94
Fax: 02 22/7 12 65 52

**... in der Schweiz**
Königlich Norwegische Botschaft
Dufourstraße 29
CH-3005 Bern
✆ 0 31/3 52 46 76
Fax: 0 31/3 51 53 81

## Einreisebestimmungen

Für die Einreise nach Norwegen ist ein Personalausweis oder Reisepaß erforderlich. Kinder bis 16 Jahren brauchen einen Kinderausweis, ab 10 Jahren mit Bild.

## Gesundheitsvorsorge

Zum Abschluß einer zusätzlichen Reisekrankenversicherung wird geraten. Im Krankheitsfall müssen die Kosten für Arzt, Krankenhaus und Medikamente zunächst bar gezahlt werden. Bei höheren Rechnungen reicht auch der Nachweis der Reisekrankenversicherung.

Es empfiehlt sich, die übliche Reiseapotheke für den persönlichen Bedarf mitzunehmen.

## Informationsstellen

**... in der BRD**
Norwegisches Fremden-
verkehrsamt
Mundsburger Damm 27
22087 Hamburg
✆ 0 40/22 71 08 10
Fax: 0 40/22 71 08 15

Das Norwegische Fremdenverkehrsamt gibt in jedem Jahr das ›Offizielle Reisehandbuch‹ heraus, in dem viele Adressen, Routenvorschläge usw. verzeichnet sind. Für DM 14,80 im Buchhandel erhältlich.

**... in Österreich**
erhalten Sie Informationen für die Reise bei der ansässigen Norwegischen Botschaft.

**... in der Schweiz**
sind Touristikinformationen ebenfalls über die dort vertretene Norwegische Botschaft zu beziehen.

## Karten und Pläne

Für die Planung der Reiseroute empfiehlt sich eine Übersichtskarte. Hervorragend ist Cappelens Norwegenkarte (Norge, Bil-og turistkart, Nr. 13 ›Hele Norge‹). Zum Reisen im Fjordland sind Detailkarten erforderlich. Empfehlenswert: die Cappelen Detailkarten (Deutsche Lizenzausgabe von Kümmerley & Frey). Fünf Karten für ganz Norwegen, in denen Sehenswürdigkeiten, Unterkünfte sowie Wanderwege mit Zeitangaben verzeichnet sind. Eine umfassende Auswahl an Karten und Literatur erhalten Sie bei: NORDIS Buch- und Landkartenhandel
Postfach 100343
40767 Monheim
✆ 0 21 73/5 66 65 (ausführlicher Katalog)

## Kleidung und Ausrüstung

Das Wetter zwischen Fjord und Fjell schwankt zwischen heiß und windstill bis eiskalt und stürmisch. Empfehlenswert ist es, sich auf alle mitteleuropäischen Jahreszeiten einzustellen. Ein dicker Wollpulli, ein winddichter Anorak und eine Mütze sind nicht nur für Hochgebirgstouren erforderlich. Wanderer benötigen feste Schuhe und Hüttenschuhe für den Aufenthalt in Berghütten, gutes Regenzeug und für das Hochfjell auch Handschuhe und Schal. Darüber hinaus sollten Shorts, Badesachen, Sonnenmilch und Mückenschutz im Reisegepäck nicht fehlen. Praktisch ist ein kleiner Rucksack für Tagesausflüge, ein Fernglas für Tierbeobachtungen sowie eine Taschenlampe für Höhlenbesichtigungen.

## Körperbehinderte

Viele öffentliche Einrichtungen, Hotels und auch Campingplätze haben sich auf die Bedürfnisse Behinderter eingestellt. Die norwegische Eisenbahn (NSB) ist behindertengerecht eingerichtet, und ebenso sind die neuesten Fähren und einige Hurtigruten-Schiffe für Gehbehinderte nutzbar.

Ausführliche Informationen sind über Norges Handikapforbund, Postboks 9217, 0134 Oslo, ✆ 22 17 02 55, Fax: 22 17 61 77 erhältlich. Daneben sind geeignete Übernachtungsmöglichkeiten den entsprechenden Broschüren des Norwegischen Fremdenverkehrsamtes zu entnehmen und Transportmittel direkt bei den Reedereien bzw. an Bahnhöfen und in Reisebüros zu erfragen.

## Literatur

**Asbjørnsen** und **Moe:** Norwegische Märchen, Eichborn Verlag, 1986
**Bjørnstad, K.:** Ballade in G-Moll (Roman über das Leben Edvard Griegs), Katz Verlag, 1988
**Dey, R.:** Richtig reisen – Norwegen, DuMont, Köln [9]1991
**Fløgstad, K.:** Dalen Portland, Butt Verlag, 1988
**Gläßer, E.:** Norwegen – Natur- und Kulturlandschaften vom Skagerak bis nach Finnmark, DuMont Landschaftsführer, Köln 1991
**Gjærevoll, O., Jørgensen:** Gebirgsblumen in Skandinavien, Trondheim 1979 (im norwegischen Buchhandel in deutsch erhältlich)
**Hauge, Olav H.:** Der Traum trägt das blaue Segel (Gedichte aus dem Fjordland), Eisingen 1987
**Heinzel, H., Fitter, R., Parslow, J.:** Pareys Vogelbuch, Hamburg, Berlin [5]1988
**Hoem, Edvard:** Fährfahrten der Liebe, Butt Verlag1987
**Kielland, Alexander:** Skipper Worse (1882), Nördlingen 1987
**Marschall, Birgit:** Reisen und Regieren. Die Nordlandfahrten Kaiser Wilhelms II, Kabel Verlag, Hamburg 1991
**Norges Automobil-Forbund** (Herausgeber): NAF Veibok, Oslo 1993
**Staalesen, Gunnar:** Im Dunkeln sind alle Wölfe grau, 1987
*ders.:* Die Frau im Kühlschrank, 1989
*ders.:* Das Haus mit der grünen Tür, 1990
*ders.:* Gefallene Engel, 1992
*ders.:* Bittere Blumen, 1992 – erschienen im Butt Verlag, Mönkeberg

## Reisekasse

Die Währungseinheit in Norwegen ist die Krone (NOK), sie entspricht 100 Øre. Die Einfuhr von über NOK 25 000,– Bargeld muß an den Grenzstellen angegeben werden. Die Mitnahme von Fremdwährung und Reiseschecks ist in beliebiger Höhe erlaubt. Reiseschecks und Kreditkarten werden in Norwegen in der Regel akzeptiert. Mit Postsparbüchern kann man auf fast allen größeren Postämtern gebührenfrei bis zu DM 2000 im Monat abheben.

## Reisezeit

Norwegen ist von Ende November bis Anfang Mai schneesicher. Da die Tage im Winter recht kurz sind, bieten sich vor allem die hellen Frühlingsmonate März und April zum Skifahren an. Die Woche um Ostern verbringen auch viele Norweger auf Skiern; dann sind die Hüttenpreise besonders hoch.

Das Frühjahr ist wegen der Obstbaumblüte im Mai, wenn die Berge noch tief verschneit sind, eine der schönsten Jahreszeiten im Fjordland. Wandern im Fjell ist dann aber noch nicht möglich. Die höchsten Paßstraßen sind erst ab Anfang Juni frei. Mitte Juni bis Mitte August ist die Hauptreisezeit.

Wanderungen im Hochfjell von Hütte zu Hütte (Hardangervidda, Jotunheimen) sind wegen des Schnees erst ab Juli anzuraten. Mit den ersten Frostnächten im September wird das Hochfjell dann in wunderschöne Farben getaucht.

### Zollbestimmungen

Es ist erlaubt, die für den Eigenbedarf bestimmten Lebensmittel nach Norwegen einzuführen. Davon ausgenommen sind Fleisch (nur 5 kg in Konserven sind erlaubt), Milchprodukte, Eier, Obst und Gemüse. Tabak und Alkohol werden in Norwegen sehr hoch besteuert. Zollfrei sind für Personen ab einem Alter von 20 Jahren nur folgende Mengen: 1 l Spirituosen bis 60 Vol.%, 1 l Wein und 2 l Bier bzw. 2 l Wein und 2 l Bier sowie 200 Zigaretten, 250 g andere Tabakwaren und 200 Blatt Zigarettenpapier bei einem Mindestalter von 16 Jahren. Bei Einfuhr eines Pkw oder Motorbootes dürfen 200 l Treibstoff mitgeführt werden.

## Unterkunft

### Hotels und Pensionen

Hotelübernachtungen sind nicht billig, locken aber mit üppigen Buffets. Viele Hotels haben sich zu Ketten mit eigenen Rabattsystemen zusammengeschlossen. Besitzern der preiswerten Hotelpässe (z. B. Fjordpass oder Bonus Pass der Inter Nor Hotels) wird im Sommer bis zu 40 % Preiserlaß gewährt. In dem vom Norwegischen Fremdenverkehrsamt (s. Informationsstellen) herausgegebenen Unterkunftsverzeichnis sind neben den aktuellen Preisen auch die Sommerpreise sowie Hotelpaßermäßigungen mitaufgeführt. Günstiger sind die kleineren, oft familiären Gasthäuser (Gjestgiveri/Gjestehus) und Pensionen (Pensjonate) sowie die sogenannten Sommerhotels – Studentenwohnheime, die in den Semesterferien vermietet werden.

### Familien- und Jugendherbergen

Im norwegischen Vandrerhjem/-heim sind Leute jeden Alters willkommen. Viele der Jugendherbergen sind allerdings nur in der Sommer- und Wintersaison geöffnet. In der Hochsaison ist es ratsam vorzubestellen. Information:

Norske Vandrerhjem
Dronningensgate 26
0154 Oslo
✆ 22 42 14 10, Fax: 22 42 44 76

## Ferienhäuser

Kataloge mit Preislisten bei:
Fjordhytter
Lille Markev. 13
5005 Bergen
✆ 55 23 20 80, Fax: 55 23 24 04
und
Fjordtra Nordreisen GmbH
Zweigertstr. 10
45130 Essen
✆ 02 01/79 14 43
Fax: 02 01/79 18 23

## Campingplätze und Hütten

Obwohl das wilde Campen offiziell auch weiter erlaubt ist, sind – zumindest in den beliebtesten Touristengebieten – die Zeiten vorbei, in denen man sein Zelt irgendwo in der Landschaft aufschlagen konnte. Wohnmobile dürfen auf Rastplätzen entlang der Straße nicht über Nacht stehen! Eine Karte mit Verzeichnis der durchweg schöngelegenen Campingplätze sowie Entsorgungsstationen für Wohnmobilabwässer kann man über das Fremdenverkehrsamt (s. Informationsstellen) anfordern. Auf fast allen Campingplätzen werden zudem Campinghütten mit 2–6 Betten, Kochplatte und Kühlschrank vermietet. Weitere Campinginformationen auch über:
Norges Automobil Forbund (NAF)
Storgt. 2
0105 Oslo
✆ 22 34 16 00

# Anreise

## ... mit dem Flugzeug

Oslo, Bergen und Stavanger sind die Hauptflughäfen mit Anschluß an ein gut ausgebautes Netz von Inlandflugverbindungen. Vor allem im Sommer gibt es zahlreiche Rabattmöglichkeiten; der ›Visit Scandinavia Air Pass‹ z. B. ermöglicht vergünstigte Flüge. Weitere Informationen können über das örtliche Reisebüro bzw. über die Büros von Lufthansa und SAS bezogen werden.

## ... mit Auto und Fähre

Fähren nach Norwegen gibt es viele. Neben einem intensiven Preisvergleich lohnt die Suche nach Rabatten und passenden Ankunftszeiten in jedem Fall den Aufwand. Prospekte gibt es in allen Reisebüros.

Dem Fjordland am nächsten kommt man mit einer Schiffsverbindung von der Nordspitze Dänemarks. Hier ein kurzer Überblick über verschiedene Möglichkeiten:

**Larvik Line:** Frederikshavn–Larvik bis zu 3 × tgl., Fahrzeit ca. 6 Std. (über Nacht länger).

**Color Line:** Hirtshals–Kristiansand 3 × tgl., Fahrzeit 4,5 Std. Hirtshals–Oslo 1 × tgl., Fahrzeit 8,5 Std. Kiel–Oslo 1 × tgl., Fahrzeit ca. 20 Std.

**Stena Line:** Frederikshavn–Oslo 1 × tgl., Fahrzeit ca. 9 Std. Frederikshavn–Moss 1 × tgl., Fahrzeit ca. 7 Std.

**Fjord Line:** Hanstholm–Egersund 4 × wöchentl., Fahrzeit 6 Std. Hanstholm–Stavanger–Bergen 3 × wöchentl., Fahrzeit 9,5 bzw. 15,5 Std.

Die Anreise über die Vogelfluglinie und durch Schweden ist bedingt durch die Kürze der Überfahrt preiswerter, die Autofahrt dafür aber sehr viel länger.

## … mit der Eisenbahn

Mit dem Zug gelangt man über Hamburg und Kopenhagen nach Oslo (Autoreisezüge fahren aber nur bis Hamburg). Von Oslo aus gibt es mehrere Möglichkeiten ins Fjordland zu gelangen:

Die **Sørlandbahn** verkehrt mehrmals tgl. von Oslo über Kristiansund nach Stavanger; Fahrzeit ca. 10 Std. Die berühmte **Bergenbahn** fährt ebenfalls mehrmals tgl. von Oslo nach Bergen; Fahrzeit knapp 6 Std. In Myrdal zweigt die **Flåmbahn** hinunter nach Flåm am Sognefjord ab. Die **Dovre-Bahn** verbindet Oslo mit Dombås und von dort geht es mit der **Raumabahn**, Fahrzeit ca. 8 Std., mehrmals tgl. weiter nach Åndalsnes.

Bahnfahren in Norwegen ist im allgemeinen teuer. Für Reisende bis 26 Jahre bietet sich das ›InterRail-Ticket‹ an, das einen Monat lang für ganz Europa gültig ist. Wer nur Skandinavien bereisen möchte, kann ersatzweise eines der preiswerteren ›InterRail-Zonentickets‹ erstehen.

Verhältnismäßig günstig ist auch das ›Nordtourist-Ticket‹, es bietet 3 Wochen lang freie Fahrt in Norwegen, Dänemark, Schweden und Finnland. Mit der ›NSB-Kundenkarte‹ erhält man 50 % Ermäßigung auf ausgewählte Zugverbindungen (grüne Abfahrtzeiten) und 30 % auf alle übrigen. Dies kann sich u. U. schon bei einer Zugfahrt rentieren; Infos hierzu über: NSB (Norske Statsbaner) Persontraffik, Jernbanetorget 1, 0154 Oslo, ✆ 22 36 80 85, Fax: 22 36 80 86

# Reisen im Fjordland

Sehr praktisch ist die Fahrplan-Broschüre ›Ruteheftet‹ mit allen wichtigen Verkehrsverbindungen, die über das Norwegische Fremdenverkehrsamt in Hamburg zu beziehen ist. Bei den Fremdenverkehrsämtern in Westnorwegen kann man für jede Provinz und jede Stadt detaillierte Informationsbroschüren mit Verkehrsverbindungen, Wandermöglichkeiten etc. erfragen. Im amtlichen Kursbuch, dem ›Rutebok for Norge‹, das man an jedem Narvesenkiosk kaufen kann, sind ebenfalls alle öffentlichen Verkehrsmittel des Landes verzeichnet. Kostenlose Fahrplanhefte mit genauen Abfahrtszeiten der Fähren, Expreßboote, Busse und Bahnen sind bei den Touristeninformationen in den jeweiligen Regionen erhältlich. Die Anschlüsse von Zügen, Bussen und Fähren sind fast immer vorbildlich aufeinander abgestimmt und in den Fahrplänen vermerkt.

## ... mit dem Auto

Einige der Hauptstraßen, die am Fjord entlangführen, sind eng und kurvig. Es sollten keine größeren Tagesetappen als 200 bis 300 km eingeplant werden. Seit 1992 haben viele norwegische Straßen neue Nummern. Aktuelles Kartenmaterial ist daher unbedingt erforderlich.

Einige **Hochgebirgsstraßen** werden im Winter gesperrt; bei ungünstigen Witterungsverhältnissen kann es aber auch auf ganzjährig geöffneten Straßen zu stundenweisen Sperrungen bzw. zum Kolonnenfahren kommen.

Zur Finanzierung aufwendiger Straßenbauprojekte (Tunnel, Brükken), aber auch der kostspieligen Instandhaltung einiger privater Bergstraßen wird eine Weggebühr *(bompenger, avgift)* erhoben.

**Gebührenpflichtige Straßen** im Fjordland sind u. a.: Straße 1 ›Rennfast‹ zwischen Stavanger und

| **Straße** | **geschlossen von – bis:** |
|---|---|
| 5: Gaularfjell | Ende Febr.–Ende April |
| 55: Sognefjellsvegen | Mitte Dez.–Mitte Mai |
| 63: Geiranger | Anf. Dez.–Mitte Mai |
| 63: Trollstigen | Mitte Nov.–Mitte Mai |
| 258: Gamle Strynefjellvegen | Mitte Sept.–Mitte Juni |
| 520: Sauda-Røldal | Mitte Dez.–Mitte Mai |

Rennesøy; Straße 64 ›Atlantik-Küstenstraße‹ zwischen Molde und Kristiansund; Straße 64 ›Skålavegen‹ (südlich von Molde); Straße 1 und 79 ›Krifast‹ als Festlandanbindung nach Kristiansund; Str. 658 – Verbindung Ålesund-Tunnel nach Vigra (Flughafen) – und alle Einfallsstraßen nach Bergen.

Nicht alle Straßen im Fjordland (u. a. der Geirangerveien und der Trollstigen) dürfen von **Wohnwagenfahrern** genutzt werden. Das Norwegische Vegdirektorat Oslo gibt eine Karte für Wohnwagenfahrer heraus, in der die Straßen gekennzeichnet sind, die sich für Gespanne nicht eignen; erhältlich über das Norwegische Fremdenverkehrsbüro (s. Informationsstellen).

## ... mit dem Bus

Überlandbusse verbinden alle größeren Städte Norwegens miteinander und verkehren in der Regel etwa 1 × tgl. Informationen erhältlich bei NOR-WAY Busekspress, Karl-Johansgt. 2, 0154 Oslo

## ... mit der Fähre

Platzreservierungen sind nur bei sehr wenigen Fährverbindungen möglich (in den Fahrplänen/Infobroschüren angegeben). In der Regel hat man in der Hochsaison nur dann die Garantie, bei der nächsten Fahrt mitgenommen zu werden, wenn man einen der vorderen Plätze in der Warteschlange belegt. Fahrkarten erhält man erst in der Warteschlange. Der Preis für Pkw's schließt den Fahrer mit ein.

## ... mit dem Flugzeug

Größere Flughäfen im Fjordland gibt es in Bergen, Florø, Haugesund, Kristiansund, Molde, Sogndal, Stavanger, Ørsta/Volda und Ålesund. Informationen über vergünstigte Flüge bekommt man bei: Braathens SAFE, Markedsavdeling, Postboks 55, 1330 Oslo Lufthavn und Widerøe, Postboks 82, Lilleaker, 0216 Oslo.

## ... mit der Hurtigrute

Tgl. fahren Postschiffe der Hurtigrute auf der Strecke Bergen – Kirkenes – Bergen im Fjordland an: Florø, Måløy, Torvik in Herøy, Ålesund und Kristiansund. Insgesamt 11 Postschiffe laufen 35 Häfen an. Fünf der neueren Schiffe können mittlerweile 40–60 Pkw mitnehmen, so daß sich Schiffs- und Autoreisen im Fjordland gut kombinieren lassen. Information und Reservierung: Norwegische Schiffahrts-Agentur (NSA), Kleine Johannisstraße 10, 20457 Hamburg, ✆ 0 40/37 69 30; Fax 0 40/36 41 77

### ... mit dem Schnellboot

Eine spannende und rasante Alternative bieten die Schnellboote (Hurtigbat, Snøggbåtrute), die zwischen allen größeren Küsten- und Fjordorten verkehren. Es besteht aber leider kaum die Möglichkeit, an Deck zu gehen.

## Essen und Trinken

Allen Unkenrufen zum Trotz gibt es sie, die delikate norwegische Küche, deren Grundlage frische Produkte aus dem eigenen Land ausmachen: Lachs, Forellen, Wild (Ren, Hirsch und Elch), Wildgeflügel (Schneehuhn) und Wildbeeren. Doch: alles Gute hat seinen Preis! In den letzten Jahren hat sich eine ständig zunehmende Zahl sehr hübscher, gemütlicher Cafés und kleinerer Restaurants vor allem in den Küstenstädten etabliert.

Die viel beschriebene norwegische Hausmannskost, die vornehmlich in Cafeterien angeboten wird, bietet zu moderaten Preisen große Portionen zum Sattwerden. Es werden u. a. Lachs und Forelle, auch Hering, Seelachs und Dorsch mit Kartoffeln und zerlassener Butter serviert.

Etwas gewöhnungsbedürftig sind diverse Fischprodukte, deren Grundlage aus gehackter Fischmasse besteht, wie der *Fiskepudding* (Fischteig mit Kartoffelmehl gebunden, in einer Kastenform gekocht und mit heller Soße oder in der Suppe serviert), die *Fiskeboller* (der gleiche Teig wie vorgenannt, aber in Klößchenform) und die *Fiskekaker*, die ähnlich zubereitet in der Pfanne gebraten werden.

*Kjøttpudding* (Hackfleisch in der Kastenform gegart) und Kjøttkaker (Hackfleischklößchen) sind wie auch Hammelfleisch in Weißkohl *(Fårikål)* beliebte Beigaben zu Kartoffeln, Gemüse und Bratensoße.

Vor allem auf dem Land wird das Nationalgericht *Rømmegrøt* angeboten, ein mit Zucker und Zimt gesüßter heißer Brei, der – regional verschieden – aus saurer Sahne, Milch (Sahne) und Mehl (Grieß) zubereitet wird; eine Kalorienbombe, die süchtig machen kann. Mit Butter bestrichen und mit Zucker bestreut werden *Lefse*, eine aus Kartoffeln, Mehl und Fett gebackene Fladenspezialität.

Ein typisch norwegisches Produkt ist der *Geitost* (ein aus karamelisierter Ziegen- und Kuhmilch hergestellter Käse mit süßlichem Geschmack) ebenso wie die milderen Varianten, der *Brunost* und der

*Mysost*. Der strenge, würzige *Gammelost* bietet sich nur für Reisende mit Kühlbox an. Probieren sollten Sie auch die dunkle, süßlich schmeckende *Elchwurst*.

Berühmt ist Norwegen für seine üppigen Buffets (*frokostbord*, Frühstück; *lunsjbord* um die Mittagszeit). *Middag* (warme Mahlzeiten, meist Tellergerichte) wird nicht mittags, sondern zwischen 17 und 21 Uhr angeboten.

Alkohol ist nicht nur teuer, sondern (außer Bier) auch gar nicht so leicht zu bekommen. Bier erhält man in Supermärkten oder speziellen Bierläden in den meisten größeren Orten (Lettøl enthält kaum Alkohol). Wein und Hochprozentiges gibt es nur im staatlichen *Vinmonopolet* (ab 18 Jahre). Fast alle Restaurants und größeren Hotels haben Schankerlaubnis, allerdings darf am Wochenende kein Schnaps ausgeschenkt werden.

# Sprachführer

## Einführung

Die Westnorweger sprechen Nynorsk (s. S. 46f.), die Sprache also, die die meisten Norwegenliebhaber nicht im Sprachkurs lernen. Ein schwacher Trost mag da sein, daß alle Einheimischen auch das Bokmål beherrschen.

Eine Besonderheit der norwegischen Grammatik soll erwähnt werden, weil man immer wieder auf sie trifft: Die bestimmten Artikel werden an das Hauptwort angehängt. In der Einzahl werden sie gebildet durch: en (männl.), a (weibl.) und et (sächl.), z.B.:

en fjord (männlich) = ein Fjord
ei hytte (weiblich) = eine Hütte
et fjell (sächl.) = ein Berg/Gebirge

fjord-en = der Fjord
hytt-a = die Hütte
fjell-et = der Berg/das Gebirge

Die norwegischen Fjord- und Gletschernamen haben grundsätzlich die bestimmte Endung, so heißt es Geirangerfjorden, Folgefonna (*fonn* = Gletscher) und Hardangerjøkulen (*jøkul* = Gletscher). Manche dieser Namen haben sich – wie beispielsweise Jotunheimen (das Heim der Riesen) – in ihrer bestimmten Form so eingeprägt, daß es dem Gefühl widerstrebt, in der deutschen Übersetzung die Endung wegzulassen, wie es z. B. beim Geirangerfjord(en) sehr leicht fällt. Die Eindeutschung norwegischer Ortsnamen fällt daher nicht konsequent aus.

Für die unbestimmte Mehrzahl wird bei allen Geschlechtern -er an das Wort gehängt, für die bestimmte Mehrzahl -ene.
fjorder = Fjorde, fjordene = die Fjorde
hytter = Hütten, hyttene = die Hütten.

Die Norweger nennen sich beim Vornamen und duzen sich. Am besten stellt man sich mit Vor- und Nachnamen vor. *Jeg (jai) heter ...* (ich heiße) oder *jeg er ...* (ich bin ...). *Ich* heißt auf nynorsk *eg.*

## Aussprache

Hier sind nur einige der Unterschiede zum Deutschen aufgeführt. Zwischen Bokmål und Nynorsk bestehen keine gravierenden Ausspracheunterschiede, die Vokale *æ* und *e*, die im reinen Bokmål eher zum *a* tendieren, werden in Westnorwegen wie *ä* und *e* gesprochen.

| | |
|---|---|
| g | vor i und y wie j, sonst wie g |
| gj | wie j |
| k | vor i und j wie ch in ›ich‹ |
| kj | ch wie in ›ich‹ |
| o | häufig wie ein deutsches u (z. B. Oslo, [uslu]), manchmal aber auch langes oder kurzes o (z. B. Fjord) |
| s | scharfes s wie in ›naß‹ |
| sj, skj | wie sch |
| sk | vor i und y wie sch |
| u | wie ü, in seltenen Fällen wie u |
| v | wie w |
| y | zwischen ü und i |
| æ | wie ä (liegt zwischen dem a und e) |
| ø | wie ö |
| å | kurzes offenes o wie in ›hoffen‹ |

Für die Benutzung von Wörterbüchern sei erwähnt, daß æ, ø, å am Ende des norwegischen Alphabets stehen.

## Zahlen

| | | | | | | | |
|---|---|---|---|---|---|---|---|
| 1 | en | 7 | sju | 13 | tretten | 19 | nitten |
| 2 | to | 8 | åtte | 14 | fjorten | 20 | tjue |
| 3 | tre | 9 | ni | 15 | femten | 21 | tjueen |
| 4 | fire | 10 | ti | 16 | seksten | 100 | hundre |
| 5 | fem | 11 | elleve | 17 | sytten | 200 | tohundre |
| 6 | seks | 12 | tolv | 18 | atten | 1000 | tusen |

## Wochentage

mit den Abkürzungen (bokmål/nynorsk) auf Fahrplänen:

| | |
|---|---|
| Montag | mandag (Ma/Må) |
| Dienstag | tirsdag (Ti/Ty) |
| Mittwoch | onsdag (On) |
| Donnerstag | torsdag (To) |

| | |
|---|---|
| Freitag | fredag (Fr) |
| Sonnabend/ Samstag | lørdag (Lø/La) |
| Sonntag | søndag (Sø/Su) |
| werktags | hverdager (Hvd/Kvd) |
| täglich | daglig (dgl.) |
| außer (Sa) | uten (u. Lø) |
| nach | til |
| von | fra |
| Abfahrt | avgang (Avg.) |

## Allgemeines

| | |
|---|---|
| ja | ja |
| nein | nei |
| nicht | ikke |
| danke/ tausend Dank | takk/tusen takk |
| Danke für das Essen! | Takk for maten |
| bitte | vær så god |
| Guten Tag! | God dag! |
| Guten Morgen! | God morgen! (morn) |
| Guten Abend! | God kveld! |
| Gute Nacht! | God natt! |
| Hallo! | Hei! |
| Tschüß! | Ha det (bra)! |
| Entschuldigung! | Unnskyld! |
| deutsch | tysk |
| Deutsche(r) | tysker |
| Deutschland | Tyskland |
| Norwegen | Norge (Noreg) |
| Sprichst du/ sprechen Sie Deutsch? | Snakker du/ De tysk? |
| Ich spreche kein/ ein wenig Norwegisch. | Jeg snakker ikke/ litt norsk. |
| Ich verstehe nicht | Jeg forstår ikke |
| Ich heiße ... | Jeg heter ... |
| Wie heißt du/ heißen Sie? | Hva heter du/De? |
| Wo ist ... | Hvor er ...? |
| Wieviel Uhr ist es? | Hva er klokka? |
| Wann ...? | Når ...? |
| Um 2, 3, 4 ... Uhr | Klokka 2, 3, 4 ... |
| heute/gestern/ morgen | i dag/i går/ i morgen |
| ein Tag/ eine Woche | en dag/ei uke |
| Sommer/Winter | sommer/vinter |
| Rechnung | regning |
| bezahlen | betale |
| Brief/Postkarte | brev/(prospekt) kort |
| Briefmarke | frimerke |
| Was kostet ein Brief nach ...? | Hva koster et brev til ...? |
| Arzt/Zahnarzt | lege/tannlege |
| Kinderarzt | barnelege |
| Wo kann ich einen Arzt finden? | Hvor kan jeg finne en lege? |
| Wo ist hier eine Apotheke? | Hvor er det et apotek? |
| Kannst du/Können Sie mir helfen? | Kan du/Kan Dere hjelpe meg? |

## Unterkunft

| | |
|---|---|
| Übernachtung | overnatting |
| Hotel | hotell |
| Zimmer | rom |
| Campingplatz | campingplass |
| Hütte | hytte |
| Bett | seng |
| Dusche | dusj |
| warmes/ kaltes Wasser | varmt/kaldt vann |

| | |
|---|---|
| Kochplatte | kokeplate |
| Kühlschrank | kjøleskap |

## Einkaufen

| | |
|---|---|
| Wieviel kostet das? | Hva koster det? |
| billig/teuer | billig/dyr |
| groß/klein | stor/liten |
| Können Sie/ kannst du mir ... geben? | Kan De/du gi meg...? |
| Haben Sie/ Hast du ...? | Har De/ har du ...? |
| essen/trinken | spise/drikke |
| Ich hätte gerne ... | Jeg vil gjerne ha ... |
| ... eine Tasse Kaffee | ... en kopp kaffe |
| – mit/ohne Milch | – med/uten melk |
| – mit/ohne Zucker | – med/uten sukker |
| ... eine Tasse Tee | ... en kopp te |
| ... ein Glas Milch | ... et glass melk |
| ... ein Bier | ... en øl |
| ... Saft/Wasser | ... saft/vann |
| ... Mineralwasser | ... mineralvann |
| Speisekarte | meny |
| Brot/ein Stück | brød/et stykke |
| Butter | smør |
| frische Vollmilch | H-melk (helmelk) |
| Magermilch | skummet melk |
| Buttermilch | kultur melk |
| Marmelade | syltetøy |
| Honig | honning |
| Käse/Aufschnitt | ost/pålegg |
| Ei | egg |
| Salz/Pfeffer | salt/pepper |
| Fisch (gekocht/ gebraten) | fisk (kokt/stekt) |
| Fleisch | kjøtt |
| Würstchen | pølser |
| Obst/Gemüse | frukt/grønnsaker |
| Kartoffeln/Kohl | poteter/kål |
| Möhren | gulrøtter |
| Tomate/Gurke | tomat/agurk |
| Apfel | eple |
| Banane | banan |
| Erdbeere | jordbær |
| Heidelbeere | blåbær |
| Himbeere | bringebær |
| Preiselbeere | tyttebær |

## Unterwegs

| | |
|---|---|
| Wo ist ...? | Hvor er ...? |
| ... der Weg (nach) zur/ zum ...? | ... veien til ...? |
| ... (die) Touristeninformation | ... turistinformasjonen |
| ... (die) Post | ... postkontoret |
| ... (das) Telefon | ... telefonen |
| ... (die) Toilette | ... toalettet |
| ... Tankstelle | ... bensinstasjonen |
| geschlossen | stengt |
| geöffnet | åpent |
| Benzin/Diesel | bensin/diesel |
| Bitte volltanken! | Full tank, takk! |
| geradeaus | rett fram |
| nach rechts | til høyre |
| nach links | til venstre |
| Fahr langsam! | Kjør sakte! |
| Parken verboten | parkering forbudt |
| Fähre | ferge, ferje |
| Fahrkarte | billet |
| Fahrplan | rutetabell |
| Bahnhof | stasjon |
| Zug | tog |
| Bus/Expressbus | buss/ekspressbuss |

| | |
|---|---|
| Wo muß ich umsteigen in den Zug/Bus nach ...? | Hvor må jeg bytte tog/bus til ...? |
| Wo muß ich aussteigen? | Hvor må jeg gå av? |
| Wann geht der nächste Zug/ Bus nach ... | Når går neste tog/ buss til ...? |
| Wann komme ich an? | Når kommer jeg fram? |

## Wetter

| | |
|---|---|
| Wie wird das Wetter heute? | Hvordan blir været i dag? |
| Es wird schlechtes/gutes Wetter? | Det blir dårlig/ pent vær? |
| Wetterbericht | værmelding |
| es regnet | det regner |
| es stürmt | det blåser |
| die Sonne scheint | sola skinner |

## Landkartenbezeichnungen

| | |
|---|---|
| Bach | bekk |
| Tal | dal |
| Fluß | elv |
| Gletscher | bre, fonn, jøkul |
| Berg | fjell |
| Alm | seter, støl |
| Gipfel | tind, topp |
| Steinhaufen (Wegmarkierung) | vard |
| Hügel, Anhöhe | haug |
| Meer/See | hav/sjø |
| Wasserfall | foss |
| Binnensee | vatn |
| Moor | myr |
| Bucht | vik, våg |
| Hof | gård |
| Insel | øy |

## Fische

| | |
|---|---|
| Dorsch/Kabeljau | torsk/skrei |
| Köhler | sei |
| Lengfisch | lange |
| Lumb | brosme |
| Makrele | makrell |
| Schellfisch | hyse |
| Hering | sild |
| Forelle | ørret |
| Lachs | laks |
| Garnele | reke |

# Informationen von A–Z

## Ärztliche Versorgung

Adressen von Ärzten und Zahnärzten findet man im Telefonbuch unter ›legevakten‹ bzw. ›tannlege‹ auf der zweiten Seite des Telefonbuches. Alle Ärzte sprechen englisch, die meisten auch deutsch. Krankenhäuser (sjukehus/sykehus) und Apotheken gibt es nur in den größeren Städten oder Gemeindezentren. Medikamente sind nur in Apotheken und meist nur gegen Rezept erhältlich.

## Auskunftsstellen vor Ort

**... in Oslo**
Informationszentrum gegenüber dem Rathaus
Vestbaneplassen 1, 0250 Oslo 2
✆ 22 83 00 50
Geöffnet: Mo–Fr 9–17, Sa, So 9–15 Uhr

Informationszentrum im Hauptbahnhof
0154 Oslo
✆ 22 17 11 24
Geöffnet: täglich 9–23 Uhr

**... in den einzelnen Provinzen**
- Rogaland Reiselivsråd, Øvre Holmegt. 24, 4006 Stavanger, ✆ 51 89 50 02
- Hordaland og Bergen Reiselivsråd, Slottsgt. 1, 5003 Bergen, ✆ 55 31 66 00
- Sogn og Fjordane Reiselivsråd, Parkvegen 3, Postboks 299, 5801 Sogndal, ✆ 57 67 23 00
- Møre og Romsdal Reiselivsråd, Postboks 467, 6501 Kristiansund, ✆ 71 67 39 77

Die lokalen Touristeninformationen sind mit **i** gekennzeichnet. Englisch wird überall gesprochen, häufig auch deutsch.

## Autofahren

Das Mitführen des deutschen Führerscheins genügt. Auch in Norwegen gilt die Anschnallpflicht auf Vordersitzen; auf den Rücksitzen bei vorhandenen Gurten ebenfalls. Die Promillegrenze liegt bei 0,5. Es gibt einige **Sonderregeln** im Straßenverkehr: Im Stadtbereich darf am Steuer nicht geraucht werden. Auch tagsüber muß mit Abblendlicht gefahren werden, und bei Kreisverkehr hat dieser Vorfahrt. **Geschwindigkeitsbeschränkungen**: In Ortschaften gilt Tempo 50 km/h, auf Landstraßen 80 km/h, auf einigen Schnellstraßen 90 km/h. Für Anhänger-Gespanne mit ungebremstem bzw. gebremstem Anhänger gilt ein Tempolimit von 60 km/h bzw. 80 km/h. Es ist ratsam, diese Geschwindigkeiten einzuhalten, da häufig kontrolliert wird und eine Zuwiderhandlung mit hohen Geldbußen geahndet wird. Im Fjordland dürfte dies wegen der meist schmalen und kurvenreichen Straßenleichtfallen. Bei **Autopannen** hilft der NAF (Norges Automobil Forbund; dem deutschen ADAC vergleichbar). Er unterhält auf den Hauptstrecken Notrufsäulen und hat einen regelmäßigen Patrouillendienst (Pannenhilfe ist für ADAC-Mitglieder kostenlos):
Norges Automobil Forbund (NAF)
Storgt. 2
0105 Oslo, ✆ 22 34 16 00
(Tag und Nacht erreichbar)

## Camping Gaz

In nur gut einem Dutzend Orten in Norwegens Fjordland ist es möglich, leere Camping Gaz-Flaschen mit den Nummern 904 und 907 gegen volle zu tauschen; u. a. in Bergen: AGA Progas A/S, Engen 17; in Stavanger: Progas A/S, Kons. Sigv. Bergersensvn 60. Genauere Auskünfte hierüber erhält man in den jeweiligen örtlichen Touristeninformationen.

## Diplomatische Vertretungen in Westnorwegen

**... Konsulate der Bundesrepublik Deutschland**

Strandgaten 221, 5004 Bergen-Nordnes, ✆ 55 90 23 65
Smedesundet 93, 5501 Haugesund, ✆ 52 71 65 88
Strandgaten 78, 6508 Kristiansund, ✆ 71 67 11 11
Kongsgaten 10, 4012 Stavanger, ✆ 51 89 56 00
Tollbugate 6, 6025 Ålesund, ✆ 70 12 40 78

**... Konsulate der Republik Österreich**

Kong Oscarsgate 56, 5000 Bergen, ✆ 55 31 21 60
c/o Stavanger Roerhandel, Myglabergveien, 4033 Forus (Stavanger), ✆ 51 57 57 33

**... Konsulate der Schweiz**

Postboks 4345, Nygårdstangen, 5028 Bergen, ✆ 55 32 57 33

## Feste und Feiertage

Die großen Feiertage stimmen mit denen in Deutschland, Österreich und der Schweiz überein. Sehr kinderfreundlich und mit farbenfrohen Umzügen wird überall in Norwegen der Nationalfeiertag am 17. Mai begangen. Am längsten Tag des Jahres, der Mittsommerwende in der Nacht vom 23. auf den 24. Juni, werden überall große Lagerfeuer angezündet und mit viel Tanz und *brennevin* gefeiert; ebenso am 29. Juli, am St. Olavs Tag (Olsok), dem vermeintlichen Sterbetag Olavs des Heiligen im Jahre 1030.

Die Norweger sind große Festival-Freunde: Die bekanntesten westnorwegischen Musikfestivals sind die ›Internationalen Festspiele Bergen‹ (12 Tage, Ende Mai/Anfang Juni) sowie das ›Internationale Jazzfestival Molde‹ (1 Woche Mitte Juli). Allerorten finden Fischerfestivals (Angelwettbewerbe), Regatten und Kulturtage mit historischen Schauspielen statt.

## Fotografieren

Filmmaterial ist sehr teuer, daher sollte man am besten genügend Filme von Zuhause mitnehmen. Für Aufnahmen in Bewegung befindlicher und/oder halbdunkler Motive (Boote/schattige Fjorde) lohnt die Mitnahme lichtempfindlicher Filme; für Tieraufnahmen ist zudem ein Teleobjektiv unbedingt empfehlenswert.

## Medien

Im Sommer sind alle großen deutschen Zeitungen/Zeitschriften an den Narvesen Kiosken und das ganze Jahr über an den Hauptbahnhöfen der großen Städte erhältlich. Die norwegischen Wetterberichte in den Zeitungen bzw. am Ende der täglichen Nachrichtensendung im Fernsehen kurz vor 20 Uhr sind auch ohne Sprachkenntnisse verständlich. Spielfilme und Krimis werden in Originalsprache mit norwegischen Untertiteln gesendet. In der Hauptsaison informieren Touristen-Radiosender über Sehenswürdigkeiten und Festivitäten.

## Notruf

In vielen Bezirken Norwegens gibt es mittlerweile einheitliche Notrufnummern für Polizei *(politi)* 002, Feuerwehr *(brann)* 001 und Krankenwagen *(ambulanse)* 003. Auf der Innenseite des Telefonbuchs findet man neben einem großen SOS in roten Buchstaben die Notrufnummern und Ärztezentralen der jeweiligen Region.

## Öffnungszeiten

In Norwegen gibt es keine einheitlichen Ladenschlußzeiten. In kleineren Ortschaften schließen die meisten Läden im Sommer bereits um 16.30 Uhr (ohne Mittagspause). Donnerstag und Freitag sind in der Regel verkaufslange Tage. In den letzten Jahren entstanden riesige Einkaufszentren und Supermärkte, die bis 20 Uhr, teilweise auch bis 24 Uhr geöffnet haben. Viele Tankstellen, die wie kleine Supermärkte ausgestattet sind, haben ebenfalls bis Mitternacht und am Wochenende auf.

Öffnungszeiten der Banken im Sommer 8.15–15 Uhr (im Winter etwas länger). Postämter haben meist Mo–Fr von 8/8.30–16/16.30 Uhr und Sa von 8–13 Uhr geöffnet, in kleineren Dörfern unregelmäßig und kürzer.

## Telefonieren

Telefonieren kann man vom Telegrafenamt (nicht von der Post!) oder einer Telefonzelle. In jeder Telefonzelle hängt eine verständliche Gebrauchsanleitung in deutscher Sprache.
Vorwahlen **aus** Norwegen:
nach Deutschland – 0 95 49; nach Österreich – 0 95 43; in die Schweiz – 0 95 41
Vorwahl **nach** Norwegen:
Für Deutschland, Österreich und die Schweiz – 00 47

Ab 1993 gelten in Norwegen neue, achtstellige Telefonnummern. Alle acht Zahlen müssen grundsätzlich gewählt werden, ob man sich im Ort selbst befindet oder von außerhalb anruft. Vom Ausland aus kommt nur die Landeskennzahl noch davor.

## Urlaubsaktivitäten

### – Angeln

Ein Blick auf die Landkarte läßt keinen Zweifel daran, daß Westnorwegen ein Paradies für Angler ist. Das Fischen im Meer steht allen frei und kostet nichts. Für das Süßwasserangeln muß von Anglern, die über 16 Jahre alt sind, eine staatliche Angellizenz erworben werden, die in allen Postämtern erhältlich ist. Die moderate Gebühr wird mit vorgedruckten Zahlkarten überwiesen. Daneben ist für private Gewässer der Erwerb einer Angelkarte *(fiskekort)* erforderlich, deren Preis von Gültigkeitsdauer, Größe des Gebietes sowie Fischart und -qualität abhängt (für Seen in Gemeinde- oder Staatsbesitz *(allmenning)* ist keine zusätzliche Angelkarte erforderlich); Angelkarten gibt es in Sportgeschäften, Touristeninformationen, an Kiosken, in Hotels und auf Campingplätzen. Um die Übertragung von Fischkrankheiten zu verhindern, müssen alle Angelgeräte desinfiziert sein. Die Angelausrüstung inklusive Eimer, Stiefel und Boote muß völlig trocken sein, bevor sie in einem anderen Gewässer verwendet wird.

Im Meer dominieren Dorsch, Köhler, Lengfisch, Schellfisch und Makrele, im Süßwasser Forellen und Saiblinge. An vielen Orten gibt es organisierte Angelfahrten, werden Boote und Angelausrüstungen vermietet. Weitere Information im Offiziellen Reisehandbuch und über Norges Jeger – og Fiskerforbund, Hvalstadåsen 5, 1364 Hvalstad, ✆ 66 78 38 60

### – Gletscherwanderungen

Gletschertouren gehören zu den schönsten Erlebnissen eines Fjordlandurlaubes. Geführte Touren werden auf Ausläufern des Jostedalsbreen (s. Nigardsbreen im Jostedalen/Suphellebreen bei Fjærland), den Folgefonn (s. Odda, Sunndal und Jondal) sowie den Hardangerjøkulen auf der Hardangervidda (s. Finse) angeboten. Der Zugang zu den meisten Gletscherzungen ist mit einer kurzen, in der Mehrzahl auch für Kinder geeigneten Wanderung verbunden. Da die Gletscher ständig in Bewegung und damit gefährlich sind (Eisabbrüche, Lawinen, schneebedeckte Spalten), sollte man sich an die Warnschilder halten und (ohne Gletschererfahrung) keine Expeditionen auf eigene Faust unternehmen.

### – Kanufahren

Idyllische Binnenseen, ruhige Flußarme, aber auch der geschützte Schärenbereich bieten sich zum Kanufahren an. Für mehrtägige Kanuwanderungen eignet sich Südnorwegen allerdings besser als das Fjordland. Kanus können an vielen Orten gemietet werden, an Seen gelegene Campingplätze verfügen fast immer über eine Anzahl von Booten. Infos: Norges Kajakkforbund, Hauger Skolevei 1, N-1351 Rud, ✆ 67 56 88 00

Literatur: Klaus Hartmann, Kanuführer Sognefjord, 2 Bände

**– Klettern**

Das bekannteste norwegische Klettergebiet Fjordlands mit der berüchtigten 1000 m senkrecht abfallenden Trollwand (Trollveggen) liegt im Romsdal. Auf Gletscher-, Ski-, Wander- und Klettertouren ist das traditionsreiche, ganzjährig geöffnete Aak Fjellsportsenter in Åndalsnes spezialisiert (s. S. 189). Der norwegische Wanderverein bietet organisierte Klettertouren (oft kombiniert mit Gletscher- und/oder Skitouren und Gipfelbesteigungen) an; Info: Den Norske Turistforening (DNT), Abt. Norsk Tindeklubb, Postboks 1727 Vika, 0125 Oslo 1, ✆ 22 83 25 50

**– Radfahren**

Endlose Tunnel, wechselhaftes Wetter, steile Anstiege und halsbrecherische Abfahrten schrecken auf den ersten Blick vom Fahrradfahren im Fjordland ab. Am ehesten, da verhältnismäßig eben, bietet sich die Küste für längere Touren an. Im Norwegischen Fremdenverkehrsamt (s. Informationsstellen) ist eine Fahrradkarte erhältlich. Literatur: Sissel Jenseth, Radwandern in Norwegen, Hayit Verlag/Edition Rutsker.

Viele Touristenbüros und Übernachtungsbetriebe verleihen stunden-/tageweise Fahrräder und geben Tips für besonders schöne und familienfreundliche Touren.

In den letzten Jahren haben sich Mountainbike-Touren über die Hardangervidda zum Renner entwickelt. Auf dem sogenannten **Rallarvegen** von Geilo über Finse nach Voss kann man verschieden lange Abschnitte zurücklegen, das Fahrrad nach Belieben mit der Bergenbahn transportieren (im Sommer mit extra Fahrradwaggon). Überall entlang der Strecke Verleih von Mountainbikes. Es gibt eine ausführliche, kostenlose Broschüre über den Rallarvegen mit Tips für familiengeeignete Abschnitte. Nähere Infos erhältlich bei: Finse 1222, Postboks 12, 5690 Finse, ✆ 56 52 67 11 und über organisierte Fahrradtouren auf der Hardangervidda bei: Terra Nova, Strandgt. 4, 5013 Bergen, ✆ 55 32 23 77

**– Reiten**

Auf dem Rücken der norwegischen Fjordpferde läßt sich die Wikingerzeit am besten nachempfinden, denn auf diese Art überquerten die Könige und Häuptlinge das gebirgige Land. Überall in Norwegen bieten Reitzentren die Möglichkeit, Pferde zu leihen, Unterricht zu nehmen und an organisierten Tages- oder Wochentouren teilzunehmen. Besonders lohnend sind mehrtägige Reittouren über das Fjell, beispielsweise die Hardangervidda. Informationen in den Verkehrsämtern, außerdem bei Norsk Rytterforbund, Hauger Skolevei 1, 1351 Rud, ✆ 67 56 88 00

In Nordfjordeid findet jedes Jahr im Frühling die staatliche Hengstausstellung statt. Im Fjordhestsenter (*hest* = Pferd) werden die Fjordpferde gezüchtet – erkennbar am schwarzen Streifen in der hellen

Mähne. Ein Blick in Ställe, Hofanlage und Reitschule ist fast ein Muß für alle Pferdefreunde: Norsk Fjordhestsenter, ✆ 57 86 03 22

**– Segeln**

Mit Ausnahme einiger weniger dem offenen Meer direkt preisgegebenen Küstenabschnitte ist der gesamten westnorwegischen Küste ein breiter Schärengürtel vorgelagert, der ideal zum Segeln ist, weil er vor den Unbilden des Meeres schützt. Gute Vorbereitung und aktuelles Kartenwerk sind aber unerläßlich. Seekarten: Norges Sjøkartverk, Postboks 60, 4001 Stavanger. Information bieten auch die Bücher: ›Gästehäfen in Norwegen‹ und ›Wir kreuzen in norwegischen Gewässern‹ von Erling Welle-Strand, zu bestellen bei NORDIS Land- und Buchkartenhandel (s. Karten und Pläne). In allen Touristen-Broschüren sind die Gästehäfen und ihre Einrichtungen vermerkt. Es ist auch möglich, Segelboote zu chartern (Adressen u. a. im Norwegen Reisehandbuch).

**– Sommerski**

Für nicht gerade mit Schnee verwöhnte Mitteleuropäer ein unvergeßliches Erlebnis: Skifahren im Sommer mit Blick über ewigen Schnee und blaue Fjorde. Die besten Gebiete im Fjordland liegen auf dem Folgefonn-Gletscher (s. Jondal), im Strynefjell und im Sognefjell. In den Sommerskizentren kann man Langlauf- und Slalomskier leihen und Skikurse belegen.

**– Surfen**

Entlang der Westküste von Stavanger (Sola) bis Ålesund gibt es traumhafte Möglichkeiten zum Surfen (Neoprenanzug/Gummianzug erforderlich). In den letzten Jahren ist das Surfen immer populärer geworden, was einige gut ausgestattete Surfshops an der Küste belegen. Doch nur in bevorzugten Surfgebieten ist es möglich, Surfbretter *(seilbrett)* zu leihen (Campingplätze, Hotels), außerdem werden dort Kurse und Regatten organisiert.

**– Tauchen**

Die westnorwegische Küste mit im europäischen Vergleich sehr sauberem und klarem Wasser bietet Sporttauchern neben einer üppigen Unterwasserflora und -fauna auch die Erkundung unzähliger Schiffwracks, die vor der Küste untergegangen sind. Im Küstengebiet liegen zahlreiche Taucherzentren *(dykkersenter/-klubb),* die den Verleih der Ausrüstung, Kurse und zum großen Teil auch Unterkunft anbieten. Infos in den Touristenbüros und über den Dachverband norwegischer Taucher: Norges Dykkerforbund, Hauger Skolevei 1, 1251 Rud, ✆ 67 56 88 00

**– Wandern**

Die westnorwegischen Fjelllandschaften sind ein Traum für jeden Bergwanderer. Ein dichtes Netz von markierten Wanderpfaden und Hütten durchzieht alle wichtigen Regionen. Die Pfade sind mit Steinhaufen und/oder roten T's markiert.

Die meisten Hütten werden vom norwegischen Wanderverein (DNT, Den Norske Turistforening) und dessen regionalen Gebirgsvereinen unterhalten. Es gibt 3 Kategorien von Hütten: bewirtschaftete, unbewirtschaftete, aber mit Proviant ausgestattete und Hütten ohne Proviant (Preiserlaß für DNT-Mitglieder). Über den DNT erhält man kostenlose Übersichtskarten (Hütten, Pfade und Wanderdauer), die für die Planung einer mehrtägigen Wanderung sehr nützlich sind. Informationen: DNT, Stortingsgt. 28, Postboks 1693, 0161 Oslo. In den Cappelen-Detailkarten (s. Karten und Pläne) sind ebenfalls Hütten, Wanderpfade und Zeitangaben verzeichnet. Die Zeitangaben gelten ohne Pausen, für Normalwanderer sind in den ersten Tagen 5 bis maximal 7 Stunden-Touren zu empfehlen.

Wandergebiete in Westnorwegen (von Süd nach Nord): Ryfylkeheiene, Hardangervidda, Finse-Bygdin, Vossefjellene-Stølsheimen, Folgefonni, Jotunheimen, Breheimen, Romsdalen-Eikesdalen, Sunnmørsfjellene.

Sehr beliebt sind mehrtägige Wanderungen in den Nationalparks Hardangervidda und Jotunheimen. Die Hardangervidda ist wegen der geringen Höhenunterschiede auch für Anfänger geeignet, während das gebirgigere Jotunheimen und erst recht das angrenzende Breheimen höhere Anforderungen an die Kondition stellen. Jede Hochgebirgstour sollte gut vorbereitet sein, und es sollte an entsprechender Ausrüstung nicht gespart werden: Schlafsack, Rucksack und Bergstiefel (eventuell auch das Zelt) müssen rauhen Wettereinbrüchen standhalten. Es sollte bedacht werden, daß auch im Juni viele Pfade noch verschneit und die im Winter demontierten Brücken noch nicht wieder begehbar sind. Beste Wanderzeit ist ab Mitte Juli und der August. Vor jeder Wanderung ist eine Rücksprache mit dem Hüttenwirt ratsam, da das Wetter schnell umschlagen kann. Zum Wandern sind spezielle Wanderkarten im Maßstab 1:50 000 oder 1:100 000 erforderlich (die Mitnahme eines Kompasses ist empfehlenswert). Sie sind vor Ort, über den DNT oder NORDIS Buch- und Landkartenhandel (s. S. 219) erhältlich.

**– Wintersport**

Obwohl seit einigen Jahren der Abfahrtsski stark im Kommen ist, gilt Norwegen immer noch als klassisches Langlaufland. Ein Netz präparierter Loipen umgibt alle größeren Ortschaften und führt im Fjell von Hütte zu Hütte. Größere Skiliftanlagen gibt es mittlerweile in mehreren westnorwegischen Regionen, beispielsweise in Voss. Weitere Informationen im ›Winterkatalog Norwegen‹, den man kostenlos über das Norwegische Fremdenverkehrsamt (s. S. 218) beziehen kann.

## Verhalten in der Natur

Das althergebrachte und vielzitierte ›Jedermannsrecht‹ *(allemannsretten)* erlaubt jedem Menschen den freien Zugang zu Land und Wasser, das nicht als Privatland (Zäune, Schilder, Abstand zum nächsten Haus mindestens 150 m) erkenntlich ist. Es verbietet aber gleichzeitig das Ausreißen von Pflanzen, das Absägen von Bäumen, die Zerstörung von Vogelnestern, das Jagen von Schafen, Ziegen und Kühen, das Nichtwiederschließen von geschlossenen Gattern, das Entleeren von Campingtoiletten in Seen und Bäche sowie das Hinterlassen von Müllhalden. **Achtung:** Vom 15. April bis 15. Sept. ist es absolut verboten, offenes Feuer zu machen.

## Zeit

In Norwegen gilt die mitteleuropäische Zeit, mit Umstellung auf die Sommerzeit von März bis September.

**Danksagung**

Ich möchte den großzügigen und gastfreundlichen Menschen im Fjordland danken; für langjährige Freundschaft danke ich vor allem Ludvik Bjørnarheim (Byrkjelo), der sich mit fast 80 Jahren seinen Lebenstraum erfüllte, nach Kanada fuhr und einen Bären schoß. Ich danke Johs Eide (Jondal), der mir seine Lebenserinnerungen zur Verfügung stellte, sowie Margarethe Langfeldt, Arne Stalheim (Tyssedal) und der Familie Trygve Bjordal (Bjordal) für ihre freigiebige Gastfreundschaft. Von unschätzbarer Hilfe bei der Materialsammlung waren mir die Fremdenverkehrsämter der Fjordlandprovinzen. Für die Durchsicht des Manuskripts danke ich Øilov Weinholdt (Sogn og Fjordane Reiselivsråd) und Gisela Endresen (Rogaland Reiselivsråd).

Mein herzlicher Dank gilt Stefan Schenk und Anja Kirchniawy (Foto- und Filmwerkstatt, Kastorf), die mir in allen Fotoangelegenheiten mit Rat und Tat zur Seite standen. In Computernöten unentbehrlich waren mir Joerg Altekurse, André Guzowski und Berndt Doeckel (Hamburg). Für ihr engagiertes Lektorat danke ich Verónica Reisenegger (DuMont Köln).

Nicht zuletzt gilt mein Dank meinen Eltern Irmtraud und Günther Banck, Michael Stolle sowie meiner Tochter Marie-Helen (Groß Boden) für ihre unermüdliche und hilfreiche Unterstützung bei der Entstehung des Buches.

# Register

Während im Norwegischen die Buchstaben æ, ø und å am Ende des Alphabets stehen, werden sie hier - dem deutschen Sprachgebrauch entsprechend - in das Alphabet eingereiht, und zwar wurde æ wie ä, ø wie ö und å wie a behandelt.

## Ortsregister

## Personen- und Sachregister

*Bitte beachten Sie auch folgende Veröffentlichungen aus unserem Verlag:*

**Norwegen**
Natur- und Kulturlandschaft vom Skagerrak bis nach Finnmark
Von Ewald Gläßer. 344 Seiten mit 33 farbigen und 61 einfarbigen Abbildungen, 115 Zeichnungen, Karten und Plänen, 33 Seiten praktischen Reisehinweisen, Glossar, Literaturverzeichnis, Register (DuMont Landschaftsführer)

»Der DuMont Landschaftsführer von Ewald Gläßer hält den von dieser Buchreihe gewohnten Qualitätsstandard. Ein umfängliches und rundherum empfehlenswertes Werk über Geschichte, Geographie, Kultur und Bereisbarkeit Norwegens, seiner wenigen Städte und seiner erstaunlich vielgestaltigen Natur.« *Gießener Anzeiger*

**»Richtig reisen«: Norwegen**
Von Reinhold Dey. 400 Seiten mit 65 farbigen und 171 einfarbigen Abbildungen, 12 Karten und Plänen, 94 Seiten praktischen Reisehinweisen, Register, kartoniert

**Südnorwegen** mit Stadtbesichtigung Oslo
Von Michael Möbius und Annette Ster. 264 Seiten mit 12 farbigen und 76 einfarbigen Abbildungen, 8 Karten und Plänen, 49 Seiten praktischen Reisehinweisen, Register (DuMont Reise-Taschenbücher, Band 2067)

»Durch das Land der Fjorde, entlang der schönsten Routen, zu den dramatischen Wasserfällen und majestätischen Bergen entführt uns das Buch von Michael Möbius und Annette Ster. Beim Durchblättern des gehaltvollen Bandes erhält man die ersten Impressionen über diese faszinierende Landschaft Südnorwegens und ihrer mitunter äußerst widersprüchlichen Bewohner. Der Führer informiert bestens über Campingplätze, Hotels, Hütten sowie Jugendherbergen und gibt gute Tips für Rad- und Kanufahrer, Auto- und Bahnreisende.« *sport + verkehr*

**Lofoten und Vesterålen**
Von Claudia Banck. 256 Seiten mit 7 farbigen und 73 einfarbigen Abbildungen, 15 Karten und Plänen, 39 Seiten praktischen Reisehinweisen, Register (DuMont Reise-Taschenbücher, Band 2036)

# DUMONT Reise-Taschenbücher

- **Ägypten – Die klassische Nilreise** (Band 2001)
- **Algarve** (Band 2041)
- **Amazonien** (Band 2033)
- **Andalusien** (Band 2030)
- **Apulien** (Band 2019)
- **Azoren** (2056)*
- **Bali** (Band 2002)
- **Bangkok und Südthailand** (Band 2003)
- **Belgien** (Band 2068)
- **Berlin** (Band 2022)
- **Böhmerwald und Böhmische Bäder** (Band 2085)*
- **Bordeaux/Atlantikküste** (Band 2065)
- **Boston und Neu-England** (Band 2046)
- **Brasilien: Bahia** (Band 2071)
- **Bretagne** (Band 2027)
- **Budapest** (Band 2054)
- **Bulgarien** (Band 2066)
- **Burgund** (Band 2031)
- **Champagne** (Band 2053)
- **Chicago & die Großen Seen** (Band 2063)
- **Côte d'Azur** (Band 2018)
- **Djerba und Südtunesien** (Band 2004)
- **Dominikanische Republik** (Band 2034)
- **Dresden und die Sächsische Schweiz** (Band 2084)*
- **Elba** (Band 2050)*
- **Elsaß** (Band 2051)
- **Florenz** (Band 2059)
- **Florida** (Band 2042)
- **Frankfurt am Main** (Band 2075)
- **Goa** (Band 2044)
- **Gomera** (Band 2076)
- **Hamburg** (Band 2035)
- **Heidelberg und die Bergstraße mit Darmstadt** (Band 2083)*
- **Holland** (Band 2032)
- **Ibiza und Formentera** (Band 2069)
- **Irland** (Band 2016)
- **Island** (Band 2064)
- **Istanbul** (Band 2081)
- **Kärnten** (Band 2045)
- **Kanalinseln** (Band 2088)*
- **Kapverdische Inseln** (Band 2029)
- **Korfu/Ionische Inseln** (Band 2017)
- **Kreta** (Band 2037)
- **Kykladen** (Band 2005)
- **Liparische Inseln** (Band 2077)
- **Lofoten und Vesterålen** (Band 2036)
- **Lombardei** (Band 2072)
- **London** (Band 2020)
- **Los Angeles und Süd-Kalifornien** (Band 2014)
- **Madeira** (Band 2048)
- **Mallorca** (Band 2073)
- **Malta** (Band 2006)
- **Südmarokko** (Band 2013)
- **München** (Band 2024)
- **Namibia** (Band 2043)
- **New Orleans** (Band 2025)
- **New York** (Band 2062)
- **Normandie** (Band 2028)
- **Norwegens Fjordland** (Band 2082)
- **Paris** (Band 2008)
- **Portugals Norden** (Band 2061)
- **Potsdam** (Band 2050)
- **Provence** (Band 2057)
- **Puerto Rico** (Band 2052)
- **Rhodos** (Band 2087)*
- **Rügen/Hiddensee** (Band 2056)
- **Samos, Chios, Lesbos** (Band 2060)
- **San Francisco und Umgebung** (Band 2009)
- **Santorin** (Band 2038)
- **Schottland** (Band 2058)
- **Singapur und Westmalaysia** (Band 2026)
- **Südnorwegen/Oslo** (Band 2067)
- **Teneriffa** (Band 2011)
- **Toscana** (Band 2021)
- **Trinidad und Tobago** (Band 2047)
- **Türkische Südküste** (Band 2040)
- **Umbrien** (Band 2078)
- **Ungarn** (Band 2079)
- **Die schönsten Autorouten durch die USA** (Band 2012)
- **Venedig** (Band 2074)
- **Weimar** (Band 2049)
- **Wien** (Band 2023)
- **Zypern – Der nördliche Landesteil** (Band 2070)*
- **Zypern – Der südliche Landesteil** (Band 2039)
- **Medizinisches Handbuch für Fernreisen** (Band 2010)
- **Reiseausrüstung – Reisevorbereitung** (Band 2055)

* Erscheint Frühjahr '94